再発見！なごやの歴史と文化

名古屋市歴史文化基本構想で読み解く

伊藤厚史＝著
Atsushi Ito

風媒社

はじめに

今の名古屋のまちは、平らな土地に太平洋戦争後の復興計画によりできた広い道路、整然と区画された街区といったイメージがあります。その基になっているのは、慶長一五年（一六一〇）、徳川家康の命により築城が始められた名古屋城とその城下町にありました。

しかし、名古屋のまちの歴史は、明治四〇年（一九〇七）、東海道の宮宿（宿場町）であり、熱田神宮の門前町であり、そして湊町でもあった熱田町を合併し、また周辺の農村も次々と合併することによって拡大しました。大正から昭和の初めにかけては、各所で将来の発展を見越しておこなわれた耕地整理事業も、今日の名古屋のまちの発展、イメージにつながっています。

次々と合併していった結果、城下町の大半がある平らな土地ばかりでなく、丘陵地、平野、新田開発によって生み出された干拓地、そして沿岸部の埋立地から構成された、起伏に富んだ、高低差のある地形のなかで人々の生活が営まれてきたのです。

平成二九年（二〇一七）に刊行した『名古屋市歴史文化基本構想　私たちのまちの文化財「知る」「伝える」「活かす」』は、さまざまな名古屋の歴史と文化、その中から生み出された文化財を地域的、歴史的、空間的な関係性から六つのエリアに区分して十三の関連文化財群として抽出しました。歴史文化基本構想は、国・県・市の指定文化財にとどまらず、地域の歴史を語り継ぐうえでかけがいのない文化的遺産にも光をあて、総合的に活用しつつ将来に伝えていこうという試みです。

本書は、歴史文化基本構想の試みを、名古屋のまちを実際に歩いて、歴史や文化を体験するためのガイドブックとして作成しました。作成にあたり、二つのキーワードを念頭に置いています。一つは「端っこ」。歴史と文化を高低差の顕著な台地の端（崖端）や裾、丘陵の頂、川岸や堤防の上などから眺めてみます。もう一つは、「路地」。名古屋のまちには、直線道路で区画されたエリアに取り囲まれるように、細い迷路のような道が残るエリアが多く存在し、そこには静寂な空間が流れています。

この二つをキーワードとして、国史跡六か所を含めた二四か所を選んで文化財群を育んだその土地の特色を探ろうと試みました。

歴史文化基本構想は、長い年月をかけて醸成されてきた多様な文化財群を伝え活かすことをめざしています。文化財と共に生きる地域の人たちと共に、名古屋の歴史と文化を語り伝えていただけることを願っています。まずは本書を片手に名古屋のまちをぶらついていただければ幸いです。

また、なごやの歴史や文化の魅力をご紹介するスマートフォンアプリ「なごや歴史探検」もあわせてご活用ください。

二〇二〇年三月

なごや歴史文化活用協議会

なごや
NAGOYA

【なごや歴史探検】
アプリ紹介 WEB サイト
http://geoalpha.jp/nagoya/

名古屋市歴史文化基本構想で読み解く

再発見！ なごやの歴史と文化

［目次］

【第6章】新田開発・干拓の労苦をしのぶ

本書で扱う関連エリア地図

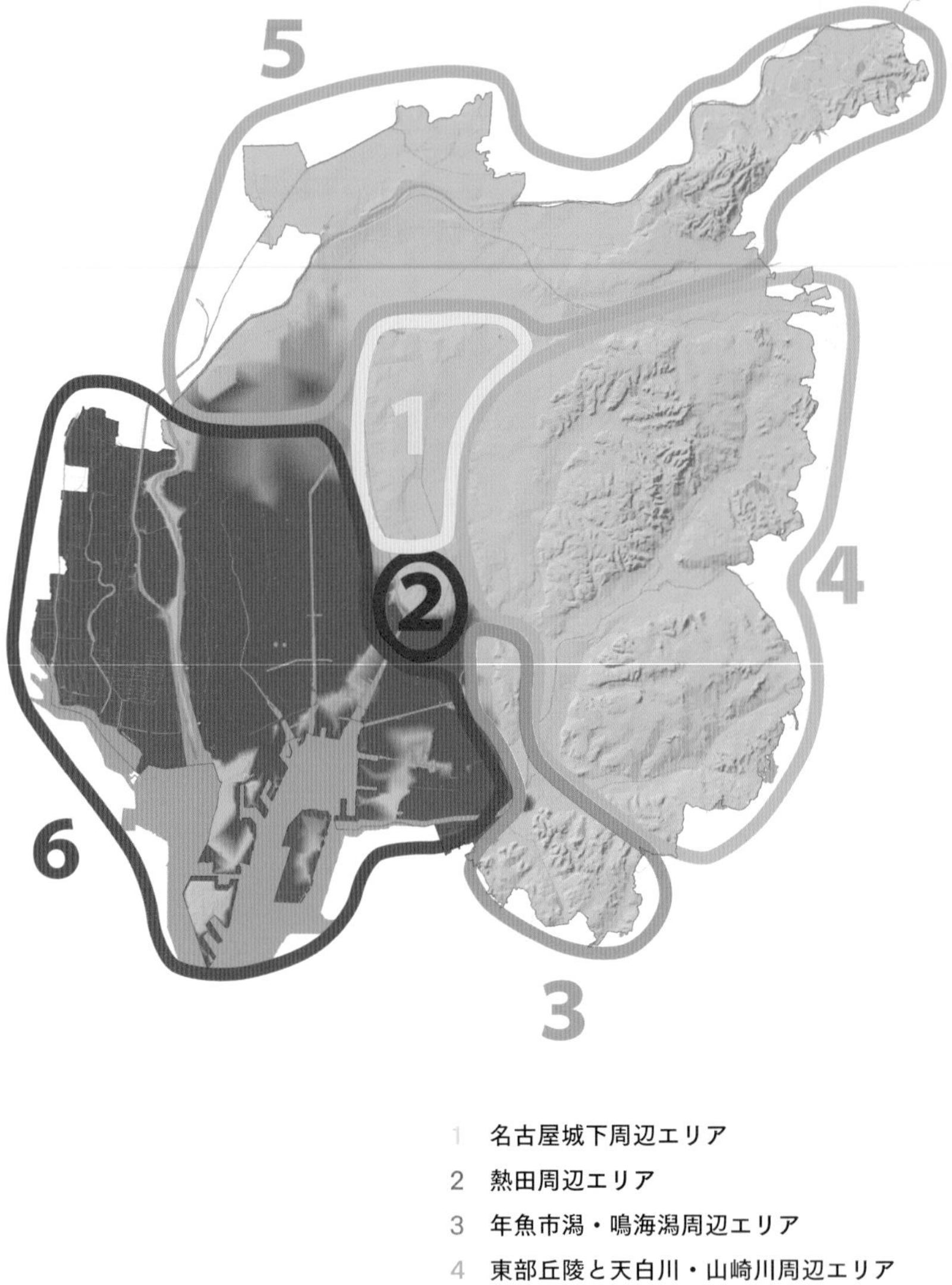

1 名古屋城下周辺エリア
2 熱田周辺エリア
3 年魚市潟・鳴海潟周辺エリア
4 東部丘陵と天白川・山崎川周辺エリア
5 庄内川・矢田川と周辺低地エリア
6 新田開発・干拓エリア

（『名古屋市歴史文化基本構想』）

［第１章］
名古屋城下の地形と歴史をさぐる

山車（名古屋まつり）

【一番】

ここに注目！特別史跡名古屋城跡

中区

築城の意図

名古屋城は、徳川家康と豊臣秀頼との緊張関係が高まるなかで築城された。家康は、

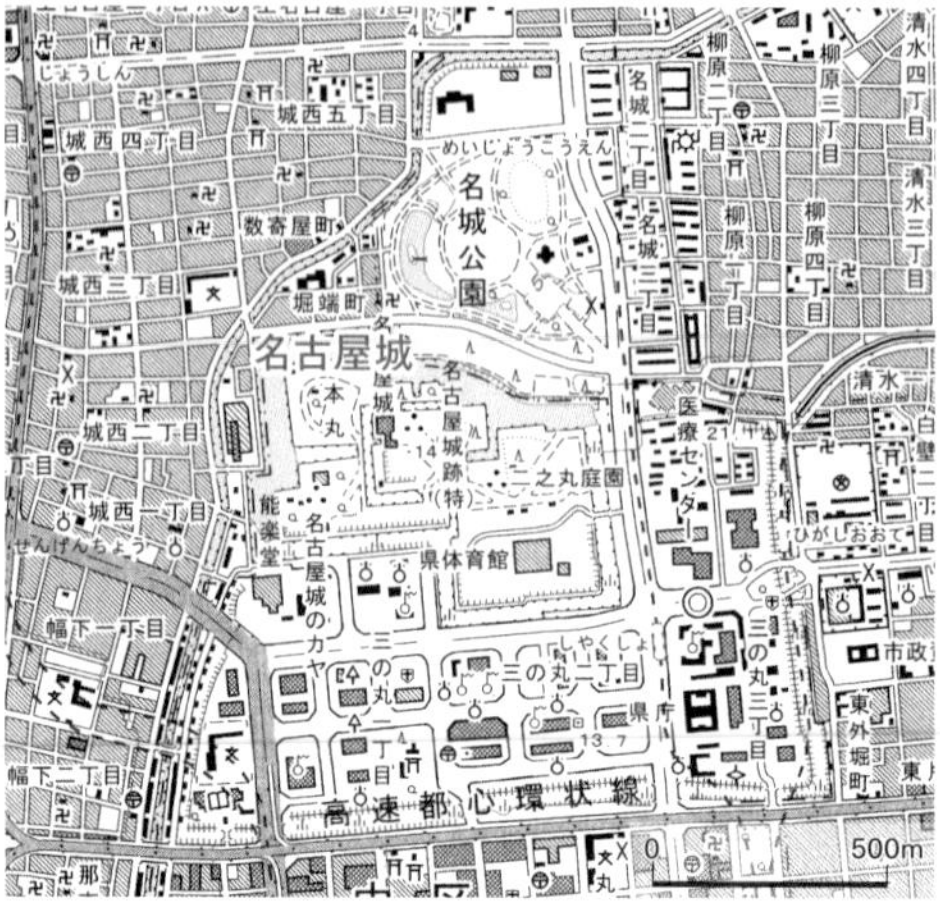

名古屋城付近　1/2.5万「名古屋北部」平成20年

慶長五年（一六〇〇）、関ヶ原の戦い後、大坂城及び豊臣領の摂津・和泉を包囲する形で、慶長六年の加納城を手始めに、二条城、彦根城、篠山城、そして慶長一五年の名古屋城を相次いで築城し、慶長六年の膳所城《ぜぜじょう》、伏見城などを改修した。名古屋城は、織豊系城郭として完成期の城郭として位置づけられる（千田二〇一二）。また、慶長一二年築城の駿府城と共に、開戦となれば、東海道を進撃する豊臣氏の軍勢を阻止し、江戸城を防衛する最前線の城となった（小和田二〇一九）。

天守閣と西南隅櫓

藩主義直《よしなお》と二之丸庭園

初代藩主義直《よしなお》以降明治維新を迎えた第一六代義宜《よしのり》まで尾張徳川家の居城であった。二之丸御殿は、元和三年（一六一七）以降、尾張藩公邸かつ政庁としての機能が本丸御殿から移り、義直自身も元和六年に居所とした。二之丸御殿は、尾張藩政庁としての「表《おもて》」、義直居住の場としての「中奥《なかおく》」、

正・側室の居所としての「奥《おく》」から成り、「御城《おしろ》」と呼ばれていた。「桃山時代に成立した武家典礼を、江戸幕府なりに発達させた新様式を直接反映しており、わけても義直は、その深い儒学の蘊奥《うんおう》（奥義・極意）をもって、幕藩体制を支える教学体系実践の場を、むしろ幕府自体よりも先んじて現実化しているところに特色がある」（内藤一九八五）。第三代将軍家光が「江戸城二丸御殿の充実を図って文庫を営ませ、さらに上野に聖堂を構えて幕府学問所の基礎を開かせたのは、他ならぬこの名古屋城二丸結構を直接のモデルにした結果」（内藤一九八五）だった。今は御殿は取り払われて絵図でしかうかがい知ることができないが、二之丸の最も特質が認められる「中奥」に作庭された北御庭が残る。現在の北御庭は、第一〇代斉朝《なりとも》が拡張と改造をおこなった文政期（一八一八〜三〇）以降の姿である。また、東南部に回遊式庭園を新たに作庭した。この庭は発掘調査されて、暗渠・霜傑《そうけつ》・南池などの遺構が確認され、それらの遺構を中心に整備して二之丸東庭園として公開されている。

近代の名古屋城

明治維新以降、明治五年（一八七二）八月までに陸軍省に移管された。明治六年一月、「全国城郭存廃ノ処分並兵営地等撰定方」（廃城令）が出され、二之丸、三之丸の建物の多くは破却されたが、陸軍施設であったことが幸いし、天守閣や本丸御殿、本丸の櫓や門、外堀などは残された。明治一二年九月、陸軍省、内務省、大蔵省により名古屋城と姫路城を永久に保存することが決定された。

明治二六年六月、本丸すべてと西之丸、御深井《おふけ》丸の一部が宮内省に移管され、名古屋離宮となり、行幸啓・還幸啓の際の宿泊地となった。明治三〇年四月の明治天皇の宿泊以降五〇回以上の宿泊があった。

昭和五年（一九三〇）一二月一一日、名古屋離宮は廃止され、名古屋市に下賜された。同月一三日、天守閣、本丸御殿など建造物二四棟が城郭として初めて国宝（昭和四年の国宝保存法）に指定された。昭和七年七月、西之丸の榧《かや》の木が国の天然紀念物、同年一二月に国史蹟（大正八年の史蹟名勝天然紀念物保存法）、昭和一七年六月、本丸御殿障壁画の一部が国宝に指定された。

太平洋戦争後の名古屋城

昭和二〇年五月一四日、名古屋空襲により、天守閣、本丸御殿、東北隅櫓、榎多門《えのきだもん》などが焼失した。本丸御殿障壁画は、取り外され御深井丸の乃木倉庫（旧陸軍弾薬庫）に疎開されていたため、無事であった。太平洋戦争後の昭和

二之丸大手二之門

二三年秋には菊花大会（令和元年一〇～一一月、第七二回大会開催）が開催された。昭和二四年に書院、猿面茶屋、澱見茶席が新築、又隠茶席が移築された。

昭和二五年八月、文化財保護法が施行され、東南、西南、西北各隅櫓、本丸表二之門、本丸御殿障壁画の一部が重要文化財に指定された。昭和二七年三月には特別史跡、昭和二八年三月には、二之丸庭園が名勝に指定（平成三〇年二月に追加指定）された。

昭和三四年には市民をはじめ国内外から多くの募金が寄せられ、コンクリート造天守閣が再建された。平成二五年（二〇一三）五月、本丸御殿の復元第一期工事として玄関、表書院が公開された。平成二八年六月には、第二期として対面所、下御膳所、平成三〇年には第三期として上洛殿、湯殿書院、黒木書院などが公開され、完成した。

藩訓秘伝の碑

藩訓秘伝の碑

二之丸広場にある石碑である。東門から本丸表二之門に至る途中にある。初代藩主・徳川義直の著書『軍書合鑑』にある「王命に依って催さるる事」を刻む。勤王の精神について述べたものである。歴代の藩主は、これを藩訓として相伝した。明治維新では、親藩であったにもかかわらず、勤王帰一を表明し、政府軍側についた。江戸時代の尾張藩の立場、行動を考えるうえで重要なキーワードである。

湊川神社

東区徳川二丁目に所在する神明社境内にある湊川神社は、楠木正成を祭神とし、慶応三年（一八六七）三月に尾張藩藩士数名により創建されたものである。徳川慶勝は、楠公崇拝者であったことから、慶応三年から四年にかけて、京都に楠公社を建てることを朝廷に申し出ている。三度目の時はすでに明治新政府が成立しており、政府は楠社（後の湊川神社）を兵庫県神戸市湊川に創建することを決定し、明治五年創建している。

亀形の装飾瓦

亀形の装飾瓦

寺社の屋根瓦に鬼、獅子、鳥、鯱、竜、鍾馗《しょうき》などの装飾瓦が葺かれているのを見かけることがある。名古屋城も小天守閣や櫓、櫓門の棟には、鯱瓦が葺かれている。本丸表門枡形の高麗門（二之門）は、本丸に入る門として大勢の観光客が通るところであるが、あまり門を見上げる人は少ない。この瓦葺屋根を見ると、亀が三匹乗っているのを確認することができる。そのほか線刻で亀甲紋が描かれた甲羅状の瓦もある。亀形瓦は首をぐいと伸ばし、躍動的である。名古屋城には、蓬左城、楊柳城、柳ケ城、亀尾城、鶴ケ城、金城といった別名がある。亀尾城の名は、三之丸に築城以前からあった亀尾天王社（現在の那古野神社）と共に、蓬莱島伝説に基づいたおめでたい名前である（本書40ページ参照）。亀形瓦も蓬莱島伝説から、吉祥の瓦として葺かれたのであろう。

亀の装飾

　二之丸庭園の整備のため、北御庭が発掘調査されている。平成二八年七月、調査の見学にいった折、池の護岸に三和土で突き固められた壁の上面に大小の円礫を用いて亀が遊ぶ姿が配されているのを見た。池を修理した職人の洒落かと調査担当者と話をしたが、蓬莱島伝説を知って造作したのだろうか。

北御庭

名勝二之丸庭園と陸軍

　明治六年頃、二之丸の建物は取り壊され、庭園の東南部に歩兵第六聯隊の兵舎が建てられた。そのため、回遊式庭園は埋められた。しかし、北御庭はほぼ残されて、その南側に将校集会所が建てられ、苑池として活用された。集会所の南西側には、明治一二、一三年頃新たに前庭が作庭された。昭和二八年の名勝指定は、江戸時代の北御庭だけで

前庭

栄螺山

なく、明治陸軍の前庭と合わせて指定されている。

　北御庭の中で、文政の改築・拡幅後に造られた築山の一つに栄螺山《さざえやま》がある。昭和八年七月、栄螺山が戦没軍人の慰霊の場として整備された。栄螺山の北東側に鳥居が設けられ、山の麓の参道脇に手水鉢、頂に上る道が造られ、山頂に忠霊碑が建てられた。戦後、荒廃して忠霊碑は捨てられ、なかば埋まった状態であったのを発見され、二之丸大手二之門跡の北側へ移設された。鳥居は、愛知県津島市の津島神社境内、照魂社の鳥居として使われている。手水鉢は今も当時のままの位置にある。

　将校集会所の跡地には二の丸茶亭が建ち、憩いの場となっている。その東側の芝生広場も建物跡地であり、庭に面した北側に沓脱石が手水鉢と共にそのまま残されている。二の丸茶亭の北側入口前の大きな石や、東側の東庭園との間の土手も歩兵第六聯隊時代のものである。庭の木々と調和し、すっかり溶け込んでいるので、なかなか気がつかない。

不明門

将校集会所跡の手水鉢

当初の設計にもとづき、構築されていた西小天守閣へ連結する出入口をふさいだ跡（千田 2012）。現在の石垣は江戸時代に積み直したもの

御深井丸内桝形　クランク状に道が折れている

御深井丸の役割

　本丸の北西の郭は、御深井《おふけ》丸といい、本丸天守台を台地の西北隅に配置したことから、低湿地を埋め立てて築かれた。御深井丸には、三重の西北隅櫓（戌亥櫓）を配置している。二重の小天守閣や本丸の二重の隅櫓を超えて五重の大天守閣に次ぐ三重の櫓を配置した意味は、西方豊臣氏への備え

西北隅櫓

にある。天守閣群と御深井丸との連結に、家康は五次にわたって設計や築城を変更している。その痕跡の一つは、大天守閣西側石垣に残されている。最終的に完成した御深井丸には、大筒庫や鉄炮庫、火薬を保管する穴蔵、弓矢櫓などが配置され、不明門を介して本丸と直結した。名古屋城の中でも最前線に位置し、戦闘時における極めて重要な郭であったことを示している。

西之丸から御深井丸へは、鵜の首とよばれる外堀から内堀近くまで直角に入る堀と内堀との間を狭い土橋を通り、大手内桝形の透門（薬医門）から入った。透門は、現在は無いが、土居の一部が残り「折れ」て入る枡形の痕跡を残している。

乃木倉庫

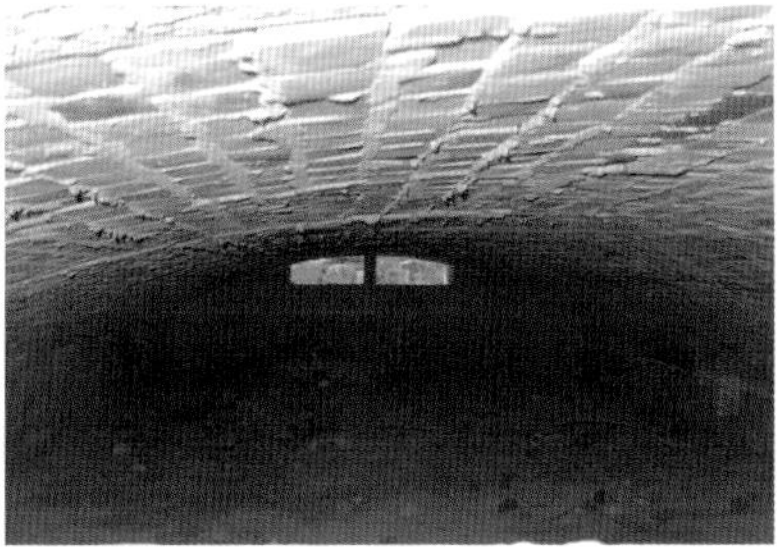
乃木倉庫の通気孔　建物基礎にあけられた通気孔をのぞくと床下が掘られていることがわかる

明治時代の御深井丸

陸軍は、明治一〇年の西南戦争により、貴重な戦訓（教訓）を得た。その一つが弾薬の備蓄であった。名古屋鎮台では、御深井丸に新たな弾薬庫の建設の伺いを明治一一年に出している。新築された三棟のうち現存しているのは、第二弾薬庫（乃木倉庫・国登録文化財）である。煉瓦造の壁体は、今は白く塗られているが、側面の下に開いた通気口から覗くと、煉瓦造の様子を見ることができる。厚さ六〇センチメートルの分厚い壁体に対して、屋根小屋組は木造でできている。爆発事故の際、爆風が上空へ抜ける工夫である。こうした構造は、近世以来の弾薬庫の仕様を踏襲している（伊藤二〇〇六）。なお、西北隅櫓も第四弾薬庫として使用していた。

離宮時代の遺構

大正天皇、昭和天皇の即位では、京都御所で御大礼の儀が執りおこなわれ、行幸啓・還幸啓で本丸御殿に宿泊された。その際、御深井丸に賢所仮殿が建てられた。

昭和の賢所仮殿は、昭和三年七月一日着手、同年九月三〇日竣工した。東西一八間半、南北二〇間を画して構内とし、四面に板垣を巡らし、南方正面に正門、東西両面南寄りに抜門、殿の後方左右に通用門

賢所の遺構

賢所御羽車名古屋離宮内進御（『昭和大礼愛知県記念録　昭和四年』）

を設けた。構内後方中央に壇を築き、壇上に賢所仮殿を造営した。規模は、間口三間半、奥行き四間半である。木材は檜を用い、柱は丸削り、大床は板張であった。正門外側両側に儀仗衛兵の哨舎各一基、後方に仮殿から渡り廊下でつながる神饌所、その東に掌典詰所、西に内掌典詰所を置いた。今その遺構の一部が御深井丸北寄りに移設されて残っている。また榎多門から入城し、西之丸から賢所へ向かう通路分岐点は、御車から、御羽車に対して両陛下が御一拝された所である。両陛下はその後本丸御殿に入られた。賢所御羽車は、分岐点から左折し、仮殿に向かった。この時新設された園路も最近まで残っていたが、展示収蔵施設建設により埋められた。

戦争のつめ痕と復興

太平洋戦争により天守閣や本丸御殿、東北隅櫓や門などが焼失した。大天守閣の石垣にひび割れて赤く変色した部分を見ることができる。不明門の北側には、天守礎石が置かれている。これらも同様に赤く変色しひび割れしている。

焼けた天守石垣

西之丸の榧《かや》の木は、国天然記念物である。戦災に逢い幹が炭化している。名古屋城総合事務所の南側の樹木も戦災に遭っている。

不明門の北側、天守礎石の並ぶ片隅に、巨大な石の室が置かれている。島根県松江市山代町にあった団原古墳から出土した石棺式石室である。名古屋市の古美術商長谷川鐘次郎氏が昭和一一年に購入し、国鉄馬潟駅から名古屋まで運んできたものである。名古屋城に猿面茶席ができる時、森川勘一郎氏から要請があり、長谷川祐之氏が昭和二四年に「くりぬきの石井筒」と共に寄付したものである。

焼けた榧の木

御深井丸の茶室の手水鉢に使用されている石は、大阪府の近《ちか》つ飛鳥《あすか》（河内飛鳥）廃寺の塔心礎である。昭和九年に高松静雄氏が買取り、名古屋の自宅庭へ運ばれた。家が戦災に遭い、知人の勧めもあって高松家より名古屋城へ寄付された。これらは、その地域の歴史を明らかにする貴重な考古資料であるが、加えて菊花展同様、名古屋城の賑わいを取り戻す一助にという気持ちが込められた、戦後復興期の証人でもある。

金シャチ横丁義直ゾーンの北端中ほどに一本のコンクリート標柱が立っている。敷地側には「境界標／日本政府」、道側には「BOUNDARY POST ／ JAPANESE GOV'T」と型押しで付けられている。この境界標に関する資料は無く、想像の域を出ないが、昭和二七年にサンフランシスコ講和条約が発効され、占領下の日本は独立を果たした。また、同年は名古屋城が特別史跡に指定された年でもある。進駐軍は、まだ名古屋に駐屯していたことから、進駐軍に対して、日本政府の土地（特別史跡）であることを示したのではないかと思われる。標柱の文字から、独立して主権を回復した喜びが伝わってくるようである。

近代名古屋城のもつ情報

明治五年から昭和二〇年までの陸軍省、本丸など一部のエリアは、明治二六年から昭和五年までの宮内省、そして昭和五年以降の名古屋市の管理の歴史を経て、現代の名古屋城がある。近世の名古屋城のすばらしい遺産と共に、明治から戦後復興期に至る名古屋城の歴史を知ることが大切であると考えている。近代の名古屋城は、保存を訴えた人、保存を決めた人、維持、管理に苦労した人など、多くの人々が係わり受け継がれてきた。そのことに思いを馳せ、当時の遺構も継承していくことが望まれる。特に離宮時代の遺構を顕彰することは、藩祖義直をはじめ、歴代の藩主が守り伝えてきた「王命に依って催さるる事」を継承することにつながり、ほかの城では体現できない名古屋城ならではの特色を出すことができよう。これからの名古屋城の保護と活用をすすめるうえでも、近代以降の諸遺構は、貴重な教訓と情報をもたらすものと思われる。

団原古墳の石室

近つ飛鳥廃寺の塔心礎

境界標柱

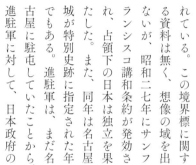

【二番】

栄の歴史は三万年

埋もれた紫川

中区

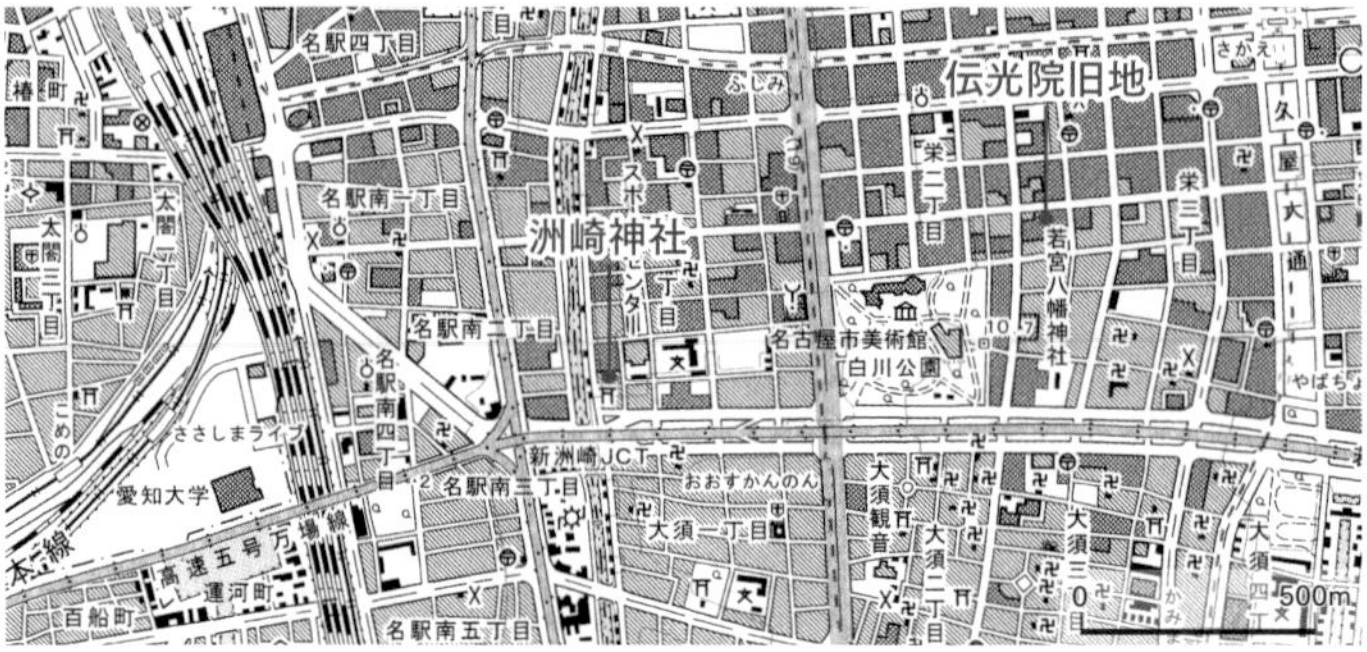

栄付近　1/2.5 万「名古屋南部」平成 25 年

台地を流れる川

近世の名古屋城下町は、その大半を台地上に建設したことから、城下を流れる河川は少なかった。『名古屋市史 地理編』（大正五年）には、小袖川、紅葉川、紫川、七志水川などが台地上を流れていたと記載されている。いずれも今日では聞きなれない名前の河川である。

この中で紫川を取り上げる。紫川は『名古屋市史　地理篇』に流路が詳細に記述されている。「中区鉄砲町三丁目傳光院の裏通りより出て、西流して三丁目中ほどの石橋の下を過ぎ、八百屋町三丁目の中ほどを経て、南桑名町三丁目と南伏見町二丁目との間に至りて、広小路より入江町を過ぎて来る溝水を合わせ、西南流して、南伏見町三丁目の東南角にて西に向かい、直流して堀川に注ぐ」。川も姿を消し、地名も変わってしまっているので、明治一七年（一八八四）の地籍図と現在の地図を重ねて流路の位置を復元した（本書18ページ）。

紫川の谷を掘る

伝光院の境内には、紫式部の碑と伝えられる五輪石塔があり、紫式部の使用人の女が築いたと伝えられている。この寺院の辺りから清水が湧き出て、紫の清水または朝日の清水と称した。一説には、名古屋村の先にあることから、村先川といったともいわれている。伝光院は、昭和三四年に名東区名東本町二〇に移転している。

伝光院のあった栄三丁目、三蔵通本町交差点は、周辺より少し低く窪んでいる。江戸時代には「くぼみたる地所成ゆへに、大久保見町と名付」けられていたところである（愛知県の地名一九八四）。河谷の痕跡を今に伝えている。

紫川は、太平洋戦争後の戦

災復興事業で埋め立てられ、若宮大通が造られたが、伏見通も白川公園西側付近や中区栄一丁目、仲ノ町公園や栄小学校辺りから、若宮大通に向かう御園通、仲ノ町通、竪三蔵通はいずれも坂道となって下っている。昭和戦前期はもっと急坂で、自転車でひゅーっと下り、また大須へ上っていったと、古書店の主人から聞いたことがある。

旧紫川遺跡の発掘調査では、紫川の護岸石垣のほか、多量の近世陶磁器が出土したが、それ以外にも中世陶器はじめ、弥生土器や縄文土器、石器が出土している。昭和六一年（一九八六）の竪三蔵通遺跡の発掘調査では、ナイフ形石器・有舌尖頭器・石鏃など後期旧石器時代以降の石器が出土した。紫川の右岸斜面である。今から約四万年前〜三万五千年前以降、一万六千年前の後期旧石器時代に、河谷に集まる動物を捕らえようとする狩人がいた。

紫式部の碑

「川八長《つやのおさ》」と刻まれた須恵器

栄二丁目、白川公園遺跡の発掘調査では、「川八《つやの》長《おさ》」と釘状の工具で浅く刻まれた奈良時代の須恵器が出土している。「川八」は、津屋と同じ意味で、「長」は管理者のことである。津（湊・港）に

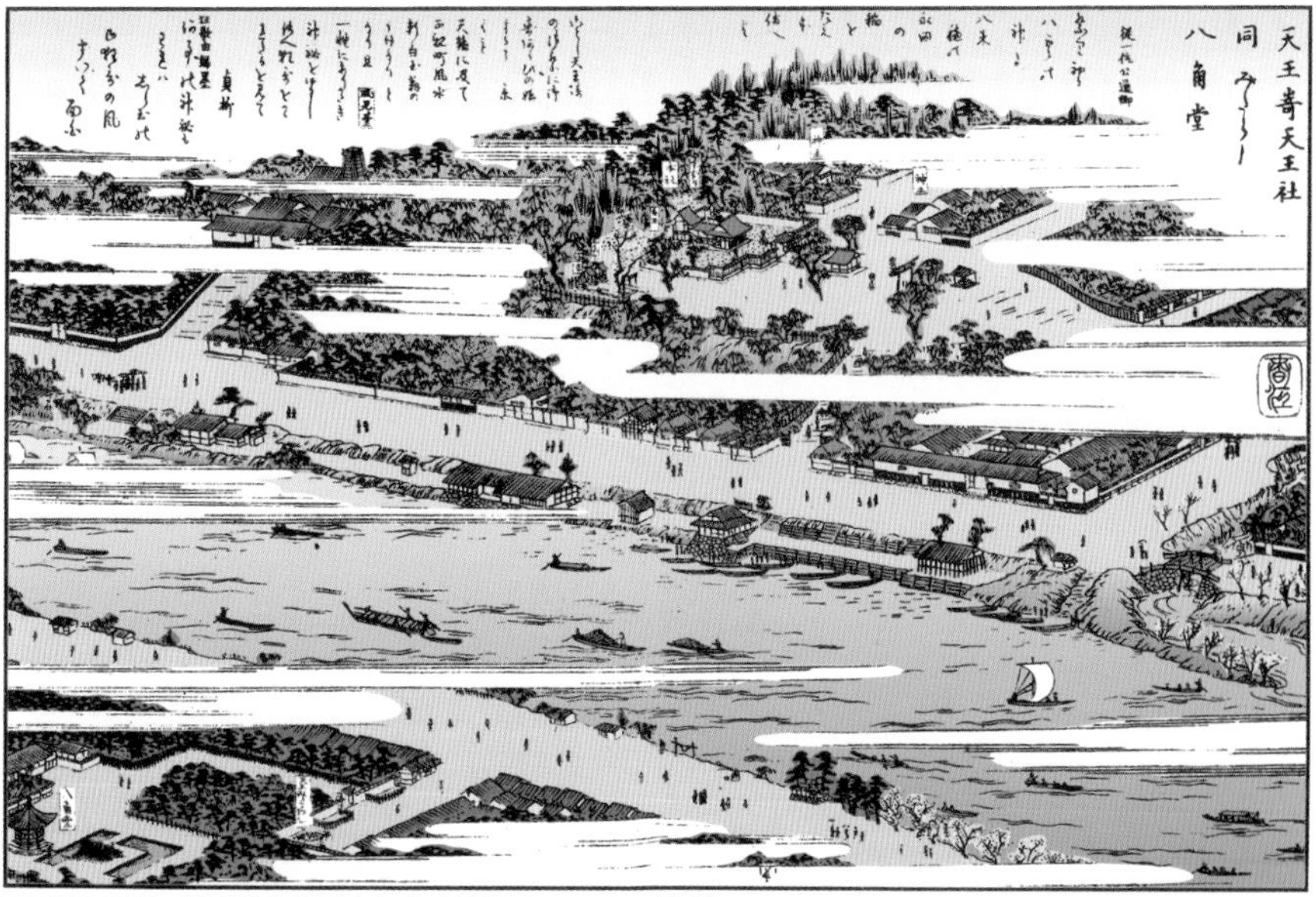

天王嵜天王社（『尾張名所図会』名古屋都市センター提供）

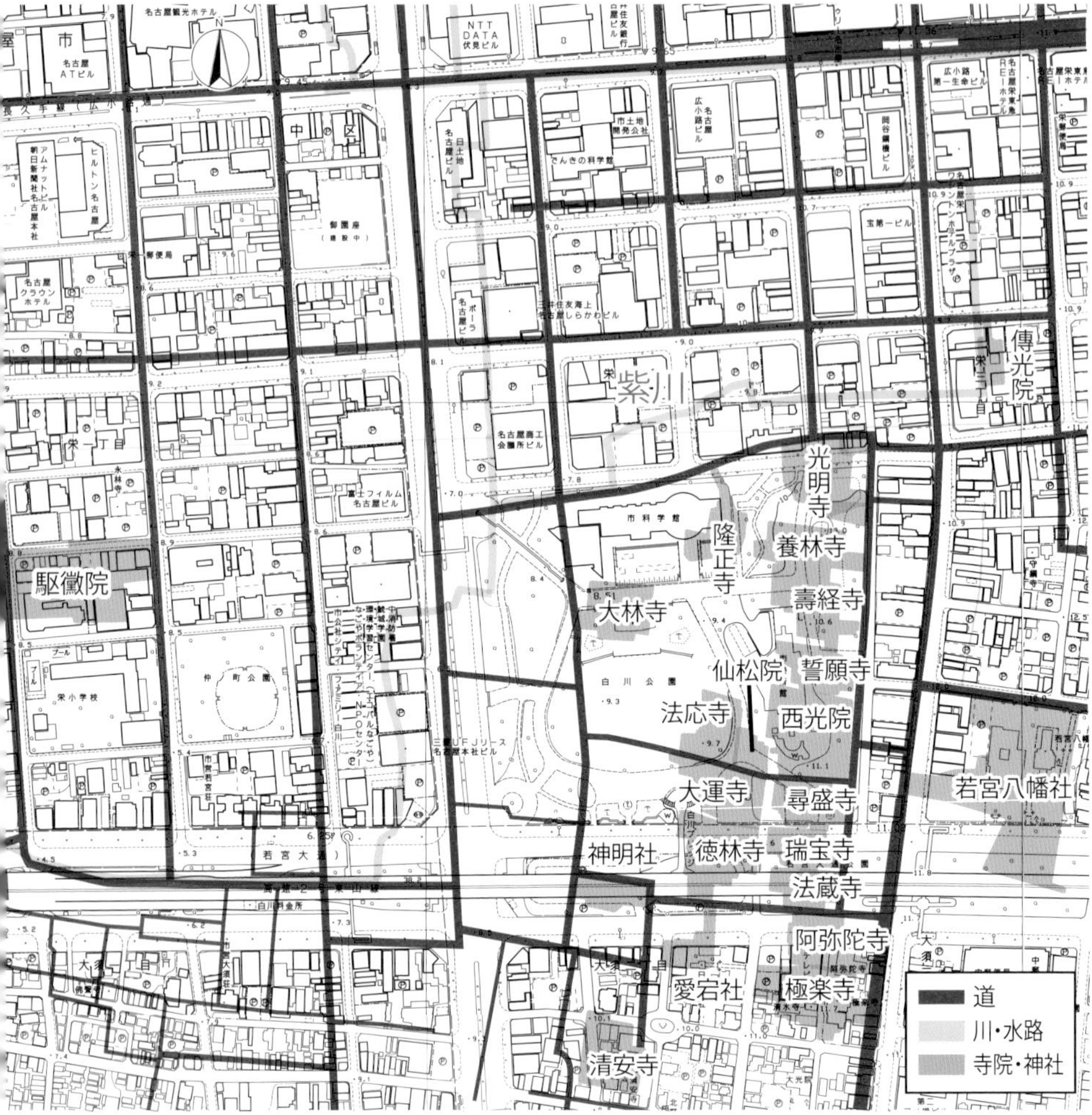

今の地図と明治の地割を重ねた図（栄一丁目・二丁目付近）
（地籍図　愛知県公文書館蔵）

坂道　若宮大通から栄一丁目を望む

三蔵通本町　交差点付近がくぼんでいる

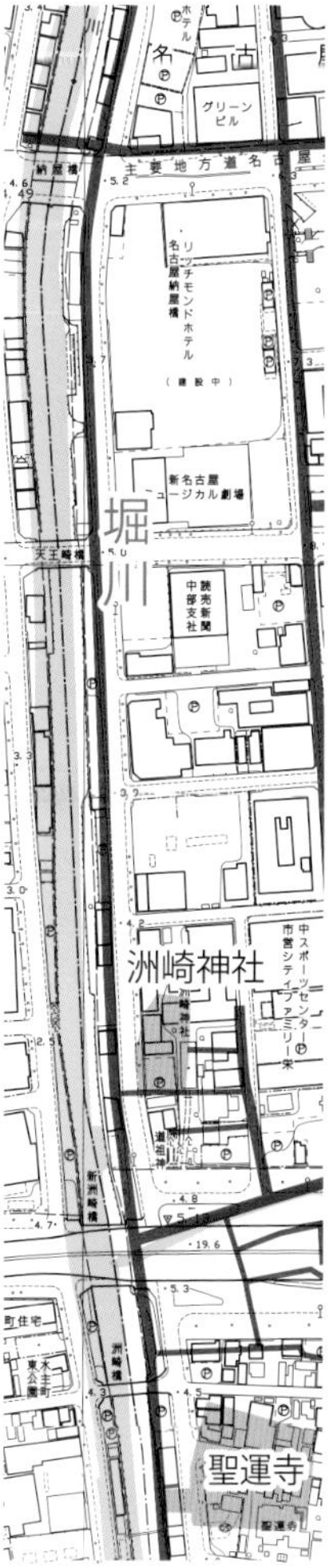

あった荷物の保管・販売施設に持ち込まれた器の一群に含まれていたと考えられ、古代にはこの付近に津があり、尾張国愛知郡の物流の拠点の一つであった可能性が高いと推定されている（野澤二〇一三）。江戸時代には、尾張藩の官倉が堀川沿いに建ち並び、その南には戦国時代の水軍の将、水主《かこ》奉行千賀与八郎邸、紫川の右岸に御船手役所、左岸には御水主（下級船員）など、藩の水軍関係施設が設置されていた。

往々にして、地理的特徴から時代を超えて同様な使い方をすることがある。近世尾張藩の官倉が置かれたこの地は、古代尾張国の物流の拠点として湊が置かれた可能性が高いとするならば、近世尾張藩の水軍の拠点であったこの地は、古代尾張国の軍事、特に水軍の拠点（主として武器や食料など物資の保管・補給港）が置かれたという推論が成立しよう。

紫川の右岸、台地縁に鎮座する洲崎《すざき》神社は、近世には広井天王、牛頭《ごず》天王社、天王崎神社などと呼ばれていた。慶長年中（一五九六―一六一五）堀川開削以前は、八角堂（現中村区名駅南二丁目）前の清泉が御手洗であり、かつては広大な神域をもっていた。

この神社の立地には海・湊、そして畿内との関わりがあったものと推定される。

このように伊勢湾に面した紫川の谷は、古代尾張国の物流・軍事の重要な地であったと想定されるのである。

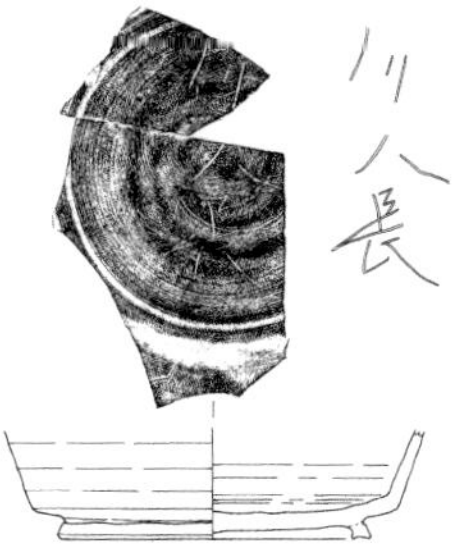

刻書須恵器「川八長」
（野澤 2013）

洲崎神社

堀川と紫川の痕跡（暗渠）

【三番】

近代史を学ぶ

清水門から白壁界隈へ

東区

歩こう！文化のみち

令和元年一一月三日、愛知・名古屋　戦争に関する資料館主催の「学芸員と巡る戦争のつめ痕～中区・東区～」の案内役として中区から東区を巡った。この日は、第20回「歩こう!文化のみち」（主催「歩こう!文化のみち」実行委員会・事務局名古屋市東区役所）がおこなわれた日である。

名古屋城の東に開門する清水門は、城内外を結ぶ四つの門のうちの一つである。現在門や石垣の一部が取り壊されているので枡形門であったことはわかりにくい。清水門の東側には城下町が形成されていた。今は門を通る出来町通があり、左手に愛知県立明和高校、右手に名古屋拘置所がある。明和高校の敷地は、家老成瀬隼人正中屋敷が置かれていた。

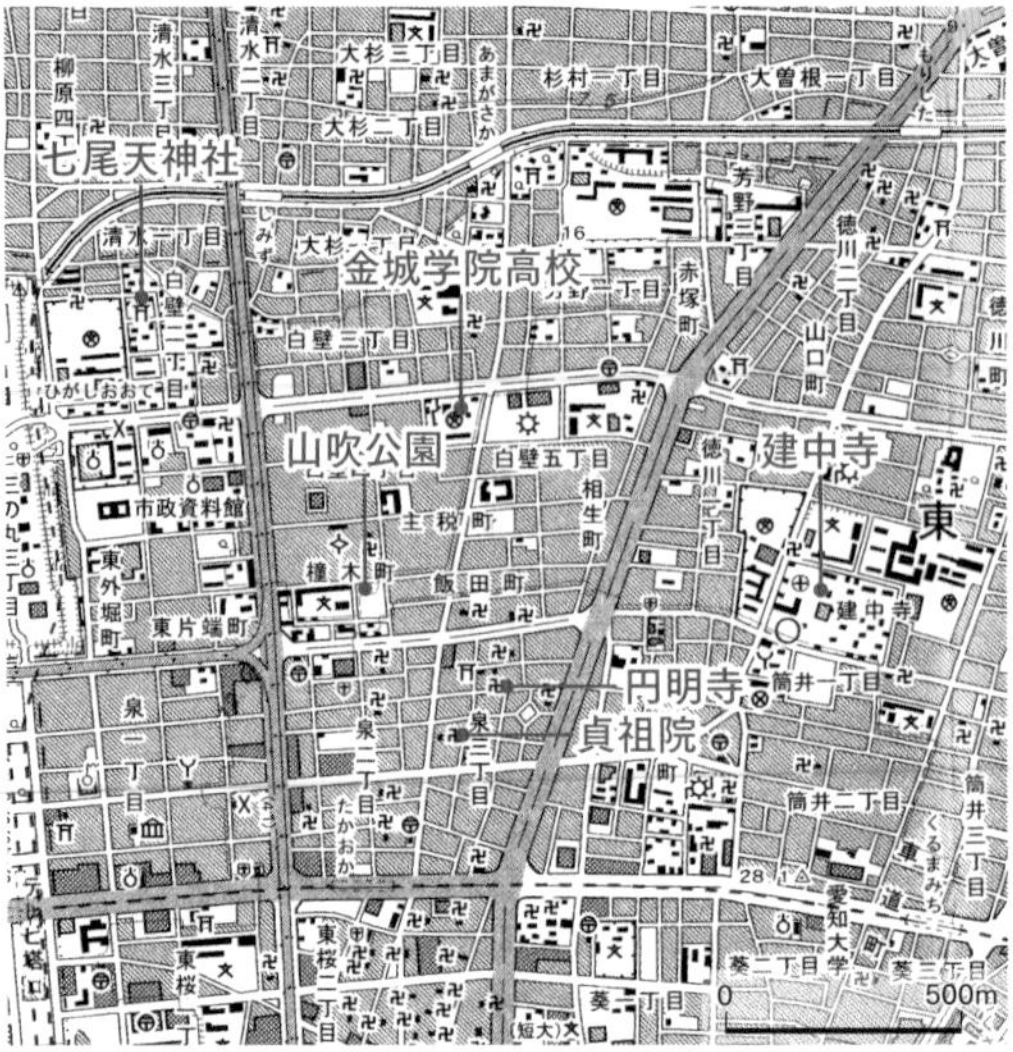

白壁・泉付近　1/2.5万「名古屋北部」平成20年

七尾の亀

七尾天神社は、かつては屋敷内に取り込まれていたものであるが、永正年中（一五〇四～一五二一）の建立といわれている。七尾とは、文亀年

七尾天神社

中（一五〇一～一五〇四）出現した、菅原道真の霊像を甲羅の上に乗せた亀の尾が七尾あったことによる。七尾天神社の北は台地縁である。台地縁に並行して名鉄瀬戸線が高架を走り、外堀手前で地下にもぐっている。かつて地上を走っていた頃は、外堀の中を走り、西端の堀川端が終点であった。軌道敷は、明治三九年（一九〇六）の開通以来たびたび変更されてきた。その跡地が緑道となっている（伊東二〇一五）。

外堀

出来町通で知る日本近代史

再び出来町通へ戻る。愛知県立明和高校の南側、今の出来町通から名古屋拘置所の北半には、明治三一年から大正一二年（一九二三）まで名古屋陸軍地方幼年学校があった（大正九年名古屋陸軍幼年学校に改称）。幼年学校志願者年齢は、一三年以上一六年未満、学科試験は尋常中学初年級の学力と定められた。日露戦争の遼陽会戦における首山堡攻略で戦死した橘周太少佐は、第二代校長（明治三五年就任）であった。後に軍神として祀られ、生家のある長崎県雲仙市には、橘神社や名前が付けられた橘湾がある。

出来町通を東進すると、白壁四丁目に金城学院高校、白壁五丁目に敷島製パン株式会社の社屋がみえる。金城学院高校の講堂栄光館は、昭和一一年（一九三六）に建設されたもので、講堂舞台の壁面には天皇・皇后両陛下の御真影を納める奉安庫が造られている。国登録文化財に登録されている。大正三年、日英同盟を結んでいた日本は、第一次世界大戦で中国青島のドイツ軍と対戦し勝利した。日本に来たドイツ兵俘虜の内、名古屋市東区新出来町にあった名古屋俘虜収容所には約五〇〇名が収容された。半田の製粉業盛田善平は、小麦粉でパンを作ることを思いつき、大正九年、現在地に本社と工場を建設し、元俘虜ハインリッヒ・フロインドリーブ（ドイツ人）を技師長として雇いパン製造を始めたことによる（校條二〇一五）。

武家屋敷長屋門

金城学院高校の東を南下、主税町4丁目には、武家屋敷長屋門がある。江戸時代の長屋門として当時の位置に残る

武家屋敷長屋門

山吹谷公園

唯一の遺構である。主税町4丁目交差点には、『鸚鵡籠中記』の作者である御畳奉行朝日文左衛門重章の居宅があった。橦木町3丁目には、文化のみち二葉館（旧川上貞奴邸・移築）がある。二葉館を西に進むと、山吹谷公園に至る。

山吹谷

山吹谷は、近世坂下筋に続く鳥屋筋と橦木筋の交わる南西側に位置し、台地の中にあって谷状の地形となっていたようだ。公園の大半は武家屋敷であったが、南側に屋敷名のない区画があるので、谷として居住に適さず、山吹の花が咲く春に遊興に賑わったのはこのあたりだったのかもしれない。山吹谷公園と西隣の山吹小学校の一部、市営山吹荘付近には、大正一二年に名古屋市立第三高等女学校が設立された。昭和二〇年一月二三日には動員学徒四二名が爆死したと公園に建つ碑に刻まれている。三菱電機へ学徒動員されていたが、一年生は、学校で仕事に就いており、学校東側に掘られた防空壕の一部に爆弾が落ちて亡くなったという。学校にあった碑として「八紘一宇」の碑も残されている。碑は爆撃により上部が欠けている（本書24ページ参照）。

山吹谷（『尾張名所図会』名古屋都市センター提供）

戦争を伝える石の鐘

泉三丁目にある圓明寺《えんめいじ》には、鐘楼に石の鐘が吊り下げられている。その理由は、金属供出により梵鐘が外された後、鐘楼の倒壊を防ぐため、石やコンクリートの重しを吊り下げたり、周囲に覆いを取り付けたりした。戦後も戦争によ

圓明寺の石鐘

り苦労したことを忘れないために、今日まで石の鐘を吊るしている。

藩主の御霊屋

同じ泉三丁目には、浄土宗喜秀山貞祖院がある。慶長一三年（一六〇八）、松平忠吉の菩提を弔うため、養母於美津の方が、清須に庵室を建てたのが最初で、その後玄白寺

貞祖院

と名乗った。一七世紀半ば頃までに現在地に移転したが、天明二年（一七八二）の大火により焼失した。明治五年に浄土宗建中寺にあった尾張徳川家の御霊屋を譲り受け本堂として今日に至る。

御霊屋は、五代藩主五郎太（三歳で夭逝）のために正徳四年（一七一四）に建立された。天明五年の大火後、二代藩主光友の正室千代姫の御霊屋として模様替えがおこなわれていたものである。本堂は、木造入母屋造妻入桟瓦葺向拝付である。妻入であるところが一般的な平入の寺院と異なっている。外陣は格天井、内陣は折上格天井とし、漆塗や極彩色で装飾されている。内陣の格天井は一二〇桝あり、菊の紋が入れられていたが、明治にはいり、上に葵の紋が貼られた。

建中寺には、藩主や正室の御霊屋が多数あったが、大火によりこの一棟だけ残った。現在、建中寺にある御霊屋は、天明七年に再建されたもので、

本堂内陣

灯火具

愛知県有形文化財に指定されている。このほか南区の蒼竜寺、小牧市小牧四丁目三、西町の稲荷堂（小牧市指定有形文化財）に霊廟の拝殿が移築されている。

外陣正面

外陣背面

【コラム】八紘一宇の碑

山吹谷公園の碑（名古屋市東区橦木町2丁目）

山吹谷公園は、昭和戦前期に名古屋市立第三高等女学校があったところである。公園の隅に建つ石碑3基のうち一基は、「八紘一宇」の碑である。

この碑は、昭和二〇年（一九四五）三月一九日の空襲で上部が欠け、「一宇」と刻まれた部分が残っている。上部の欠けた文字は「八紘」である。背面に「□□二千六百年□□勅語御下賜五十周年　記念　昭和十五年十月三十日建之　一倫實行金森庭石店」と刻まれている。背面の欠けた文字は、「皇紀」又は「紀元」と「教育」である。残存高八〇センチメートル。名古屋市立第三高等女学校は、戦後に名古屋市立第三高等学校を経て、愛知県立第一高等学校（愛知縣第一中学校）と統合して、愛知県立旭丘高等学校になり今日に至る。

山吹谷公園の碑

八紘一宇とは

八紘一宇は、『日本書紀』巻三神武天皇の即位前紀のなかの一節、「上即答乾霊授国之徳。下則弘皇孫養正之心。然後兼六合以開都。掩八紘而為宇不亦可乎」、国内を統一して宮都を造ろうという意味「八紘為宇」から、大正二年（一九一三）に田中智学が「八紘一宇」を創作した。「世界を一つの家にする」という意味がある。戦後、日本の海外侵略を正当化するスローガンとして用いられたことから公文書における使用が禁止された。

宮崎県宮崎市に建設された「八《あめ》紘之基柱《つちのもとはしら》」が代表的な塔である。この碑「八紘之基柱」は、紀元二千六百年の記念行事として建立されたもので、昭和一五年一一月二五日に完成した。国内最大の八紘一宇の塔である。この建設に触発されたように、東京、大阪、名古屋など各地に紀元二千六百年の記念として「八紘一宇」碑が建立されたようである。

愛知県内に残る「八紘一宇」碑を紹介する。

白山神社の碑

白山神社の碑（名古屋市中区新栄三丁目二七―二四）

白山神社は、境内が前方後円墳の墳丘上にある。境内の端に、幡立があるが、基壇築山の上に建て

成海神社の碑

られ、記念碑のようになっている。「八紘一宇」、「皇紀二千六百一年記念　帝國在郷軍人東田町三丁目有志」、「名古屋師團長　中村明人謹書」と各面に刻まれている。

成海神社の碑（名古屋市緑区鳴海町乙子山八五）

境内の駐車場の端に慰霊碑がまとめられて建っている。「八紘一宇」碑は、高さ三八九センチメートル、幅六二センチメートル、奥行き六二センチメートル、花崗岩製、台石は幅一七〇センチメートル、奥行き一一〇センチメートル、高さ二八センチメートル。花崗岩製、台石は幅一七〇センチメートル、奥行き一一〇センチメートル、高さ二八センチメートル。「八紘一宇　名古屋師團長中村明人謹書」、「紀元二千六百年記念　帝國在郷軍人會鳴海町分會」と刻まれている。

下中八幡宮の碑（名古屋市中村区押木田町一丁目一一）

石碑の表面に「皇紀二千六百年八紘一宇　陸軍中将大塚堅之助」、背面に一二八名・団体が刻まれている。内訳は、応召兵四〇名、現役兵一二名、北郷中軍友会八名、氏子総代一名、南部町総代二名、国防婦人会中村分会一名、日参団顧問一名、団長四名、日参団員五八名・団体一。碑石の大きさは、高さ一〇一センチメートル、幅七四センチメートル、厚さ二三～一八センチメートル、台石は幅一〇二センチメートル、奥行五〇センチメートル、高さ三三センチメートルである。日参団の資料でもある。

下中八幡宮の碑

知立神社（池鯉鮒神社）**の碑**（名古屋市港区魁町二丁目）

石碑表面に「紀元二千六百年八紘一宇　溝口劔次郎書」、背面に寄附者が刻まれている。碑の大きさは、高さ一七七センチメートル、幅一二三センチメートル、厚さ一九センチメートル、台石は幅一五五センチメートル、奥行き六五センチメートル、高さ三五センチメートル、築山は幅二八〇センチメートル、奥行二六〇センチメートル、高さ五〇センチメートルである。

知立神社の碑

岩倉神社の碑

岩倉神社の碑（愛知県岩倉市本町南新溝廻間）

碑には「紀元二千六百年記念八紘一宇　陸軍大将松井石根」背面に寄贈者の名前と追刻された「一九六四年オリンピック東京大会の年に之を再建す　昭和三十九年十一月　岩倉町長　柴山孝太郎」とある。高さ二六一センチメートル。

●名古屋市内の指定文化財一覧（1）―史跡―

●国指定文化財

種別	名称	員数・面積	時代・説明	指定年月	所在地
史跡	八幡山古墳	一〇,九五二・〇六平米	古墳時代中期　円墳　県下最大	昭和六年五月一日	昭和区山脇町一
史跡	大高城跡	四〇,六一三平米（附含）	室町時代	昭和一三年一二月一四日	緑区大高町城山
	附丸根砦跡	一一,一八三・四七平米			
	附鷲津砦跡	二八,五一・七六平米			緑区大高町鷲津山
史跡	大曲輪貝塚	三五,四・六六平米	縄文時代早期から晩期遺物包含	昭和一六年一月二七日	瑞穂区下通五―一
特別史跡	名古屋城跡		江戸時代　慶長一七年竣工　全長八キロを超える石垣遺構	昭和七年一二月二一日（昭和二七年三月二九日特別史跡）	中区本丸一
史跡	志段味古墳群	三九〇二一七・四八平米			
	白鳥塚古墳	一基	古墳時代前期（四世紀前半）前方後円墳	昭和四七年一一月六日	守山区上志段味字東谷
		一基	古墳時代前期（四世紀前半）前方後円墳	昭和四七年一一月六日（平成二〇年七月二八日追加）	守山区上志段味字東谷
	尾張戸神社古墳	一基	古墳時代前期（四世紀前半）円墳	平成二六年一〇月六日	守山区上志段味字東谷
	中社古墳	一基	古墳時代中頃（四世紀中頃）前方後円墳	平成二六年一〇月六日	守山区上志段味字東谷
	南社古墳	一基	古墳時代中頃（四世紀中頃）円墳	平成二六年一〇月六日	守山区上志段味字東谷
	志段味大塚古墳	一基	古墳時代中期（五世紀後半）帆立貝式古墳	平成二六年一〇月六日	守山区上志段味字大塚
	勝手塚古墳	一基	古墳時代後期（六世紀初め）帆立貝式古墳	平成二六年一〇月六日	守山区上志段味字中屋敷
	東谷山白鳥古墳（旧白鳥一号墳）	一基	古墳時代後期（六世紀末）円墳　横穴式石室	平成二六年一〇月六日	守山区上志段味字白鳥
史跡	断夫山古墳	一四六九四平米	古墳時代後期（六世紀前半）前方後円墳	昭和六二年七月九日	熱田区旗屋一―一〇

●名古屋市指定文化財

種別	名称	員数・面積	時代・説明	指定年月	所在地
史跡	千鳥塚	四六平米	江戸時代　貞享四年（一六八七）高さ五五センチ	昭和五二年七月一三日	緑区鳴海町三山三三
史跡	刈跡塚（翁塚）	一〇平米	江戸時代　安政三年（一八五六）高さ一四〇センチ	昭和五二年七月一三日	西区新道一―一九―三六
史跡	芭蕉最古の供養塔	一二平米	江戸時代　元禄七年（一六九四）高さ六五センチ	昭和五二年七月一三日	緑区鳴海町根古屋二―一六
史跡	守山瓢箪山古墳	一基	古墳時代後期（五世紀末～六世紀初め）前方後円墳	昭和六〇年八月二〇日	守山区西島町四
史跡	守山白山古墳	一基	古墳時代後期　円墳	昭和六〇年八月二〇日	守山区西島町四
史跡	深沢第三号墳	一基	古墳時代後期　円墳	平成七年八月二二日	守山区大字吉根字深沢

[第 2 章]

熱田の地形と歴史を読み解く

熱田祭（熱田区）

【四番】高蔵遺跡を掘る

熱田区

熱田町の合併

明治二二年（一八八九）の市制町村制施行により、一六町と西熱田村は合併して熱田町となった。明治四〇年に熱田港が完成し、市の所属になったことから、四〇年六月一日に熱田町を市に編入した。四一年四区制施行により、南区に属したが、昭和一二年（一九三七）一〇区制が施行されると、分離して熱田区となった。

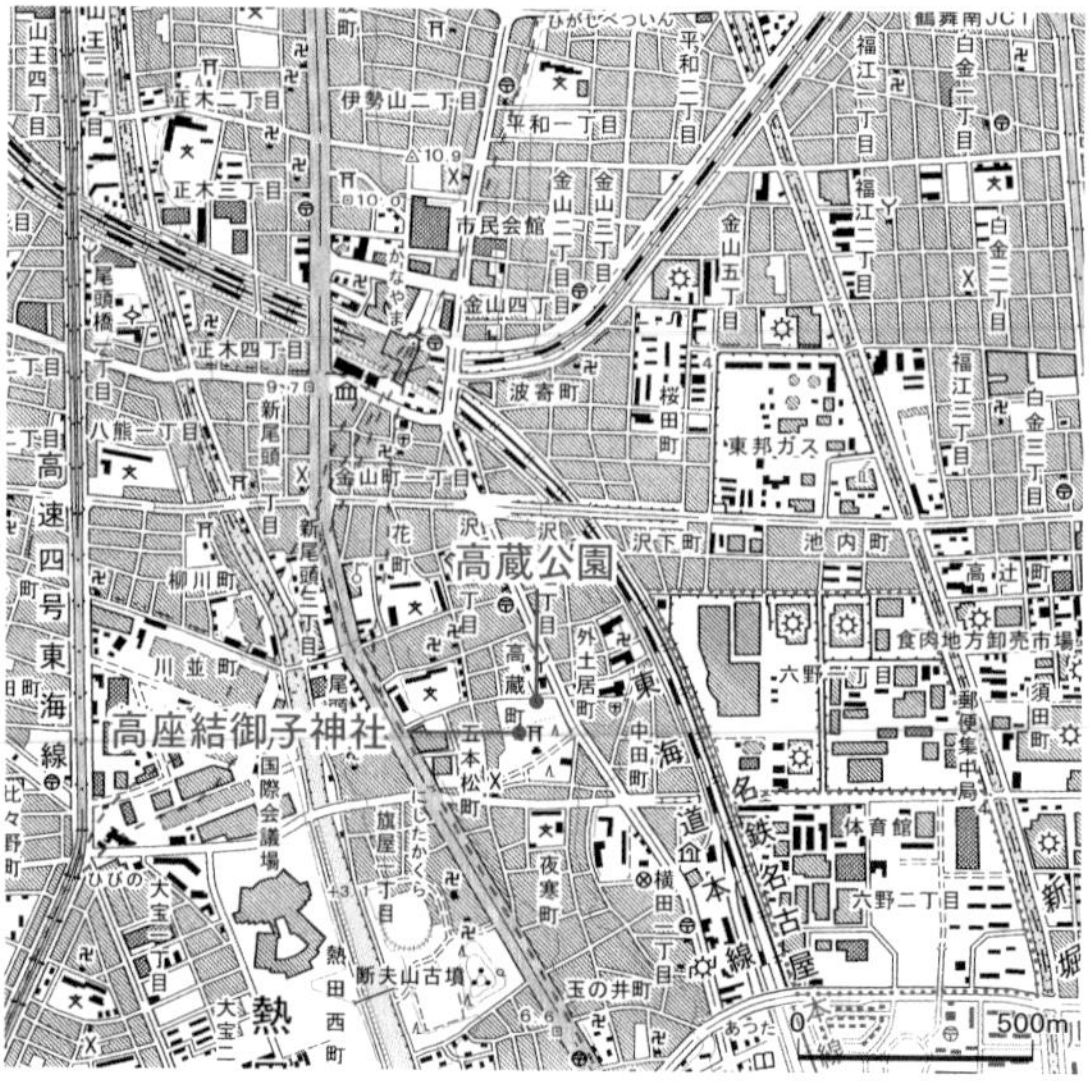

高蔵付近　1/2.5万「名古屋南部」平成25年

鍵谷徳三郎先生の奮闘

明治四〇年、熱田町が名古屋市に編入されたことにより、愛知県は栄町から熱田に通じる南大津町通を一三間幅に拡張し、電車を開通させる工事に着手した。その冬、工事は沢上から高蔵に達し、台地から低地へかかる地形のため、台地が切り崩され切通しとなった。現在の外土居町と高蔵町の場所である。その工事で多くの土器、貝殻が出土した。翌年一月七日、当時陸軍地方幼年学校国語科教官であった鍵谷徳三郎先生は、その報を耳にし、さっそく翌日現地に赴き、工事作業員に出土の状況を尋ねた。

当時は弥生式土器が縄文土器の一型式程度の認識であった。鍵谷先生は、そうした学界の動向に造詣深く、土器と貝殻の関係を調査することは、有益な研究となることと確信し、公務の余暇毎日通い、三月二五日に至るまで約八〇日

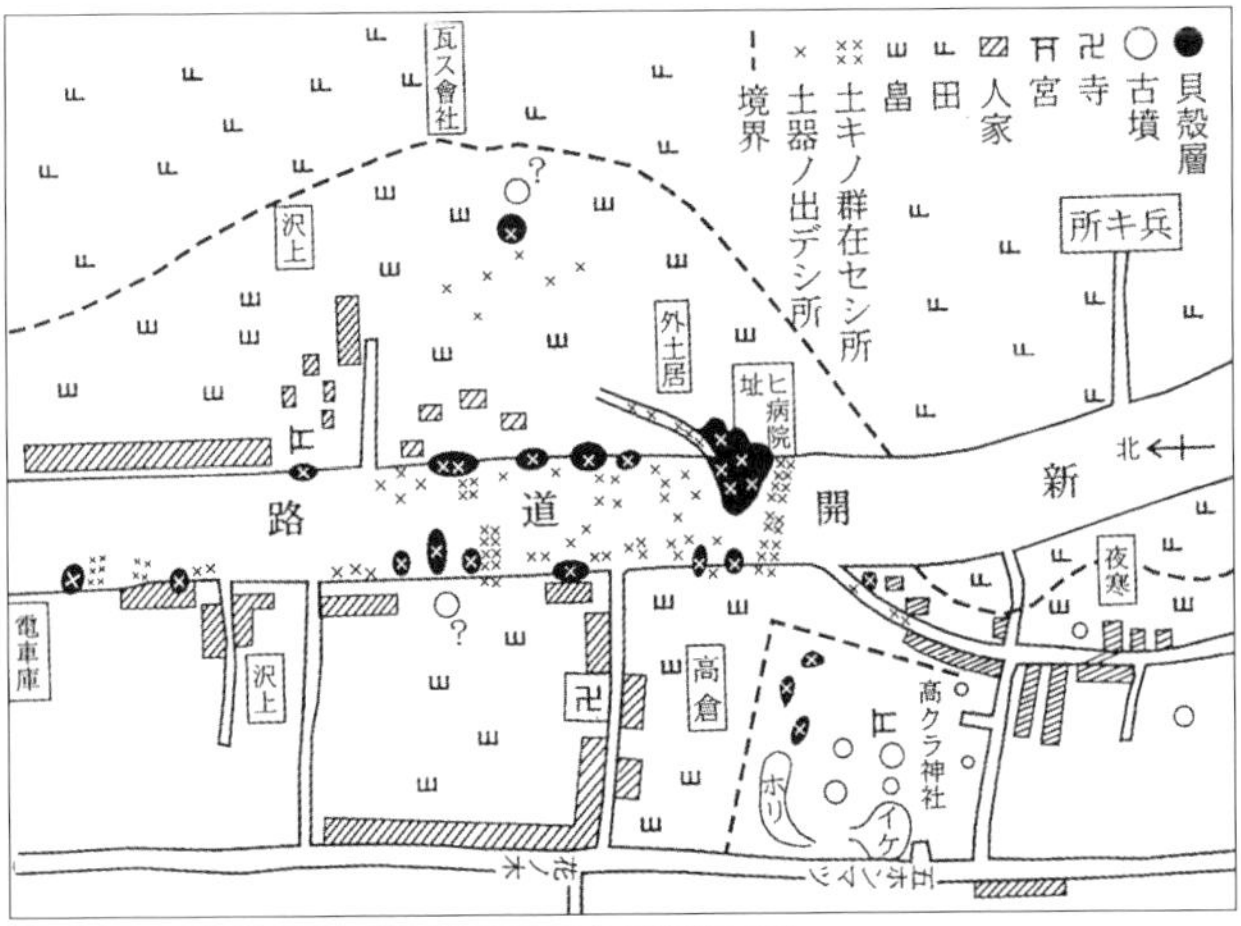

発見当時の高蔵貝塚（「尾張熱田高倉貝塚実査」）

間継続調査した。調査では詳細な観察がおこなわれ、土器と石器、貝殻を捨てたのが同一の時代で、石器時代であることを明らかにした。鍵谷先生の描かれた切通しの図は、今日の発掘調査の結果と符合し、その観察眼、記録の正確さ、すみやかな調査成果の公開に驚かされる。

弥生時代前期の環濠

一九八〇年代に入り、都市開発に伴う事前調査により、高蔵遺跡の調査が実施されるようになった。昭和五六年、高蔵町で第一次調査が実施され、台地東縁の最高所、標高一〇～一一メートル付近において、弥生時代前期後半の濠が三条（D2、D5、D10）見つかった。D2、D5は同心円状に巡る環濠である。D10は、D5から西に延び、区画溝のような配置である。昭和五七年、六〇年の調査でも、濠（D・A、SD03、SD105）が見つかり、外縁に同心円状に巡ることがわかってきた。D2、D10から貝殻、魚骨が出土していることから、環濠付近でも食物残滓を廃棄するような日常生活の場であることがわかる。

＊D2などは遺構に付けられた名称

高蔵遺跡第1次発掘調査　溝D2出土弥生土器
名古屋市教育委員会蔵

高蔵遺跡第1次発掘調査　中央の溝はD2
名古屋市教育委員会蔵

弥生時代中期から古墳時代の高蔵

弥生時代中期は、主たる居住域が外土居町に移り、後期に引き継がれる。後期は、夜寒町付近にも居住域があった。墓域は、居住域周辺のほか、西方で見つかっている。古墳時代に至っても墓域は西方に造られるが、方墳が多い。七世紀に至ると高座結御子《たかくらむすびみこ》神社の境内周辺に横穴式石室をもつ円墳が造られている。

中世の高蔵

古代の居住地は遺跡各所に散在しているが、中世に至ると、五本松町や夜寒町といった西方で注目される遺構や遺物が出土している。平成元年（一九八九）、一四年の調査では、金属器を鋳造した鋳型片や鉄滓が出土し、平成一〇年の調査では、墓から白磁の碗や土師器の鍋が出土した。また、平成八年の調査では、幅六メートルに及ぶ溝から鉄滓や瓦が出土し、寺院の存在が指摘され（石黒二〇一一）、金山彦命を祀る金山神社や、青大《せいだい》悲寺《ひじ》の鉄地蔵（室町時代の作・愛知県指定文化財）と関連づけて高蔵遺跡において鋳物師の活動が推測されている（水野一九九七・野澤二〇一〇）。

高蔵遺跡第60次発掘調査

第六〇次発掘調査

高座結御子神社をコの字形に囲む高蔵公園が愛知県から名古屋市に移管されたことに伴い、名古屋市緑政土木局は、平成二九年より三ケ年計画で再整備する計画をたてた。

公園整備に伴い、平成三〇年に第六〇次発掘調査を実施した。二か所で実施し、大津通を見下ろす東端では、弥生時代前期の濠D2の続きが出土した。もう一か所は、高蔵5号墳の西裾である。高蔵5号墳は、滅失となっていたが、前年の試掘調査で五世紀末頃の埴輪が出土し、墳丘が残存していることが確認された。調査では、弥生時代前期の濠SD03の続きが出土し、前期の土器と共に貝殻が多量に出土した。濠の埋没土の上位層からは、古墳時代前期の壺が出土した。濠は、古墳時代前期には窪地状に痕跡を残しており、中期に至って墳丘で覆われた。

高蔵遺跡第60次発掘調査　溝SD3貝層

掘りあがった溝SD03

信長の道

台地東縁では道状の遺構が出土した。台地を溝状に掘り窪めて、中央底に小石を詰めていた。この跡は道の地盤改良であり、小石は水はけをよくする工夫であろう。この道は、東方の台地縁から神社社殿方向に造られていることや、戦国時代に織田信長の寄進により社殿改修があったことから、材木などを運ぶために造成されたと思われる。熱田は木曽の木材が集まった所であるが、熱田の先端から陸揚げして運ばず、神社に近い台地東縁から最短距離を選んで運んだことになり、織田信長の経済効率の高さがうかがわれる。

土偶

濠ＳＤ03から土器片と共に埋まっていた土製品である。出土した時は気がつかなかったが、後に顔の表現があることがわかり、土偶の頭部であることが判明した。直径九・五センチの比較的大きな頭である。

顔の周りに髪の表現があるこの種類の土偶は、前田清彦氏が唐沢原タイプと名づけて、長野県諏訪盆地から伊那谷にかけて出土していること、長野県塩尻市福沢遺跡出土品に酷似していること、鯨面とよぶ刺青の線刻表現があること、胴体は短く柱状または台状となること、弥生時代前期後半に並行する条痕文期Ⅱの時期に盛行すること、などが特徴である（前田二〇〇〇・二〇〇九）。

なかでもこの土偶の特徴は、頸のところが前後に分かれ、体部が中空となっている可能性が高いことである。土偶は、中実で粘土塊を整形して体部としているが、弥生時代中期には土偶形容器（鯨面付土器）といい、土器の側面に土偶を貼り付けたような器が出現する。今回出土した土偶は、その変化の過程に位置づけられると考えられる。土偶形容器出現の謎だけでなく、弥生前期文化圏の東限の名古屋で出土したことから、伊那谷の条痕文土器文化圏との交流などを考えるうえでキーマンとなる土偶である。

高蔵１号墳

昭和二九年に名古屋大学が発掘調査し、高蔵公園建設により失われていた古墳である。今回の公園整備事業の中で、平面プランが表示された。事前の試掘調査で、周溝が見つかったことから、位置や規模を復元することができた。

土偶

高蔵１号墳横穴式石室の表示

整備された高蔵７号墳

高蔵8号墳　出土須恵器

高蔵7号墳

公園の中に僅かな高まりと川原石の露出する場所があり、試掘調査をしたところ、横穴式石室をもつ円墳であることがわかった。7号墳と命名して、1号墳同様に周溝の位置を平面表示した。平面表示に使用した平石は、かつての市電の線路敷石を再利用したものである。

高蔵8号墳

第六〇次発掘調査期間中、7号墳同様に川原石が露出している場所を試掘したところ、横穴式石室をもつ円墳であることがわかった。7号墳同様に周溝の位置を平石で平面表示した。

市電を通すために大津通を拡幅して明らかになった高蔵遺跡であるが、今また市電の敷石で遺跡の整備をするというのも、歴史的つながりを感じることができる整備手法である。

高蔵8号墳　出土須恵器

弥生時代後期環濠の発見

高蔵1号墳の試掘調査の際、古墳の下に弥生時代後期の濠があることがわかった。公園整備工事の立会調査の情報をつなぎ合わせると、濠は神社境内北辺に平行して東西方向に掘られていると推定でき、西端は公園内を抜けずに南に曲がっていく可能性が高い。神社境内を取り巻いているかのようなあり方である。特に西北コーナーは急カーブで曲がっているかもしれないので、吉野ケ里遺跡北郭にみられるような突出部に見張り台でもあったのかと想像する。

高倉下命を主神とする高座結御子神社の存在は、弥生時代後期に神社の祖形となる神殿があり、その聖域を囲んでいた、あるいは高倉（高蔵）という名前に注目して、食糧や武器、宝物などの物資を収納した倉庫群を守るために囲んでいた（野澤二〇一〇）、など想像が膨らむ。

整備された高蔵公園で悠久の歴史に触れたり、高蔵遺跡を調査した百十余年前の鍵谷先生の気概に思いを馳せたりして、贅沢なひとときを過ごしていただけたら幸いである。

高蔵公園の案内板

【五番】

史跡断夫山古墳と兒御前《このごぜん》の森を探る

熱田区

王者の風格

熱田区旗屋《はたや》一丁目、国指定史跡断夫山古墳は、全長一五一メートルの規模をもつ、愛知県で一番大きな前方後円墳である。古墳の年代は、六世紀前半と考えられている後期古墳である。後期の前方後円墳としては、全国第五位の規模である。

令和元年（二〇一九）一一月一七日、「あったか！あつた魅力発見市」が開催され、イベント企画として、断夫山古墳の一日公開がおこなわれた。この日は、受付を済ませば入山が認められる。後円部の裾から墳頂まで登り、前方部墳頂まで行き折り返す。後円部の斜面が急斜面であること、前方部が小高い山であることが体感できる。上り下りのため自然にできた道により、川原石が数個露出していた。葺石と思われる。墳丘は、三段築成で一段目の平坦面は造出部の上面と同じであるが、前方部の先端近くではっきりしない。前方部先端は急斜面であり、後世の崩落により失われたのかもしれない。二段目の平坦面は全周している。後円部は直径約八〇メートル、高さ一三メートル、前方部の最大幅約

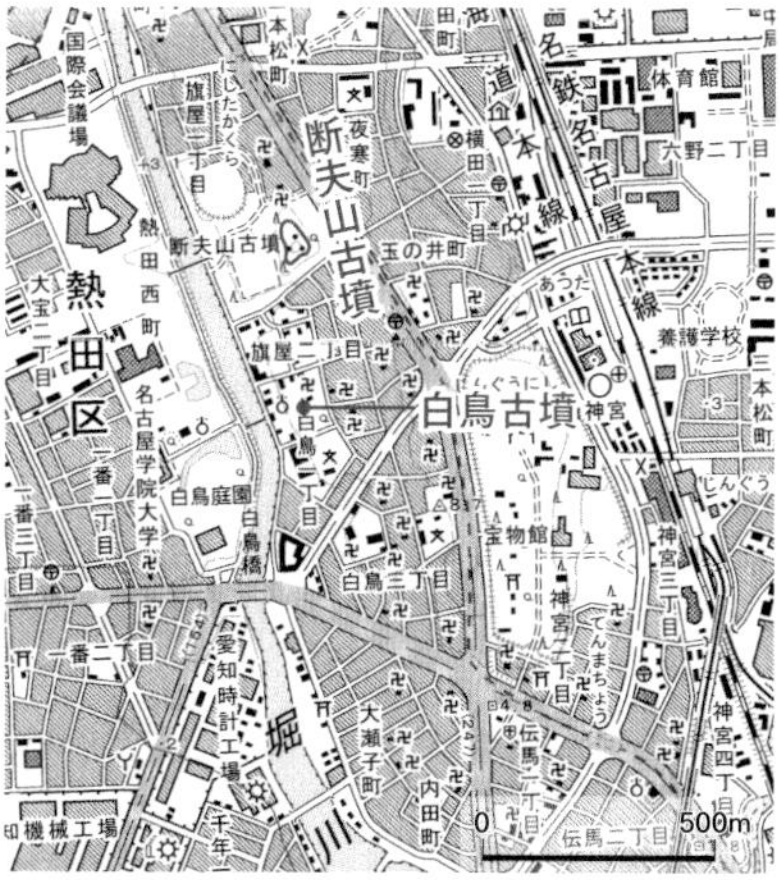

熱田付近　1/2.5 万「名古屋南部」平成 25 年

堀川対岸から遠望する断夫山古墳

前方部から後円部を見る

一二〇メートル、高さ一六メートルあり、後期前方後円墳の特徴である、前方部が著しく高く大きく造られている。前方部墳頂先端は、幅約三メートルの平坦面となっている。壇（ステージ）のような施設であったと考えている。

　埋葬施設は不明である。後円部西側三段目に少し窪んでいる場所があり、二段目平坦面でおさまっている。横穴式石室であれば、このあたりが開口部となるのではないかと思う。

即位の礼と重ねて

　令和元年一〇月二二日は、天皇が神前に奉告する即位礼当日賢所大前の儀、即位を公に宣明され、内外の代表がお祝いする即位礼正殿の儀がおこなわれた。大王墓といわれる前期の前方後円墳では、亡くなった先代の王から新王に代替わりするにあたり、こうした前方後円墳の墳頂部に践祚・即位の儀式が埴輪祭式で表現されたとの考えがある。後期の前方後円墳においても同様なことがおこなわれたのかは定かではないが、墳丘の形態は前方部が著しく巨大化することから、即位の儀式が重視されるようになったと考えられている（水野一九七四・二〇一六）。断夫山古墳の前方部先端の平坦面―壇―もこうした儀礼―宣明の場として使用されたのではないかと思う。南東には熱田社（熱田神宮）、南にはあゆち潟の向こうに火上社（氷上姉子神社）があり、遠祖の神々や眼下に参列した臣下や民、伊勢湾海上に集結した軍船の水兵や商船の水夫らに対して宣明された光景を想像する。

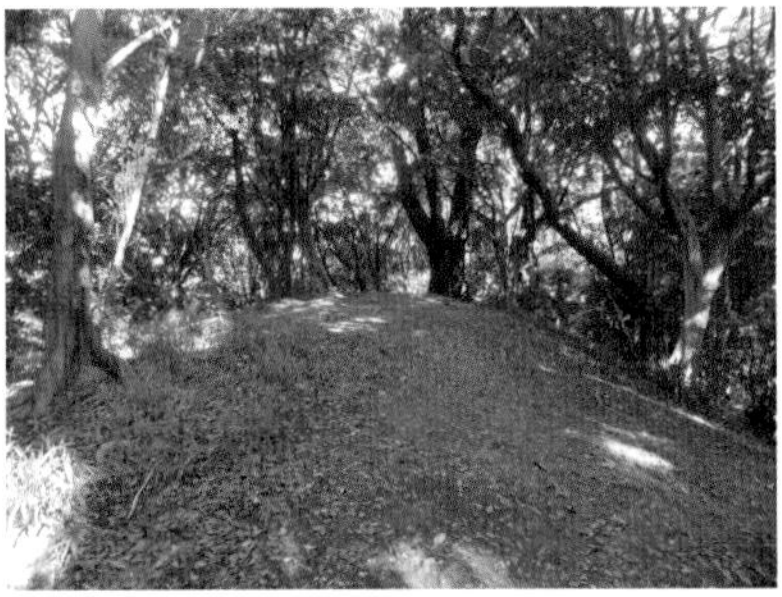
前方部墳頂先端

石室がありそうな所

周濠と周堤

　周濠は、かつてはもっと広く、伊藤文四郎氏は西側で幅八～一〇間（一四・五～一八メートル）と推定している。明治一七年（一八八四）の地籍図でも畑が周濠状に巡る。深谷淳氏はその西側の幅の狭い畑と道を周堤と推定している。現地を歩くと、周濠

前方部周濠と排水口

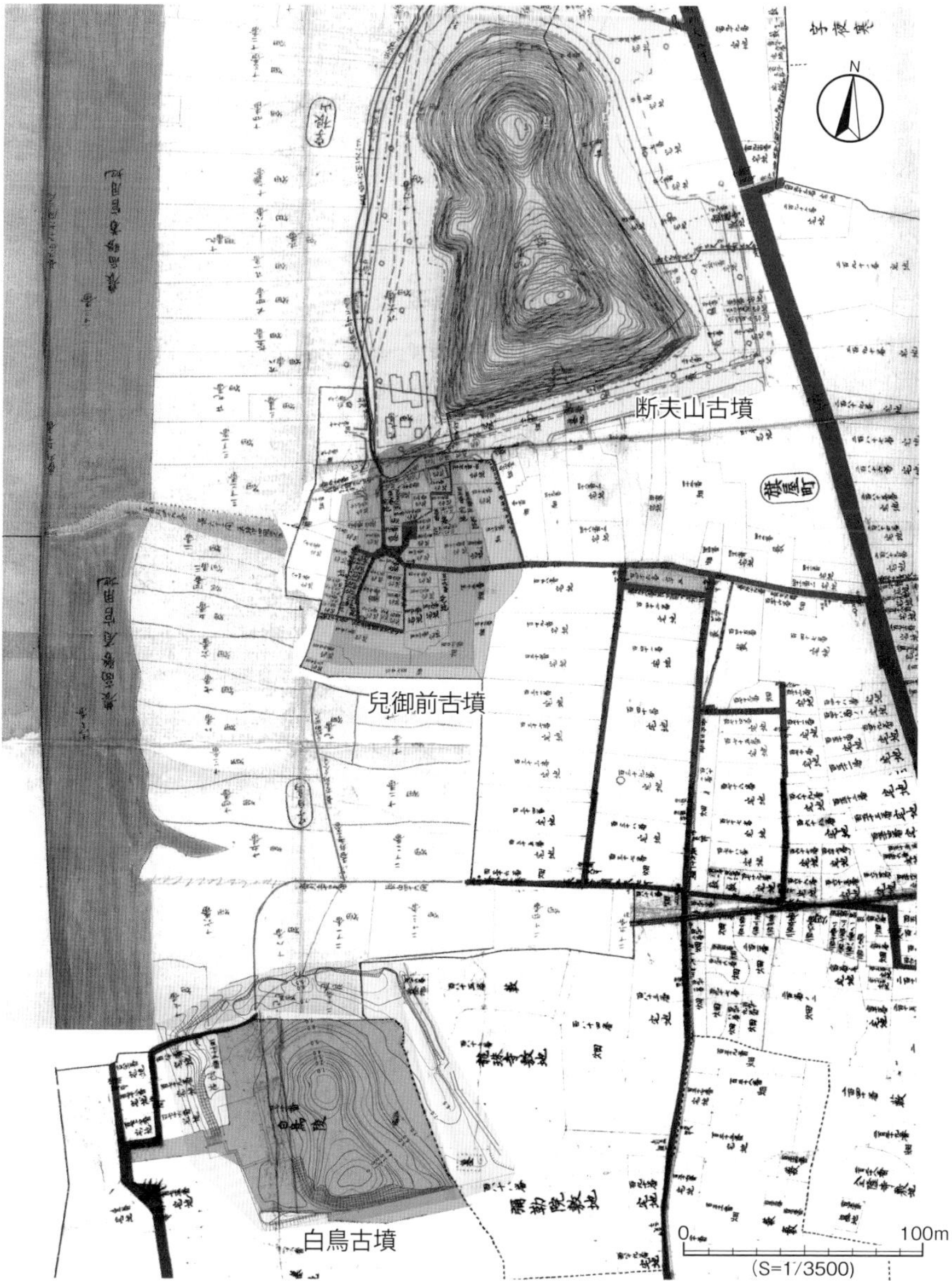

断夫山古墳と白鳥古墳と兒御前古墳（地籍図　愛知県公文書館蔵）

の西側の園路までが周濠と考えられ、その西側は一・五メートルほど高くグラウンド敷地となっている。グラウンドの敷地の端は、かまぼこ状に少し盛り上がっており、これが周堤の名残ではないかと思われる。

明治一七年の地籍図では、断夫山古墳の大半は、西熱田村字根山にあり、前方部西端墳端から幅平均一間（約一・八メートル）の水路が堀川に流れている。水はけの悪い濠内の畑の排水路であろう。現在でも周濠の西南隅に排水枡があり、下水道に続いている。地元の方の話では、昭和三〇年代頃、断夫山古墳の南西部の谷筋へは、満潮時に堀川から水が入り込んで来ていたという。堀川護岸に水路の痕跡（暗渠）や低地を塞いだような痕跡が見られる。

地籍図を凝視する

　ところで、地籍図を見ていると、断夫山古墳の南西部に、道路が複雑に折れ、地目が細かく分かれて宅地、墓地となっている一角が目に留まった。その中で一〇七番地は、墓地で東側が弧を描いている。その南の宅地一一六番地は南東に直線的に延びている。断夫山古墳に近い六六、六七番地の宅地から、南の九八、九九、一〇〇、一二〇、一一九、一一六番地の南側ラインまで

兒御前古墳周濠の推定位置（旗屋二丁目 2-6）

を範囲として、前方後円墳の痕跡ではないかと推定した。

　かつて赤塚次郎氏が旗屋古墳として地図上に前方後円墳の存在を示された（赤塚一九八九）位置である。

　西側の七五、七四番地の一部、東側の一一二、一一五番地の地割や南側の一二一、一二二、一二六番地までは周濠の可能性が高い。地元の方の話では、西側周濠推定地を通る南北の道や旧旗屋西部説教所・地蔵尊堂（旗屋二丁目二—六）の東側付近は、今よりもっと低く、区画整理事業でかさ上げされ、道幅も拡幅されたという。今でも火の見櫓の鉄塔下部が埋まって立っており、低かったことを知ることができる。さらにその南の一二四、一二五、南東の一二七番地の地割は周堤の可能性が高い。断夫山古墳や白鳥古墳に周濠や周堤があることを考慮すれば、推定した古墳にも周濠や周堤が巡っていた可能性が高いといえよう。

復元される前方後円墳

　令和二年一月九日に、旗屋二丁目地内で水道管布設工事がおこなわれ、掘削された布設溝の断面において、周濠と思われる痕跡を確認した。当

水道管布設工事現場の断面　青い土が濠の跡

初の推定地より南側で濠の肩を検出したため、改めて地籍図を見直すと、濠肩に近い一二一番地の宅地南辺までを墳裾とし、墳丘規模は墳長七四・四メートル、前方部最大幅四〇・八メートル、後円部直径約二八・八メートルと推定するに至った。前方部が発達した後期前方後円墳であり、また前方部前端は中央が少し突出する（尖った）、いわ

ゆる剣菱形前方後円墳の可能性が高い。周濠まで含めると全長九二・四メートルとなる。ただし、北側の周濠は、断夫山古墳の周濠と重なるため、共有していた可能性が高い。共有とはいえ、台地縁に築造された断夫山古墳の周堤で途切れていたと思われる。周堤においては後円部の北半は低地部分となるため、築かれず、断夫山古墳の周堤があったとすれば、それに接続していた可能性が高い。また、周堤東側の中央部においては、やや東に膨らむ可能性があり、断夫山古墳の西側周堤に想定される内堤張出と同様の張出があった可能性が高い。

断夫山古墳西南の谷筋

　この推測が事実だとすれば、断夫山古墳及び白鳥古墳同様に前方部を南に向けた三基の首長墓が熱田台地西縁に並んでいたことになる。

金銅装馬具の出自

　ところで、熱田神宮が所蔵する金銅装馬具（轡、杏葉、雲珠、辻金具）が、滅失した本古墳から出土した可能性もあるのではと、同僚の野澤則幸学芸員から教えられた。この金銅装馬具は、伝熱田出土といわれ（新修名古屋市史一九八八・二〇〇八）、慶応三年（一八六七）に熱田神宮に奉納されたものである。かつて断夫山古墳は、熱田神宮大宮司千秋家が奉仕し、明治九年（一八七六）から熱田神宮の所属地と定められてきた。白鳥古墳は、法持寺が鎮守し、明治時代からは熱田神宮が管理してきた。こうした両古墳の経緯や本墳が断夫山古墳に接していることから、本墳が開墾された際、熱田神宮の所蔵となったと推定できないだろうか。馬具のうち棘葉形杏葉は、豊橋市馬越長火塚古墳（六世紀末）出土品より古く、六世紀後半代（第三四半期）に位置づけられ、「断夫山古墳に続く尾張地域全域を支配していた大首長にふさわしい舶載の馬具」と評価され（愛知県史二〇〇五）、「熱田の古墳からの出土品であったならば、この時期に、そうした文物を入手し得る立場の首長が熱田にいたことになり、断夫山古墳以後も、熱田の集団の優勢は持続したことが考えられる」と述べている（新修名古屋市史一九九七）。

見瀬丸山型前方後円墳の提唱

　土生田純之氏は、馬越長火塚古墳を評価するなかで、墳形に類似性のある七基の前方後円墳を「見瀬丸山型前方後円墳」と仮称した。その特徴は、後円部が著しく高く、前方部は低い。後円部に対して前方部が長い。熊本県氷川町大野窟古墳は剣菱形、馬越長火塚古墳や見瀬丸山古墳もその可能性が高い。副葬品の中には朝鮮半島を中心とした地域からの渡来品が多い。六世紀後半から末までの時期に限

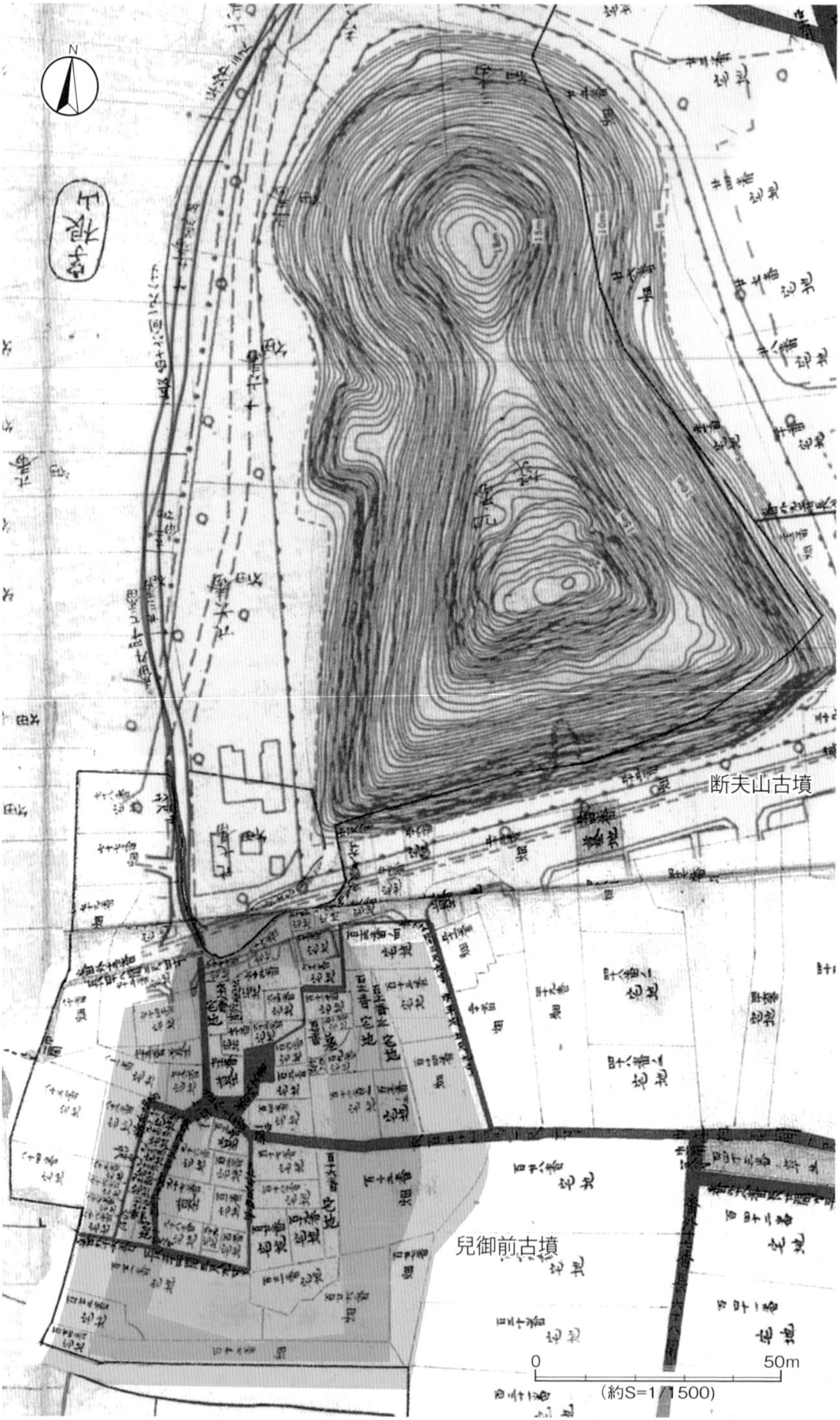

断夫山古墳と兒御前古墳（地籍図　愛知県公文書館蔵）

定される、などである。なかでも主墳となる見瀬丸山古墳は、奈良県橿原市に所在する墳丘長三一八メートルの前方後円墳である。土生田氏は第二段以上が、堀田啓一氏は全体が剣菱形であったと推定されている。時期は、六世紀後半から末、六世紀後半、七世紀初頭と意見が分かれているが、被葬者は欽明天皇もしくは欽明天皇に仕えた蘇我稲目といわれ、「「見瀬丸山型前方後円墳」は、いずれも欽明朝に外交関係で活躍した地域・氏族の首長墓とみなすこと」ができると述べている（土生田二〇一二）。

兒御前《このごぜん》とは

今回推定した古墳は、地籍図からの復元であり、現在は宅地で平坦地なため、墳丘の高さは不明であり、古墳であることに疑問をもたれる方もいるかもしれない。ところが、天保年間（一八三〇〜四四）の『尾張志』付図「熱田」に興味深い記載がある。「断夫山」、「北山」を緑色で塗って森并《ならび》山を示しているところである。注目したいのは、「断夫山」の南にもう一か所、緑色に塗った「兒御前」という範囲があることである。森并山、すなわち古墳があったと推定する心強い史料となる。ただし、犬塚康博氏は、古墳であった可能性を指摘されているが、前方後円墳は否定されている（新修名古屋市史一九九七）。『張州雑志』によれば、「兒御前」とは、日本武尊の御兒神六神を祀る社のことで、また、向南寺と福楽寺（中世北山に移す）と白鳥山法持寺を当所の三別所（墳墓）といった。兒の別所を兒御前と称するか、往古尾張氏の兒の墳塚の霊を祀るか、後世の判断にまかせたい、と記されている。「兒御前」は、江戸時代に廃止もしくは他の神社へ合祀されたものと思われる。

絵図としては、慶安元年（一六四八）頃描かれた「大日本五道中図屏風」にも山が描かれている。大きな山の脇には「だんぷ山」とあり、断夫山古墳のことである。その南の山の脇には「せいがん」とある。「せいがん」は誓願寺のことで、白鳥二丁目に所在する寺院であることから、南の山は、白鳥古墳か「兒御前」ということになる。絵図からどちらかに比定することは困難であるが、方角的に「兒御前」であると思いたい。

兒御前古墳の歴史的意義

本古墳を「兒御前古墳（兒御前古墳）」として、「見瀬丸山型前方後円墳」の一つに加えることができるならば、七基の前方後円墳同様に、尾張氏が尾張国造として欽明朝（五三九年即位―五七一年崩御）の一翼（水軍）を担い、活躍した証という古代日本史上に躍り出る重要な発見となる。継体朝（五〇七年即位―五三一年崩御）の時期に対応する断夫山古墳に続き、欽明朝においても尾張氏が大和王権に強く結びついていたことを、この地に築かれた前方後円墳の墳形、墳丘規模が示しているといえる。伊勢湾に面したこの地に立地して誇示したのは、熱田の津が軍港（出陣基地）であったからにほかならない。

【六番】

熱田の寺院と蓬莱島伝説

「あったか！あつた魅力発見市」

二月恒例の「あったか！あつた魅力発見市」では、金山総合駅南口はじめ断夫山古墳、七里の渡しなどでイベント等がおこなわれ、多くの人で賑わう。中でも日頃参拝できない寺院の公開は、仏像の拝観や所蔵する文化財に触れることができる良い機会である。

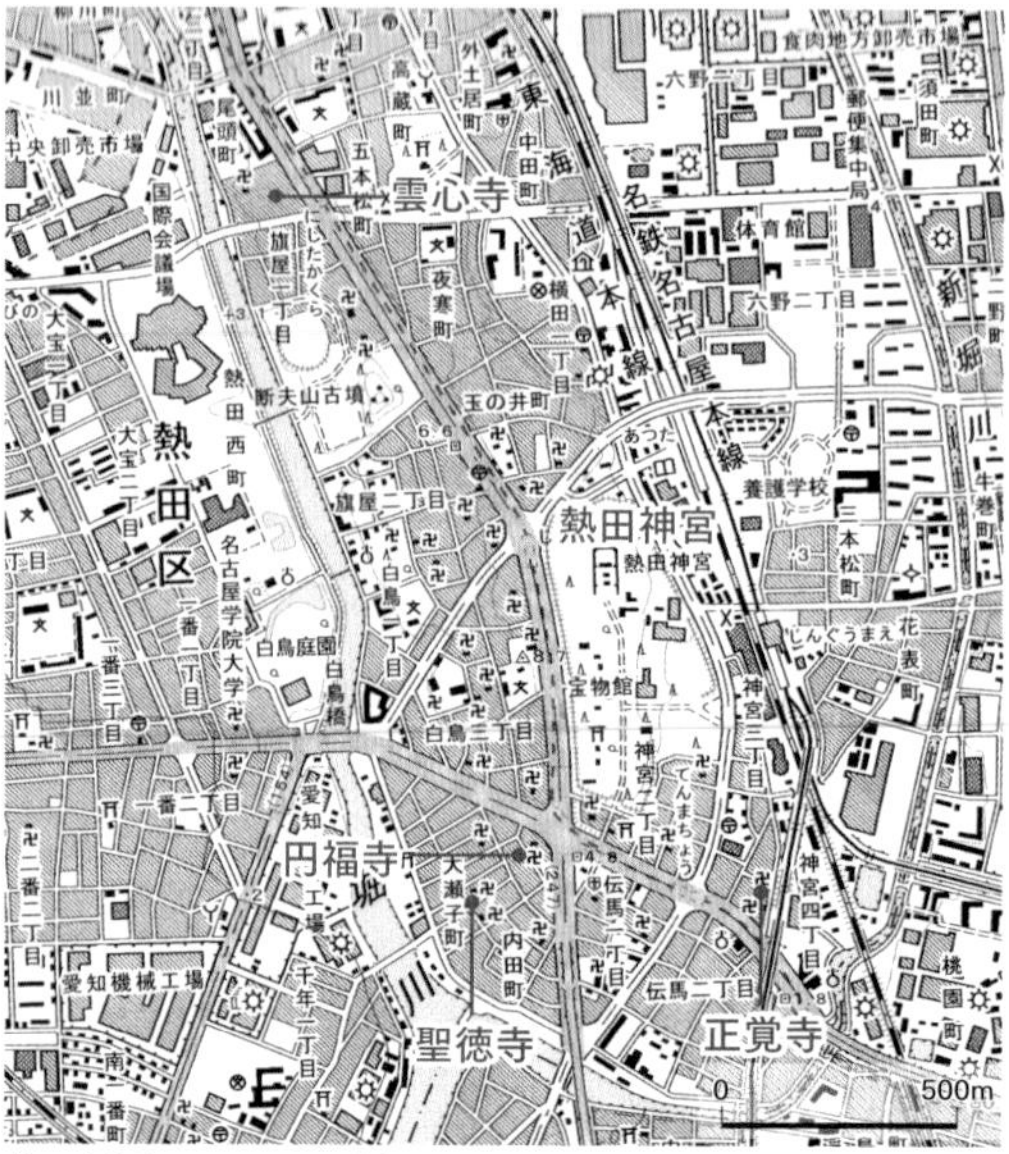

熱田付近　1/2.5 万「名古屋南部」平成 25 年

雲心寺

地下鉄名城線西高蔵駅の近くに、浄土宗遣迎山《けんこうさん》浄土院雲心寺がある。元文四年（一七三九）に知多郡清水村の普門寺を川名村に移し、翌年当地に移転した。楼門は文久二年（一八六二）の建立、心の字形をした苑池を介して西に本堂が建つ。文久三年に知恩院阿弥陀堂の本尊を模した一丈六尺（約四・八メートル）の木造阿弥陀如来座像が製作され、翌年開眼供養された。名古屋三大仏の一つである。太平洋戦争中、寺の北側にあった紡績工場に焼夷弾が落とされた。延焼を防ぐため、当寺に寝泊りしていた日本大学の学徒兵らが防火に努めた。風向きが

雲心寺

北に代わり、寺はもとより町内が焼失を免れたという。

円福寺

熱田神宮南交差点の南西角に、時宗亀井山《きせいさん》円福寺がある。本尊は木造阿弥陀如来立像で厨子に安置されている。脇侍は木造毘沙門天像、木造大黒天像である。元天台宗寺院で厳阿《ごんな》上人が時宗に改め中興開山した。永享四年（一四三二）九月、将軍足利義教は、富士遊覧のため下向の途中、当寺に三日間逗留し、和歌・連歌等の会を催した。この時の連歌懐紙（愛知県指定文化財）が保存され、拝観することができた。境内は道路より下がった地にあり、台地の先端に立地している。住職の話では、伊勢湾台風の時にはかろうじて水に浸からなかったが、一メートルほど掘ると、砂や貝殻が出てくるとのことである。太平洋戦争で本堂は全焼した。被熱を受けてヒビが入った「亀井山」の標柱が戦火の激しさを今に伝えている。

雲心寺の大仏

戦災にあった標柱　円福寺

円福寺の境内

聖徳寺

熱田区大瀬子町に浄土宗西山禅林寺派亀腹山聖徳寺がある。本堂は太平洋戦争により焼失、戦後再建された。太子堂本尊の木造聖徳太子立像（愛知県指定文化財）は、須賀浦に住む漁夫が網にかかった仏像を村に持ち帰り、見せたところ、聖徳太子の像にちがいないとして太子堂を建立してお祀りした。太平洋戦争中には戦火のなか、地元の漁師により阿弥陀如来や太子、延命地蔵が救い出された。

聖徳寺

正覚寺《しょうかくじ》

熱田区神宮四丁目に西山《せいざん》浄土宗亀足山《きそくざん》正覚寺《しょうかくじ》がある。融伝永乗上人によって開創された際、後花園天皇より勅願道場の御綸旨を賜った。また永禄二年（一五五九）には、正親町《おおぎまち》天皇からも御綸旨を賜っ

正覚寺の亀足井

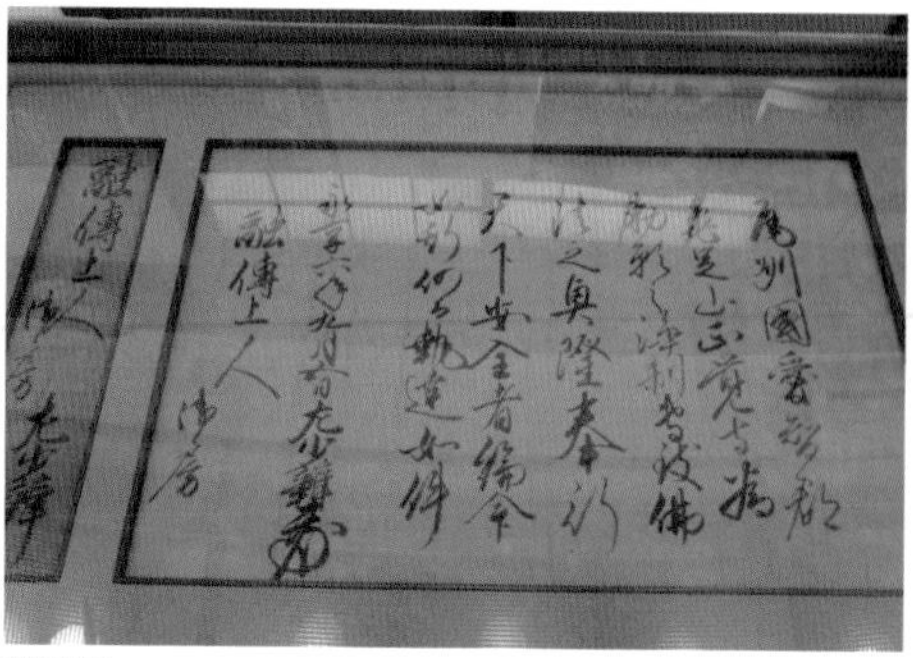
御綸旨

た。総本山光明寺にも御綸旨は一通しか賜っていないという。境内には亀足井とよばれる井戸が残っている。融伝上人が井戸を掘ったところ、亀の足が出てきた。瑞兆として山号を亀足山と名づけたという。

蓬莱島伝説

熱田は蓬莱島と言われている。それは、細く長い台地の先端に熱田神宮（熱田社）が鎮座し、伊勢湾の沖合から見ると、不老不死の神仙の住む蓬莱島のように見えたことから名づけられたと言われている。蓬莱島は大きな亀の甲の上に乗っているとされる。拝観した三寺院のほか、亀丘山春養寺（曹洞宗）、亀眼山清雲寺（西山浄土宗）、大亀山全隆寺（曹洞宗）、宝亀山蔵福寺（浄土宗西山禅林寺派）、金亀山長盛院（臨済宗妙心寺派）、亀命山藤江寺（浄土宗西山禅林寺派）、亀宝山福重寺（曹洞宗）に亀の文字が付く。また、蓬翁山宗福寺（曹洞宗）、蓬寿山宝勝院（西山浄土宗）、蓬戸山祐誓寺（真宗大谷派）は蓬の文字が付いている（日下一九九九）。

明治元年（一八六八）、神仏判然令（神仏分離）により、神社と寺院は分けられてしまったが、以前は神仏習合が基本的な考えであった。熱田社の神宮寺は取り壊されてしまったが、熱田にある多くの寺院は、宗派を超えて熱田神宮（熱田社）の守護の役目も果たしてきたのである。

蓬莱山蒔絵袈裟箱の図柄（中村義人のスケッチ『熱田歴史散歩』）

【コラム】六野は名古屋の航空機製造発祥の地

熱田区六野地区は、明治時代までは水田の広がる土地だった。明治三〇年（一八九七）に鉄道車両製造所が開設されたが、明治三七年に解散し、その跡地は、同年陸軍の軍需工場である東京砲兵工廠《こうしょう》が買収した。一一月四日東京砲兵工廠砲具製造所熱田分工場として発足し、一一月一六日熱田兵器製造所と命名された。

また、敷地造成にあたり、名古屋市は明治三八年一〇月から始めた、氾濫を繰り返す精進川の改修工事で発生した土砂を買い取り、埋め立てに充てた（明治四三年に新堀川と改称）。大正一二年（一九二三）に名古屋工廠熱田製造所、昭和一五年（一九四〇）に名古屋陸軍造兵廠熱田製造所と改称された。熱田製造所では、大砲や航空機用の機関砲などを製造していた。

大正六年から昭和一五年まで航空機の製造もおこなっていた。名古屋港に面した大江の三菱内燃機製造株式会社（後の三菱重工業株式会社）が航空機の製造を始めたのが大正九年であるので、名古屋の航空機製造発祥の地でもある。大正六年、大阪砲兵工廠名古屋兵器製造所高蔵分工場が北隣に開設され、大正一二年に名古屋工廠に編入、昭和一五年に名古屋陸軍造兵廠高蔵製造所と改称された。高蔵製造所では、大砲で使用する弾丸や薬きょうの製造をしていた。

六野地区は、西側に東海道線があり、引き込み線路が工廠内に敷かれていた。また新堀川につながる船溜まりや貯水池が造られた。このように材料の搬入や製品の出荷のほか都市に近いため、働く工員に便利な所であった。

太平洋戦争中、昭和二〇年六月二六日には、熱田製造所は空襲を受け、大きな被害を受けた（次ページ空中写真参照）。戦後、跡地は企業等に払い下げられたり、官庁や学校が入ったりして今日に至り、熱田製造所の建物が数棟中京倉庫株式会社の敷地に残っている。

熱田製造所正門と本館（『愛知県写真帖』）

熱田製造所の建物（現在、株式会社中京倉庫）

新堀川と船溜まり入口

空中写真　熱田周辺
（米軍撮影　昭和 21 年 6 月 7 日　国土地理院蔵）一部改変

[第３章]

年魚市潟・鳴海潟をゆく

七所神社秋祭（南区）

【七番】

鳥栖八剣社古墳と中世城館群を探る

南区

鳥栖《とりす》八剣社《はっけんしゃ》古墳

南区鳥栖二丁目には、鳥栖《とりす》八剣社《はっけんしゃ》が鎮座する。この神社は、ほぼ平坦な台地上にあってひと際小高い山を境内としている。この小山は、古墳で鳥栖八剣社古墳と呼ばれている。直径約五〇メートルの円丘の東側に、幅約三〇メートル、長さ一二メートルの方形部が付く造出付円墳と考えられている（新修名古屋市史二〇〇八）。円墳では昭和区の八幡山古墳に次ぐ市内第二位の大きさである。墳丘の西側は削平されている。明治一七年（一八八四）の地籍図では、西側の地目は藪、草生、畑などであり、もう少し墳丘が残っていたかもしれない。墳頂部において、小型丸底壺が出土し、古墳時代前期後半〜中期前半と推定されている。

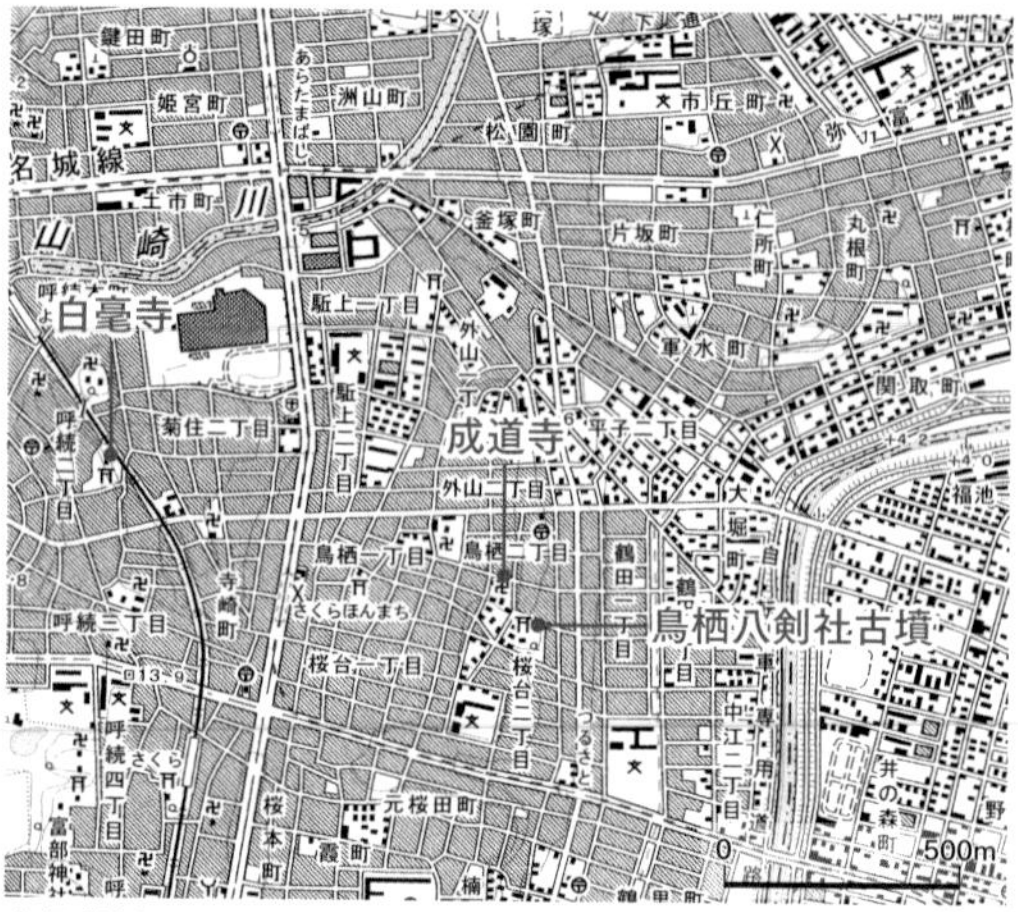

鳥栖付近　1/2.5 万「名古屋南部」平成 25 年

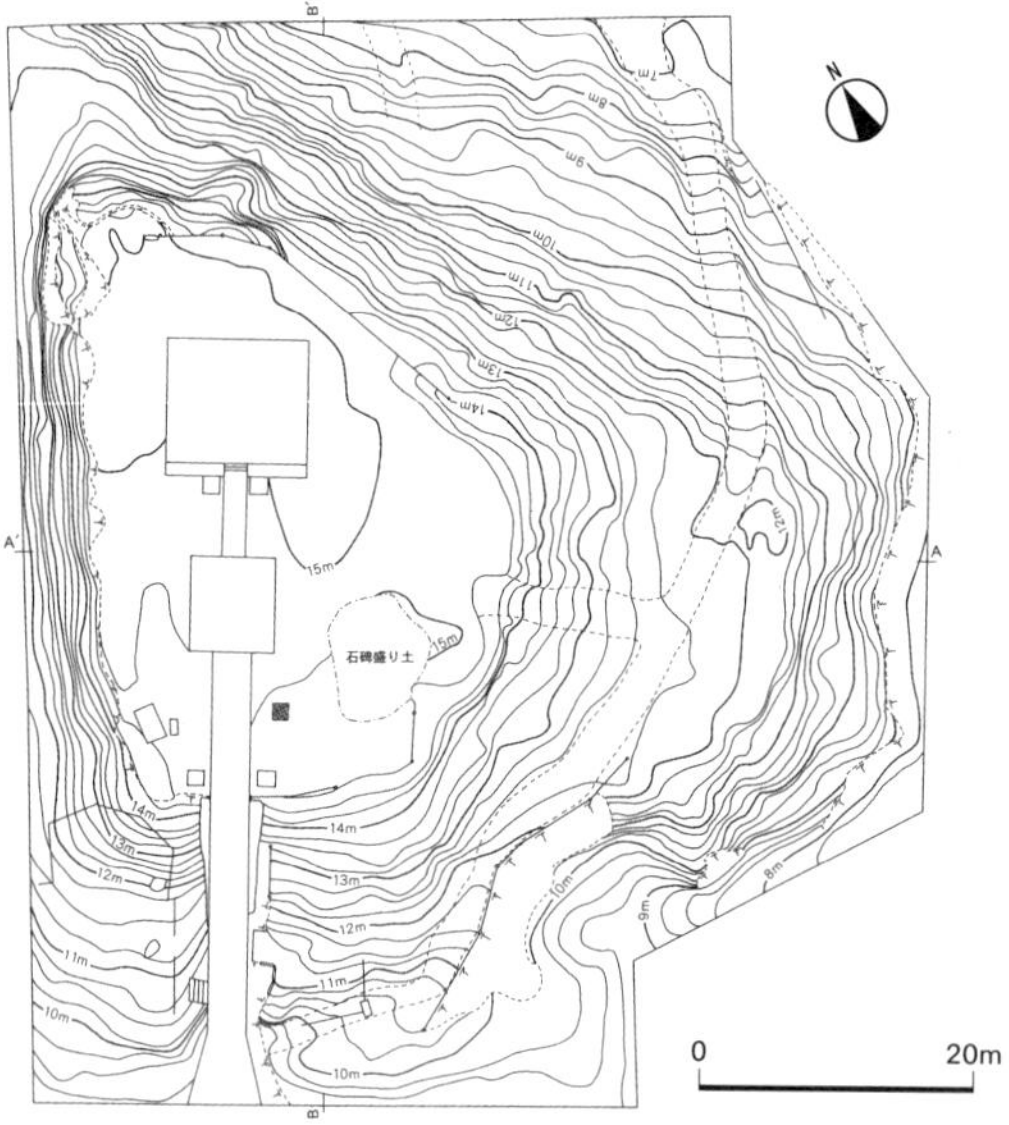

鳥栖八剣社古墳 墳丘測量図（藤井・瀬川・森島 2004）

立地の特徴

この古墳は、標高約一〇メートルの笠寺台地東縁に立地している。明治一七年（一八八四）の地籍図で地形を復元すると、台地縁は、古墳の北東部で少し湾曲して入江状になっている（次ページ参照）。古墳は、字輪之内に位置し、入江状の地形は、字輪之内の東端、字脇田、字駄積の北半に位置する。地目は田である。また、古墳の南側は、字前廻間で地目は田である。西に溜池があり、東に向いた谷状の地形であった。したがって、古墳は台地東縁の入江状の地形を強く意識し、南側は谷にはさまれて、より大きく見せることができる所に築造したと考えられる。

この古墳の南側付近を中世鎌倉街道（北ルート）が通っていたといわれている。笠寺台地と鳴海丘陵の間には天白川が流れており、渡河地点がこのあたりと推定されている。古墳時代においても、入江状の地形は川湊が想定でき、渡河地点と共に河川を掌握していた豪族が築造した古墳と推定されている（新修名古屋市史二〇〇八）。

鳥栖八剣社古墳

鳥栖城

『尾張志』（天保一五年・一八四四）によれば、東西九〇間南北六九間（東西一六二メートル、南北一二四・二メートル）あり、城主は成田久左衛門と『張州府志』にある。

明治一七年の地籍図を見ると、字中屋敷地内に位置し、東側の成道寺を中心に周囲を地目が藪で囲まれた区域と、西側の一〇番地の畑を中心に北および東西を藪で囲まれ、南は宅地となっている区域の二つの区域が浮かび上がる。この二つの区域がそれぞれ郭と想定される。宅地の南には田が東西に連なっており、堀の痕跡あるいは自然の谷筋と思われる。現在の地形を見ると、成道寺の方が西側より高く、主郭であったことが理解できる。

鳥栖八剣社南の谷筋

新屋敷西城

南区外山二丁目、鳥栖一、二丁目に所在する。『尾張志』によれば、東西九六間南北八五間（東西一七二・八メートル、南北一五三メートル）、東の方は二重堀となっていた。城主は山口新太郎で、城跡は

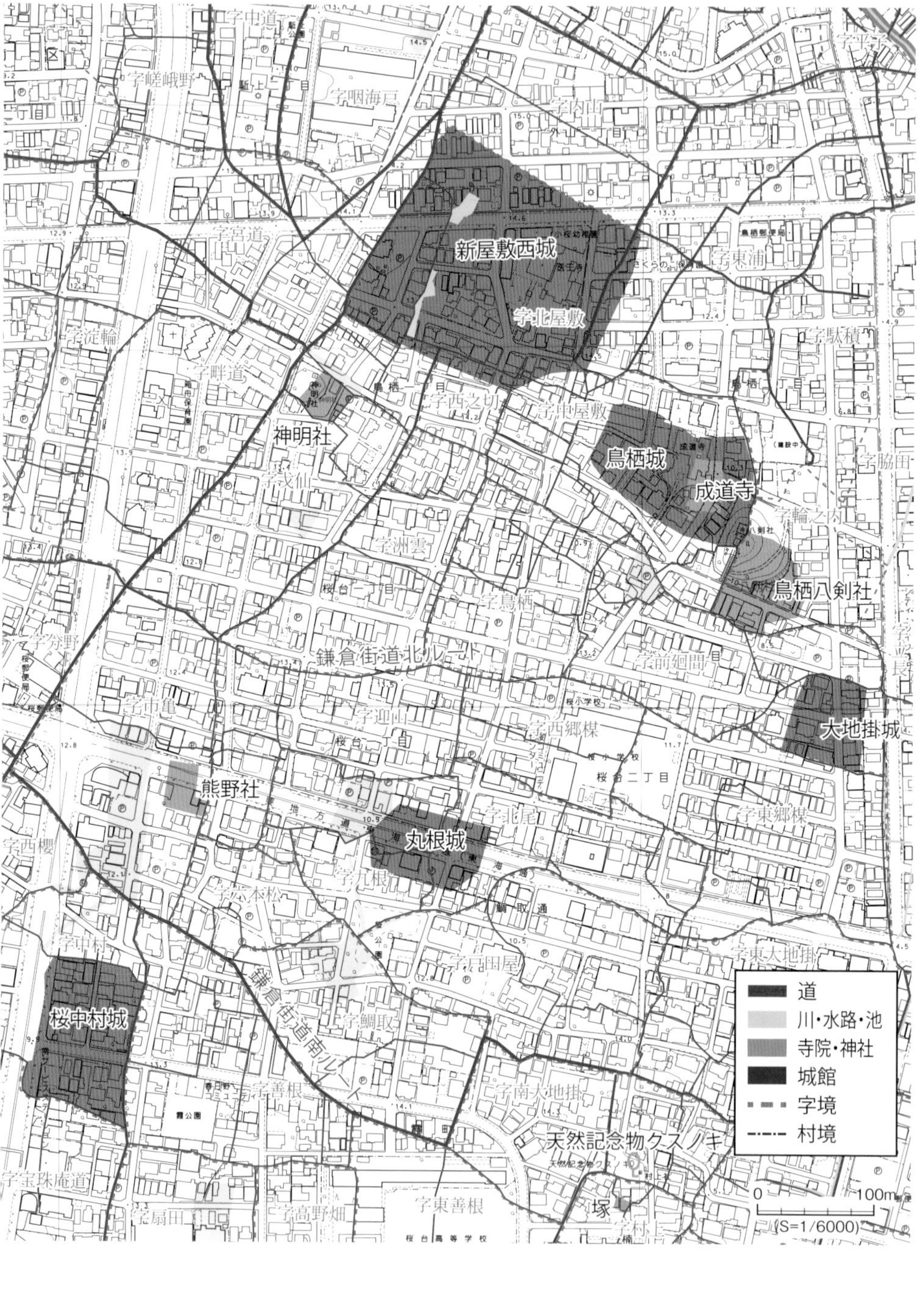
字中道
字嵯峨野
字咽海戸
字内山
字宮道
新屋敷西城
字北屋敷
字東浦
字淀輪
字畔道
字西之切
字中屋敷
字駄積
神明社
鳥栖城
成道寺
字戈仙
字洲雲
字輪之内
鳥栖八剣社
字鳥栖
字分野
鎌倉街道北ルート
字前廻間
大地掛城
字市亀
字迎山
字西郷棟
熊野社
字北尾
字東郷棟
丸根城
字西櫻
字九根
字六本松
字中村
字戸田屋
字東大地掛
桜中村城
鎌倉街道南ルート
字鯛取
字善根
字南大地掛
天然記念物クスノキ
字宝珠庵道
字扇田
字高野畑
字東善根
塚
字村上
道
川・水路・池
寺院・神社
城館
字境
村境
0
100m
(S=1/6000)

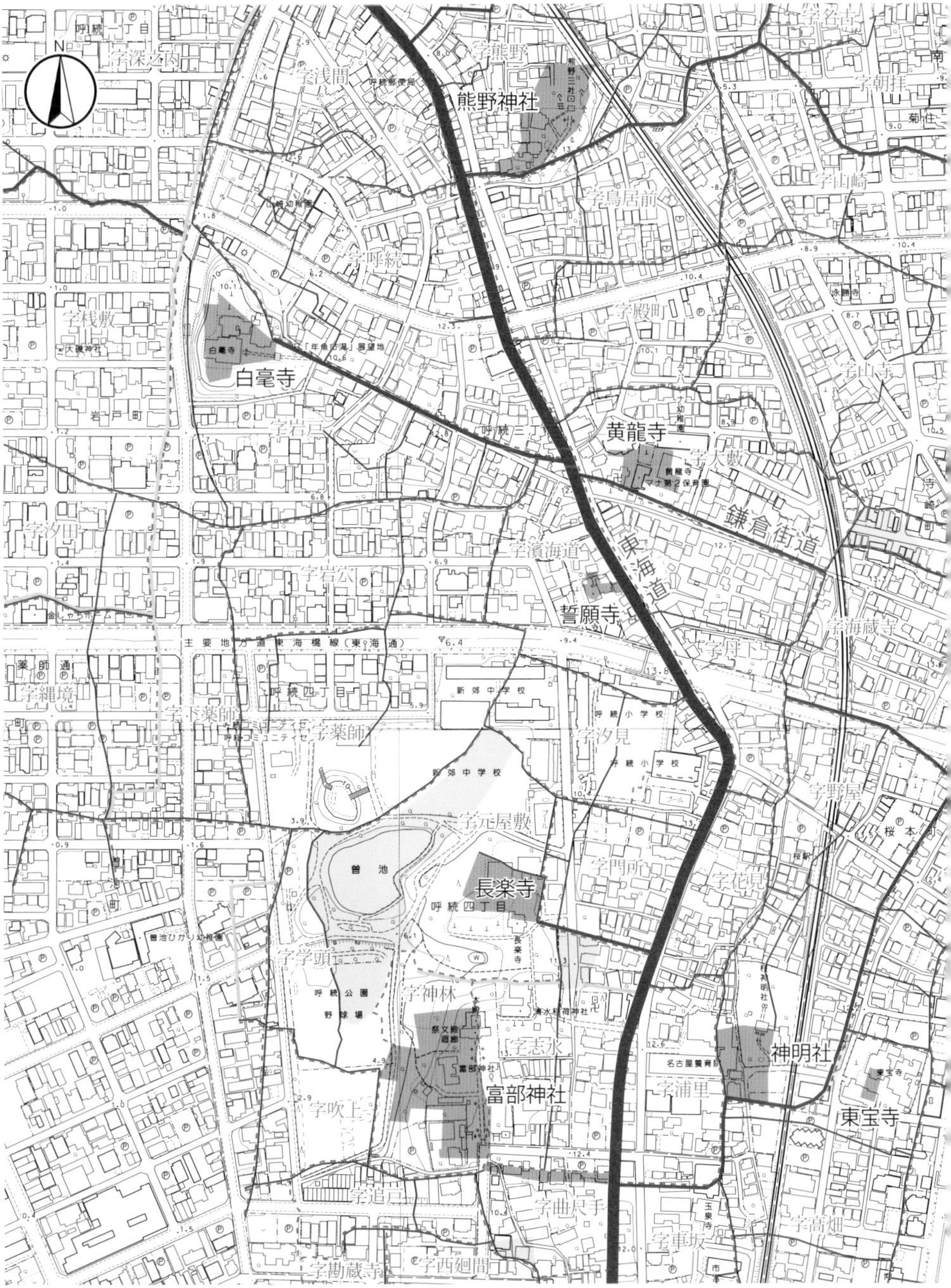

今の地図と明治の地割を重ねた図（呼続・鳥栖付近）（地籍図　愛知県公文書館蔵）
（注）東海道や寺社など現在も同位置にあるものでも、地籍図の測量精度の違いから今の地図と正確に重なっていません。

医王寺、民家一四、畑となっているという。『愛知郡誌』には南を除く三方に堀と土塁、古井戸があったと記載されている。

明治一七年の地籍図を見ると、字北屋敷地内に位置し、地割から方形の区画の中央にもう一つの方形区画があり、林、藪、田の細長い地割が囲んでいる。主郭と想定される。主郭の規模は、東西四五メートル、南北三四・五メートルである。一四番地の溜池は、堀の名残と思われる。

大地掛城

『尾張志』によれば、大地掛北城として記述されている。字ガウメという場所にあり、南は谷、東は台地縁で、東西三三間南北三五間（東西五九・四メートル、南北六三メートル）の規模をもち、北と西に堀があり、田になっているという。

明治一七年の地籍図を見ると、鳥栖八剣社の南側の開析谷の対岸台地上に位置する。字前廻間の一部である。台地の北東縁に立地する。地割から北側東半部から東側に逆L字状の細長い地割、地目は畑、林があり、その東側に沿って細長い地割がみられる。地目は田である。土塁及び堀の痕跡ではないかと思われる。

鳥栖城　成道寺付近

鳥栖城　成道寺境内より西を望む

鎌倉街道（中ノ道北ルート）

大地掛城の北縁から東の低地に下り、天白川までつながる道が記されている。この道を西にたどると、字海蔵寺三番地の溜池の南辺に至り、南に屈折して約二四メートルでさらに西に曲がるところから、鎌倉街道(中ノ道)といわれる道に至る。この道は長さ二二〇間（三九六メートル）、幅一間五尺（三・三メートル）あり、白毫寺まで続いている。白毫寺前より大地掛城に至り、さらに天白川まで続くこの道は、中ノ道北ルートではないかと思われる。字海蔵寺三番地の溜池は、埋め立てられているが、周辺より地形が低く、池跡の位置を知ることができる。

新屋敷西城跡付近から東方を望む

鎌倉街道　白毫寺の北

鎌倉街道　北ルート（奥）と手前が池の跡

丸根城

桜小学校の南東に位置する。『尾張志』によれば、東西四〇間南北三二間（東西七二メートル、南北五七・六メートル）あり、四周に堀が巡っていた。西側が大手口と思われると記されている。

明治一七年の地籍図から、字北尾、字丸根にまたがって、城跡が比定されているが（新修名古屋市史二〇一三）、地割からはよくわからない。城跡の西側から南側に回り込むように溜池や田があり、字東大地掛が谷筋となって東へ抜けている。やや規模の大きい開析谷で、この谷を利用して主要地方道東海橋通（東海通）が造られた。また、今の桜公園の土地が南に比べて低いのは、この谷または溜池の名残であろう。

なお、この付近から桜神明社付近は、明治一七年の地籍図と現代の地図の重ね合わせでは、ずれが著しく、うまく照合することができなかった。そのあたりを勘案して読み取る必要がある。

明治の道（呼続三丁目）

鎌倉街道（中ノ道南ルート）

鎌倉街道（中ノ道北ルート）の字海蔵寺三番地の溜池から南へ一二二・四メートルの位置に、東に折れ東南方向に進む道がある。この道は、市指定天然記念物の村神社のクスノキの近くまでほぼ直線で向かっている。大クスノキは、街道を往く人にとって目印となったといわれており（水野一九七一）、この道が中ノ道南ルートと推定しておきたい。

城館群と街道

城館群の立地をみると、大地掛城は、中ノ道北ルートに、桜中村城は、中ノ道南ルートに近接して築城されている。また、丸根城は、両ルートの中間に築城されている。内陸に立地しているが、開析谷の谷頭に位置し、東方の眺望や天白川への交通を確保している。

字海蔵寺の謎

鎌倉街道を検討するうえで、

字海蔵寺という地名が目にとまった。現在の南区寺崎町の南端、桜本町一丁目交差点の北西に位置する。寺崎町は、昭和一八年に成立した町で、町名は字名の山崎・山寺・海蔵寺の一字ずつを組み合わせたという。

　字海蔵寺の特徴は、

一、範囲は、東西約一〇〇メートル、南北約一二五メートルの方形区画であること。

二、字境西辺北寄りに白毫寺から延びる鎌倉街道が接していること。

三、道は、字境西辺に沿って二方向に分かれ、字境北辺が鎌倉街道中ノ道北ルートと重なり、字境南辺が中ノ道南ルートと重なること。

四、古くにこの名の寺があったと伝えられ、その寺域を示していると考えられること。

　鎌倉街道の設置に、この寺院が強い影響を与えたと想像される。

鎌倉街道　南ルートへ（呼続三丁目）

東海道と交差する鎌倉街道（呼続三丁目）

北ルート字海蔵寺地内（寺崎町15付近）

明治の道（呼続三丁目12・14）

東郷梅土取場（池田陸介氏旧蔵）
南区桜台二丁目付近の造成工事を西から撮影したものと推定される

【八番】

笠寺界隈と星崎城を散策する

南区

笠寺を往く

笠寺の名前は、南区笠寺町字上新町に所在する天林山笠覆寺《りゅうふくじ》に由来する。一般に笠寺観音の名前で親しまれ、町名のほか、笠寺台地、JR東海道本線笠寺駅、名鉄名古屋本線本笠寺駅などと冠されて地域に溶け込んだ地名である。

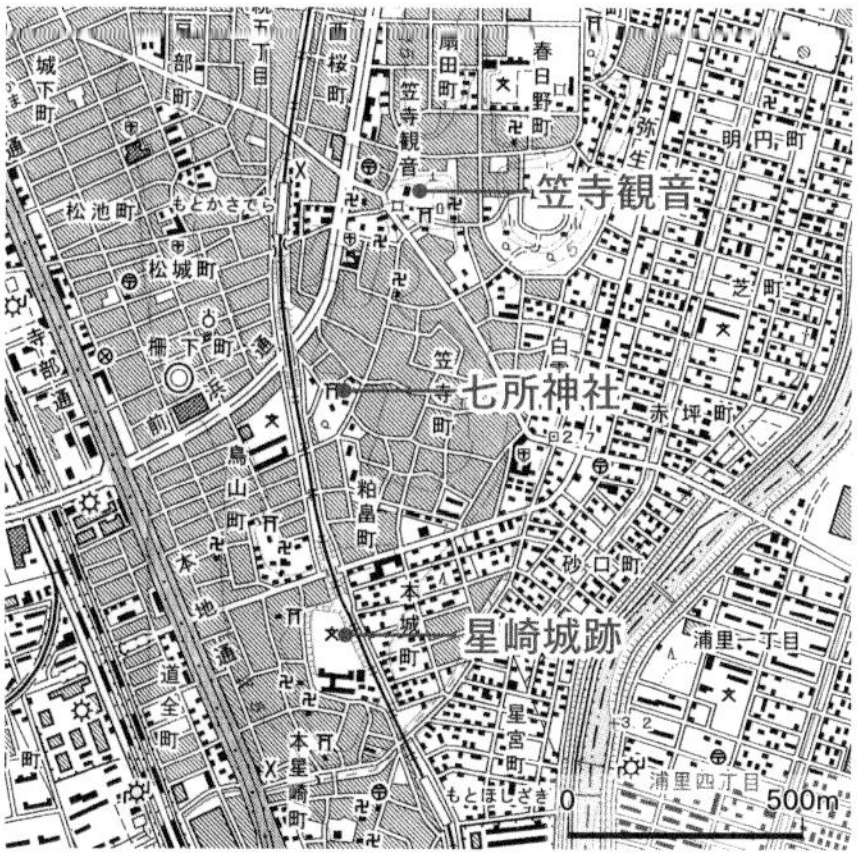

笠寺付近　1/2.5万「名古屋南部」平成25年

JR笠寺駅で下車、国道一号線を右折してしばらく歩くと、名古屋環状線との交差点「前浜通」に出る。左折して二つ目の交差点「前浜」に向かう。笠寺駅からこの付近までは、かつての年魚市《あゆち》潟《がた》と呼ばれる干潟が広がり、江戸時代には「星崎の塩」として塩作りがおこなわれていた塩田地帯であった。しかし、江戸時代中期になると、瀬戸内海の塩におされ、また藩の水田奨励により衰退していった。

笠寺観音

「前浜」交差点から名古屋環状線の北方を見ると、登り坂となっており、小高い地に家並が連なっている。今立っている所が、年魚市潟の低地と笠寺台地の境目であることがわかる。「前浜」交差点を右折し、本城中学校の南西角まで歩く。整然と区画された道路が西に向かって下っている。本来はこのあたりは台地の上であったが、戦前に海を埋め立てるための土取りが始められ、台地が削られ地盤が下がったのである。本城中学校の南西角に立ち、南を見ると、小高い山の緑が見える。それが丹八山《たんぱちやま》である。

地図を開くと、大磯通六丁目から真っすぐに延びたこの道路は、丹八山の南に隣接す

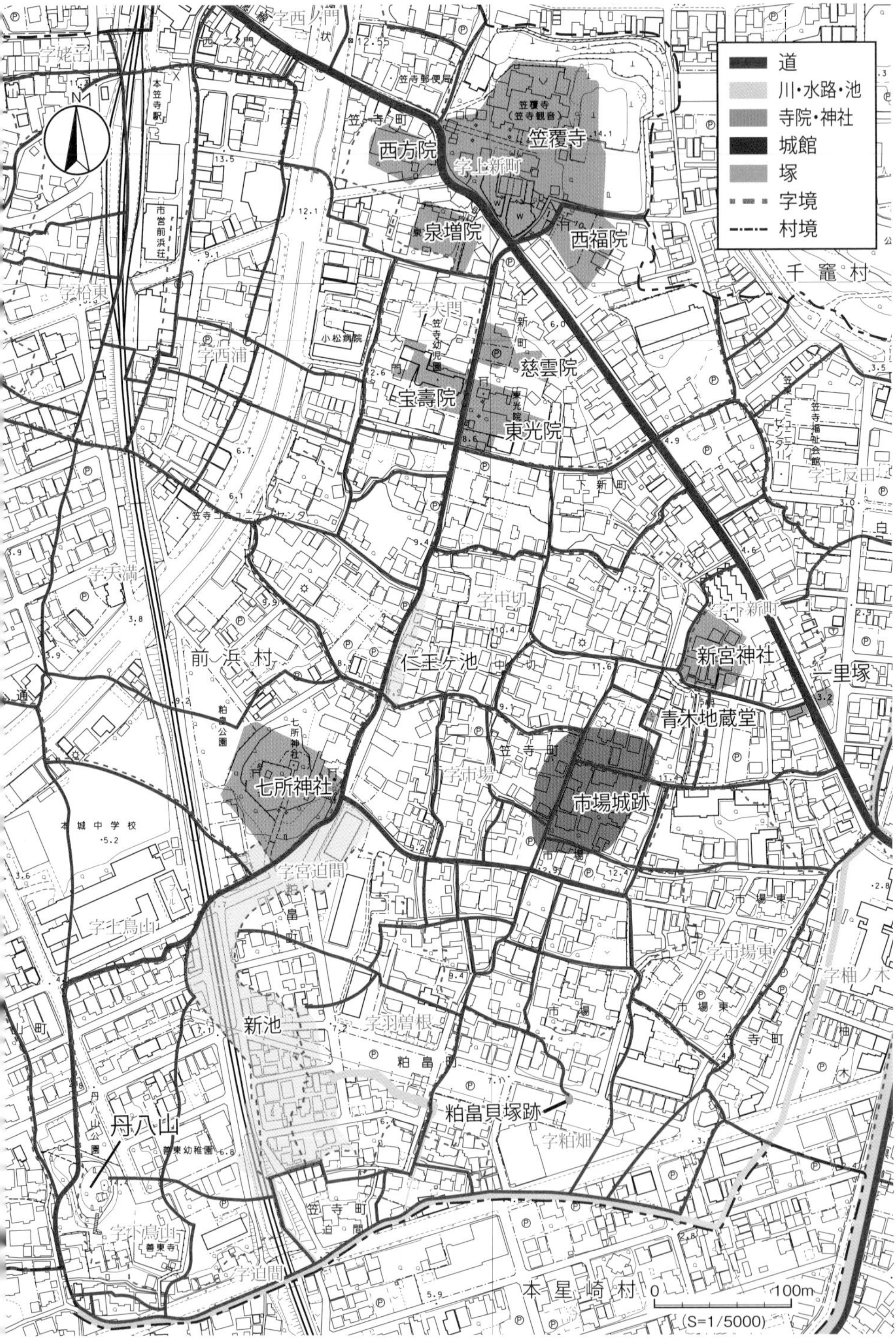

今の地図と明治の地割を重ねた地図（笠寺付近）（地籍図　愛知県公文書館蔵）

る善東寺前で行き止まりになっている。丹八山は、削平をまぬがれた自然地形で、かつては鳥居山と呼ばれた台地縁であった。本来の台地縁が崖のようになっていたことを容易に想像できる貴重な地である。

七所神社と平将門

　丹八山は後で登山することとし、本城中学校の前を通り、名鉄名古屋本線の踏切を越えると、七所神社が鎮座する杜に到着する。明治一七年（一八八四）の地籍図を見ると、この神社の東から南側に池があった。新池と呼ばれ、年配者に尋ねると、浅い池だったという。埋め立てられる直前には、湛える水も少なかったのであろう。七所神社の鳥居をくぐり、右手の広場にいくと由来碑が建てられている。

七所神社

　承平年中（九三一～九三八）、平将門降伏のために熱田社の神輿を鳥居山（丹八山）の地に移して祈願、その後天慶年中（九三八～九四七）、熱田の宮から七神を勧請されたと伝えられる。鳥居山の頂にあったが、約一〇〇年後この地に遷座した。現在でも一〇月の大祭には神社から丹八山に御神輿渡御神事がおこなわれる（本書61ページ参照）。

仁王ケ池

　この付近にはもう一つ池があった。七所神社の東の道を北に向かう。もうお気づきであろう、今まで歩いてきた整然とした道路とうって変わって、細い道が縦横に走る。池は、住宅地となっており、面影はまったくないため、明治の地籍図と現在の地図を重ねた地図から池の位置を推定する。この小さな池は、江戸時代の村絵図や『尾張名所図会』にも記載されている「仁王ケ池」である。仁王門があったと想像できる名前だ。この地の字名も「大門《だいもん》」である。

　南区の郷土史に詳しい三渡俊一郎氏は、笠覆寺の鎌倉時代の再興時の寄進状から、笠覆寺の寺域を復元されている。その南限中央がこの付近であり、仁王門（南大門）があったと推定される。寺域は、推定東西二〇〇メートル、南北三八〇メートルとされ、一二の塔頭寺院があった。現在は、泉蔵院、西方院、東光院が残る。わずか三院とはいえ貴重な存在だ。慶長六年（一六〇一）、東海道が境内を横断して通じたため、東海道に面して仁王門が建てられた。寺域の分断は、徳川幕府による中世大寺院の弱体化を狙ったもので、笠覆寺の宗教活動や経営に影響があったのであろうか。

　この仁王ケ池跡地から北側の道は、わずかに高くなっており、より高燥地を選び寺域としていたことがわかる。東光院の手前で道を右折して笠寺台地の高台に向かう。狭い道に面して住宅が立ち並んで

市場城跡からの眺め

いる。新しい家が増えているが、道は近世絵図や明治の地籍図と照合すると、その多くが近世以来の道を踏襲しているのがわかる。

市場城跡

高所には市場遺跡、市場城跡があった。市場城跡は、山口左近太夫安盛の居城である。地割から東西約一一〇メートル、南北約一一〇メートルの

青木地蔵堂

方形館と推定される。東端に立つと、東方の鳴海丘陵を見渡すことができ、眺望のよい高所に立地していることが実感できる。北東隅には青木地蔵堂があり、石仏や石塔が集められている。一段下がった地形は堀跡かもしれない。市場という地名から、中世笠覆寺の頃の商業の中心であったと推定できるが、市場遺跡は、縄文時代早期末、晩期、弥生時

笠寺一里塚

代後期、古代、中世の遺物が散布し、中世以前より居住地として利用されてきた。近世東海道が通ると、東海道沿いは上新町、下新町が形成された。しかし台地の高所は、無住となることはなく近世以降も居住されてきた。この点近世に畑地となる笠覆寺の東の丘に立地する見晴台遺跡と異なる。その要因は何であったのであろうか。

狐坂

青木地蔵堂から北へ歩くと、その一角は新宮神社跡地である。東宮とも呼ばれていたようで、西宮である七所神社に明治四二年に合祀された。この神社跡の南側の坂道は狐坂と呼ばれ鎌倉街道下ノ道の一部と推定されている（池田二〇一二）。東海道に近い路肩に弘法井戸があり、井戸から出土した石仏が祀られている。台地の東縁から下り、東海道に沿ってしばらく東へ歩くと、一里塚が一基残っている。市内唯一の現存する一里塚である。榎の大木が覆うように繁り、秋には塚一面に曼珠沙華が満開となり、鮮やかである（本書62ページ参照）。

粕畠貝塚跡

再び台地東縁に沿って笠寺町から南の粕畠町三丁目、粕畠貝塚跡地に向かう。粕畠町

三丁目付近は、笠寺町の高所から南斜面にあたり、東に少し開けた地にあたる。粕畠貝塚は、天白川流域に点在する縄文時代早期末の貝塚の一つである。また観音塚と呼ばれる塚でもある。享保元年（一七一六）加藤又兵衛勝貞が寄進した石碑と石造千手観音の座像が建っている。加藤又兵衛勝貞は、又兵衛新田を築いた人物で、この新田は、笠寺駅の西に広がり、現在東又兵衛町、西又兵衛町の地名として残る。観音塚は、笠覆寺縁起によれば、奈良時代に創建された小松寺の跡地で、当寺は笠覆寺の前身寺院であった。明治一七年の地籍図には塚と記され、塚に至る道も描かれている。村民の崇敬を受けていたようだ。

粕畠貝塚跡

環境保護のシンボル・丹八山

西に向かうと、名鉄名古屋本線の線路に突き当たる。右手には、先ほど寄った七所神社がある。この付近は新池があったところで、左手に折れ坂道に至る位置が堰き止めていた土手にあたる。半世紀以上前には池の水を排出する土管が見えていたそうである。

交通量の多い市道は、台地を切り崩して造られた堀の跡である。字名も堀割という。かつてはもっと狭い堀であったそうだが、道路として拡幅された。道の向かい側は崖となっているが、その崖の上にあるのが、星崎城跡である。線路の下をくぐり、西へ進む。横断歩道橋のそばにも石仏が祀られている。歩道橋前の道路は、かつての水路の跡で、また笠寺村と星崎村の境界にあたる。細い道を北へ進むと、丹八山への登山路が現れる。斜面に「お銀坂」の石碑が建てられている。お銀は、戸部城主戸部新左衛門直政の娘銀菊姫で、織田信長の謀略にあい、今川義元によって父新左衛門が自害されたのを悲観してこの崖から身を投げたとされる伝説である。明治一七年の地籍図では、南西から東北方向に上る道が記されているが今はない。お銀坂は、この細い道だったか。

丹八山は、先に述べたように鳥居山の名前を改称したもので、地元の石川丹八郎氏の名前から付けられた。頂上には加具土社《かぐつちしゃ》、旧称秋葉社が鎮座する。注目されるのは、加具土社が西向きに建てられていることである。

ところで、江戸時代中期の「氷上山図及熱田至氷上名勝図」（名古屋市蓬左文庫蔵）には年魚市潟に面した氷上姉子《ひかみあねご》神社、熱田社（熱田神宮）が描かれている。熱田社は海近くに鳥居が、氷上姉子神社は海から参道が延び社殿に至っている。神と海が密接な関係にあることを示している。加具土社は、昔から西向きであったかははっきりしないが、西の年魚市潟に面しているこ

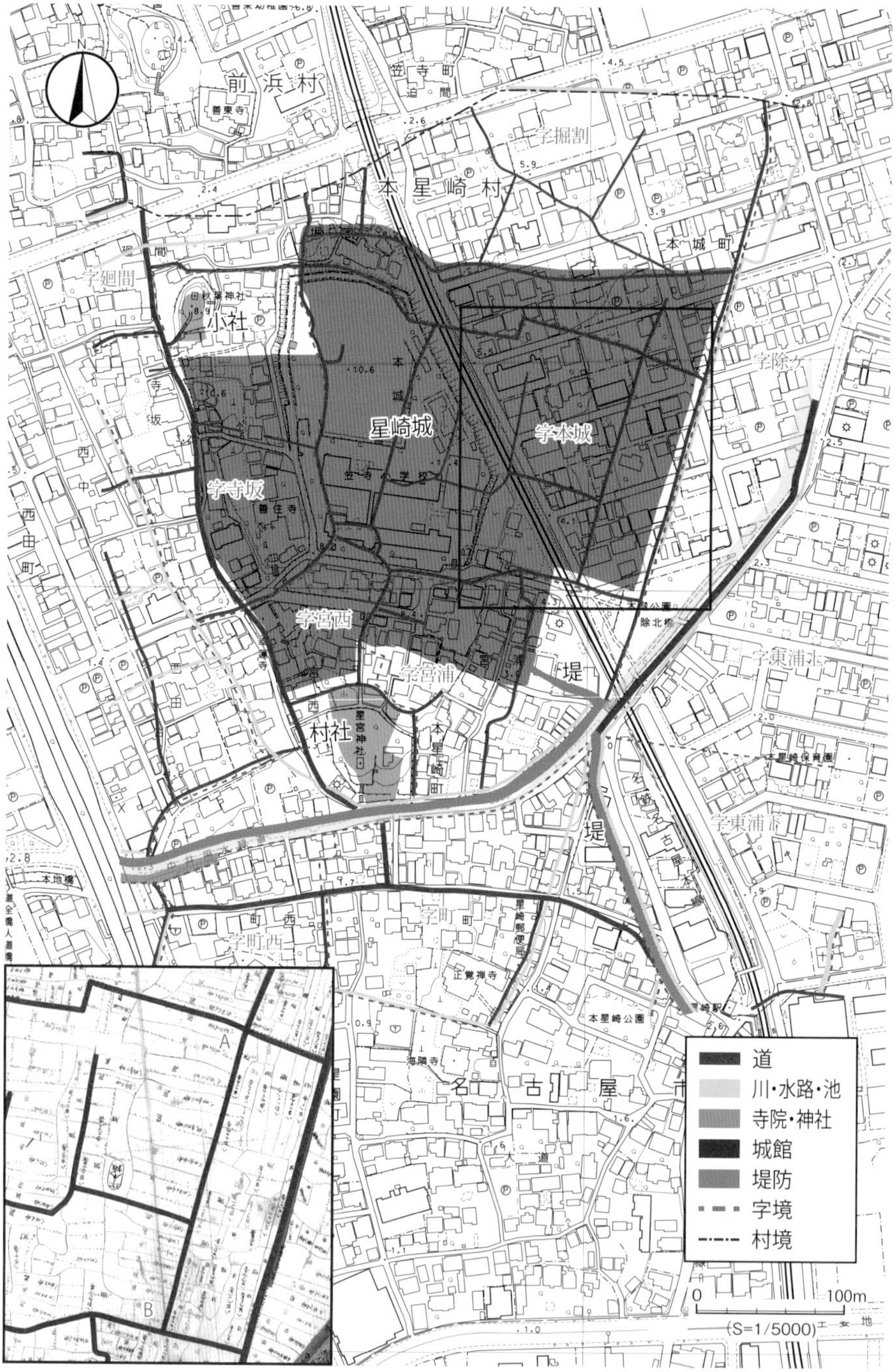

今の地図と明治の地割を重ねた地図（星崎付近）（地籍図　愛知県公文書館蔵）
地籍図字本城の部分拡大　A－B間の地割が短冊形に分かれている

加具土社

とは、海とのつながりが強かった名残ではないかと思われる。丹八山は、かつての台地縁の風情、文化を残し、想いをめぐらす格好のステージといえよう。

星崎を往く

丹八山から下山し、元来た道を戻り、歩道橋を渡る。笠寺村に別れを告げ、星崎村を歩く。台地縁の麓を通る道を少し歩くと秋葉社のある小高い山がある。この山は神輿山と呼ばれ、平将門降伏のため熱田社の神輿を星崎の地に一時安置した地といわれる。先の鳥居山（丹八山）と同じ内容であることから、混乱が生じているようだ。丹八山とこの地は近接した地であり、かつては地続きの台地縁であったことから、このあたりを広く神輿山と呼んでいたのかもしれない。秋葉社は軻愚突知《かぐつち》社《しゃ》ともいい、永禄年間の創建と伝えられている。

日支事変記念・日参團と刻まれた幟立

境内の南西端に、草むらに隠れて幟立がある。正面に「日支事変記念」「日参團《だん》」、背面に「昭和十四年十月建」と刻まれている。日参團は、昭和一二年（一九三七）七月七日の蘆溝橋事件（支那事変）勃発後、愛知県の子供たちの間で、皇軍兵士の武運を毎日お祈りすることが起こった。学校の登校前あるいは下校後、小学生は氏神様へ参拝し、出征兵士の家の前で万歳三唱を唱えた。そして大人達が利用し、町内会ごとに日参団が結成された（伊藤二〇一六）。すでに忘れ去られたような言葉であるが、こうした石造物に刻まれたことで過去の歴史を伝えている。

星崎城の復元

秋葉社を後に笠寺小学校方面に向かう。坂を上がり、明治一七年の地籍図にも掲載されている善住寺や墓地の脇を通り、左折して小学校正門前に到着する。道路より小学校側は一段高くなっている。この地が星崎城跡である。「星崎古城絵図」（徳川林政史研究所蔵）を参考に明治の地籍図から星崎城の縄張りを復元し、そして現在の地図と照合してみる。その結果、主郭（本丸）は小学校のプール付近を中心に東西約七七メートル、南北約一〇〇メートルの方形区画と推定される。東北側は名鉄線や土取りにより削平されている。Ⅱ郭（二の丸）はその南側、校舎が建っている地点、東西約七五メートル、南北約五二メートルの方形区画である。南側の道路や東側の畑地は堀跡であろうか。この道の南側、住宅地と

星崎城を望む

なっている、東西約八七メートル、南北約一〇〇メートルがIII郭（三の丸）と推定される。笠寺公民館の脇の細い道を南に行くと、星宮神社の社叢がみえてくる。神社の東側から北側に回る道が大手道と推定される。星宮神社は、かつては台地上にあったといわれ、星崎城築城により遷座したといわれる。

　星崎城主郭（本丸）へは、大手から南端の郭に入り、西の郭へ進み、III郭（三之丸）をII郭（二之丸）南の堀に沿って東進、東端から北へ進み（馬出）、II郭（二之丸）へ入る。

　星宮神社をあとに東へ歩くと、名鉄名古屋本線本星崎駅に到着する。本星崎駅の跨線橋から北を見ると、線路の東側の住宅地は、土取りにより台地が削平されていることが歴然とわかる。かつての本丸の一部と侍町だったところである。地籍図にみえる南北の道に両側町のように屋敷があったと思われるが、この屋敷は、一般に他の城下町の地割にみられるような方形区画ではなく、短冊形地割に近いことに注目したい。このことから、商人地の性格も合わせもっていたと想像される。

　また、星宮神社の南、宮前橋を渡った先に東西方向の道があり、その範囲は字町、字西町である。城下町として形成された区域と推定されている（新修名古屋市史二〇一三・安井二〇一九）。

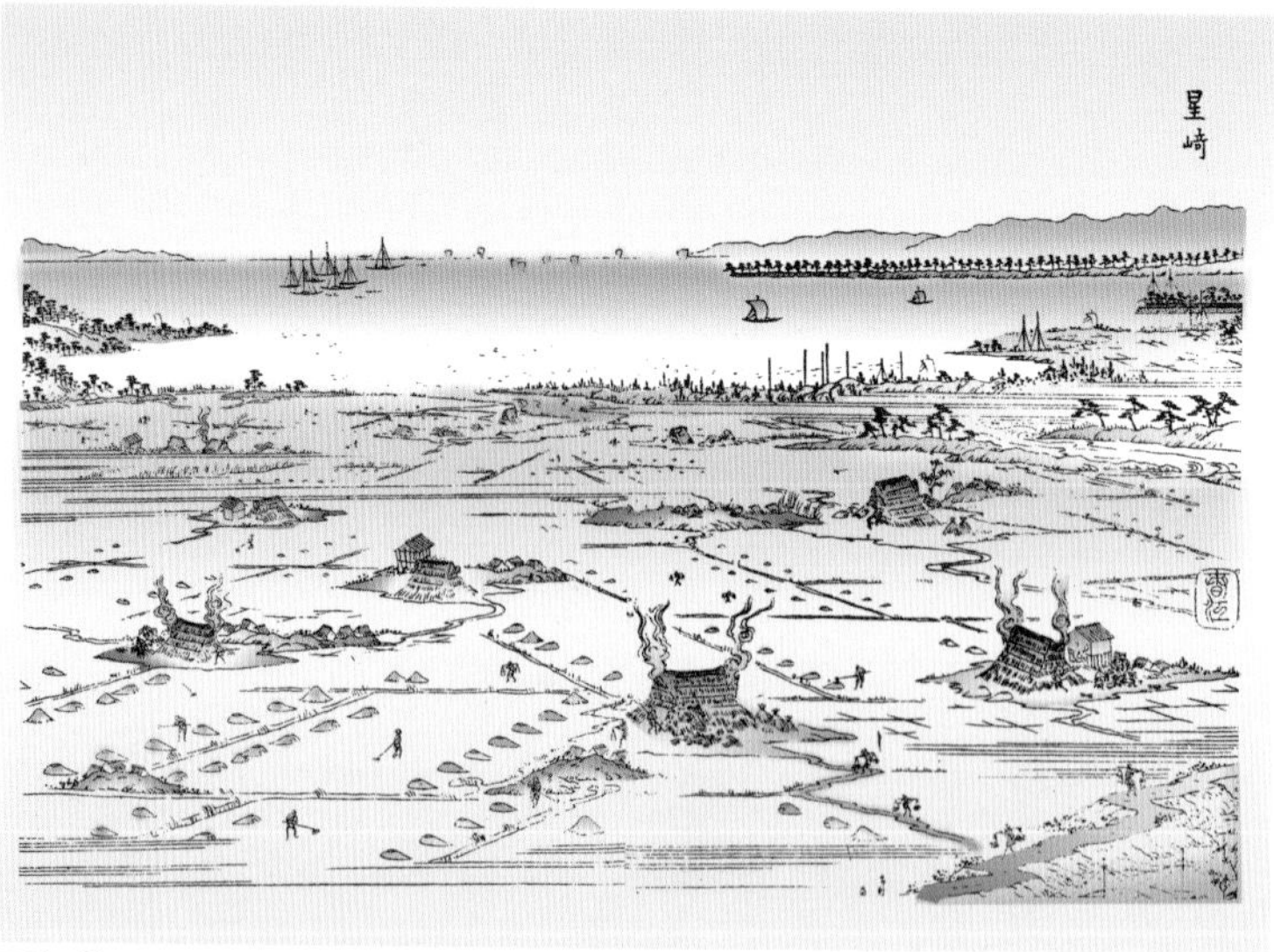

星崎（『尾張名所図会』名古屋都市センター提供）
江戸時代におこなわれた塩作りの様子が描かれている

【コラム】笠寺七所神社の秋祭

名古屋市南区笠寺町字天満一二に所在する七所神社は、祭神が七柱祀られている。

日本武尊《やまとたけるのみこと》
須佐之男尊《すさのおのみこと》
宇賀魂命《うがみたまのみこと》
天穂日尊《あめのほひのみこと》
天忍穂耳尊《あめのおしほみみのみこと》
乎止与尊《おとよのみこと》
宮簀比売尊《みやずひめのみこと》

承平五年（九三五）、平将門が乱を起こし、朱雀天皇は将門追討の詔をくだした。熱田社では熱田大宮、八剣宮、日割宮、高倉宮、大福田宮、氷上宮、源田夫宮の神々を神輿に乗せ、鳥居山に迎え将門の降伏を祈祷した。天慶三年（九四〇）乱が治まり、天慶四年鳥居山に産土神として祀ったのが七所神社の創建と伝えられ、長暦四・長久元年（一〇四〇）現在地に遷座したと伝えられている。貞享四年（一六八七）四月、伊神長大夫好運により社殿が再建された。

一〇月第二日曜日、御神輿渡御神事がおこなわれる。境内には笠寺地区の各町内から大人形（猩《しょう》猩《じょう》）、笠鉾、囃子車、笠鉾車が集まり、町内ごとに拝殿前で参拝する。もっとも目を引くのは大人形である。大人形は、人が中に入り、胸のあたりののぞき穴から外をみることができる。現代のゆるキャラの元祖のような存在である。緑区鳴海町八幡社の猩々が古文書に描かれる最も古い猩々である。南区、緑区、東海市、豊明市など、現在三三か所の祭礼に登場することが確認されている。海沿いに多く、神様が海からやって来て福をもたらすと考えられている。大人形の大半は猩猩をかたどったもので、中国から伝わった想像上の動物で、大の酒好きで真っ赤な顔をしている。猩猩の役割は、祭礼の行列に加わり、先導役を務めたり、しんがりを務めたりすることがあげられる。全国的には猿田彦が務めることが多く、ニニギノミコトの天孫降臨に際し、案内役を務めた故事による。猩猩は猿田彦の化身とも言われ、この地方は酒造業が盛んなことから、酒好きの猩猩が務めているともいわれる（『大人形への祈り』）。もう一つは、子供たちを追い掛け回し、棒などでおしりを叩くことである。叩かれた子どもは病気にかからないといわれている。赤い顔の赤色は魔除けの意味があり、転じて無病息災の願いが込められた。七所神社の大人形は、数では最も多く三〇体以上ある。笠寺町西之門の猩猩は、袢を着ており、そのほかの猩猩はどてら風の着物姿である。

境内各所でそれぞれお囃子が演奏され、猩猩が歩き回り、多くの人々で賑やかな時間が流れる。御神輿が拝殿に入れられ、神官の祈祷がおこなわれた後、町内ごとに猩猩、囃子車、笠鉾車が御神輿を先導して旧社地の鳥居山、現在の丹八山に向かう。御神輿が到着すると、御神輿に神饌が備えられ、神官により祝詞が奏上される。その後加具土社に参拝し祭りが終わる。

大人形（猩猩）

御神輿　渡御神事

【コラム】東海道の一里塚

徳川家康が名古屋城とその城下町を建設した際、江戸と京都（大坂）を結ぶ幹線道路となる東海道を整備した。その際、家康は、子の秀忠に命じて一里塚奉行を任命した。大久保長安を総督として、東海道は東山道とともに永井弥右衛門、本多佐太夫光重、北陸道には山本重蔵、米田正勝があたった。そのほかの公領は代官、私領は領主に築造させた。こうして東海道、東山道の一里塚は慶長一七年（一六一二）に完成した。

一里塚は、里程標として土を盛り上げた目印で、街道筋に造られたものである。一里塚の起源は、中国魏の文帝が大道の傍らに一里ごと五尺の銅表を置いて里数を示したとか、雍州の刺使韋が一里ごとの土堠に槐《えんじゅ》を植えたとかいわれている。日本では室町時代の第一二代将軍足利義晴や織田信長、豊臣秀吉も土堠築造の令があるといわれている。土堠の「堠」の意味には、辞書で調べると、①塚、一里塚、土を積んで作った里程標。②ものみ台。という意味があり、「堠」だけでも一里塚のことを指すようである。「堠」という見慣れない文字からも一里塚は、中国に長い歴史があることを推察できる。

東海道一里塚は、海上七里を除いた道筋に約一〇〇か所二〇〇余基築かれたことが古文書から明らかになっている。しかし今では、一七か所二四基が残り、八か所八基が復元されている。

市内の東海道宿場町は、鳴海宿、宮宿の二か所があり、また池鯉鮒宿と鳴海宿の間に移住者によって慶長一三年（一六〇八）に開かれた有松村がある。有松・鳴海絞の製造販売で繁栄した。有松地区は、平成二八年（二〇一六）に国の「重要伝統的建造物群保存地区」に選定されている。令和元年（二〇一九）には、有松地区が「江戸時代の情緒に触れる絞りの産地～藍染が風にゆれる町　有松～」が日本遺産に認定された。市内の一里塚は、その有松地区の西端に復元された二基と笠覆寺近くにある一基が現存している。宮宿近くにあった一里塚は滅失している。

八七里・有松一里塚

緑区有松町大字有松字往還北、字往還南に所在する。この地は、鳴海町と有松町の境に位置しており、明治時代の地籍図では、愛智郡鳴海村字鎌研に位置している。地籍図でみると、ハンマーの形のように鳴海村の土地が一里塚の部分に延びている。本来は鳴海村に属していたようである。現在の一里塚は、平成二三年度に国土交通省によって復元されたものである。『東海道分間絵図』（元禄三年（一六九〇））では、左側松一本、榎一本、右側松が植えられていた。

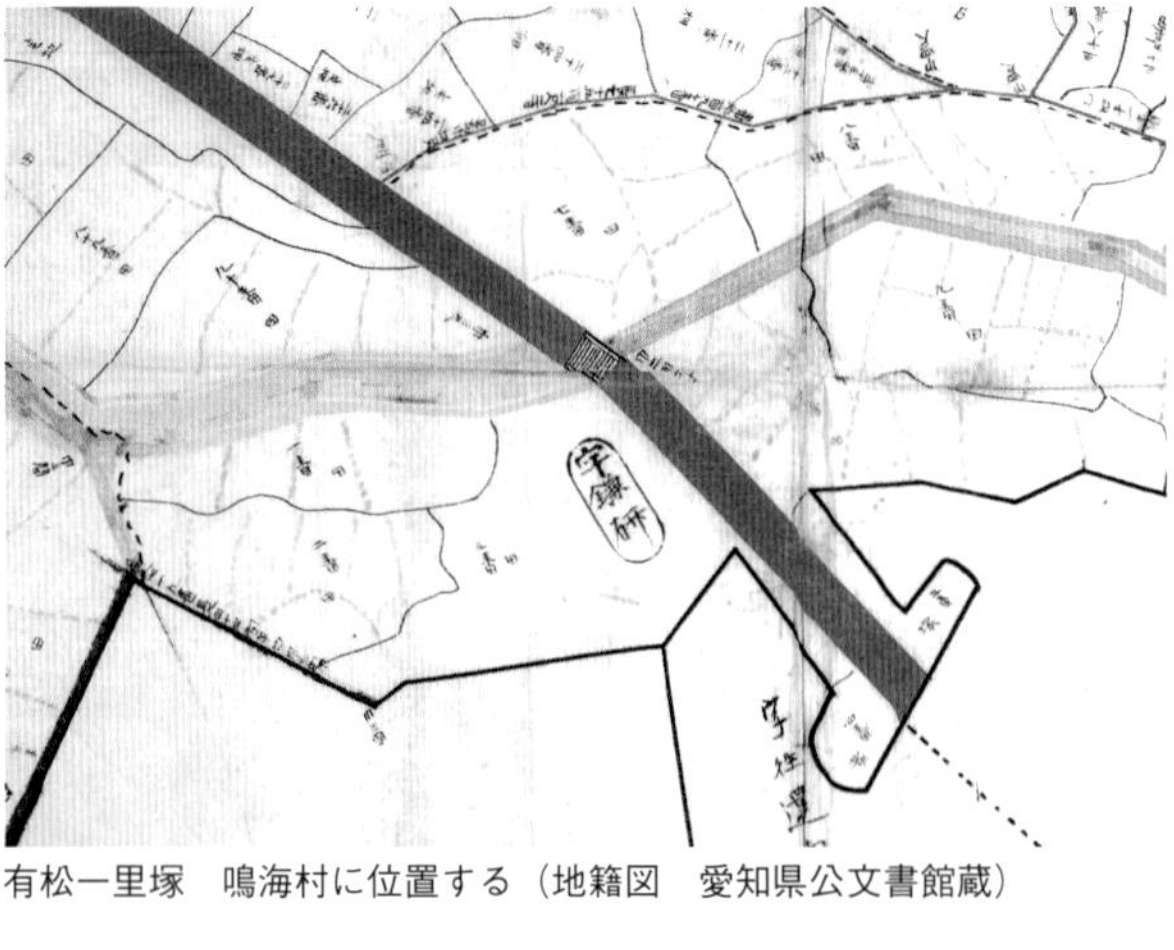

有松一里塚　鳴海村に位置する（地籍図　愛知県公文書館蔵）

八八里・笠寺一里塚

南区白雲町に所在する。鳴海宿から宮宿に向かい、天白川を越えて笠寺台地に向かう台地縁にある。東側（京都に向かって右側）が残っている。直径約一〇メートル、高さは二～三メートルである。『東海道分間絵図』では、左側榎三本、右側榎四本が植えられていた。今は榎一本が繁茂している。秋には彼岸花が、冬には水仙が開花する。

八九里・伝馬町一里塚

熱田区伝馬町三丁目4、新熱田橋付近に所在したが現在は失われている。明治一七年地籍図には記載されており、現在の地図と重ね合わせたところ、精進川の流路部分にあったようである。『東海道分間絵図』では、左側榎一本、右側榎一本が植えられていた。

名古屋を離れて、現在ある東海道の一里塚は、どのような状況にあるのか、みていこう。

伝馬町一里塚（木下 2001）

五里・市場一里塚

神奈川県横浜市鶴見区市場西中町四丁目、商店街の中にあり、左側が残っている。塚の上には稲荷社が祀られている。昭和の初めまでは塚の上に榎の大木があったといわれる。平成元年（一九八九）横浜市地域文化財に登録されている。

九里・品濃一里塚

神奈川県横浜市戸塚区品濃町・平戸四丁目に二基残っている。丘陵上を東海道は通り、左の塚は平戸村、右の塚は品濃村に属していた。塚付近の東海道は切通し状に通っているため、塚は丘の上にあり、見上げる位置に築かれている。昭和四一年（一九六六）に県の史跡に指定されている。左の塚は児童公園の一角にあり、右の塚は品濃一里塚公園になっている。

一四里・茅ヶ崎一里塚

神奈川県茅ヶ崎市元町、国道一号線（東海道）と一里塚通りとの交差点「一里塚」の東南角に左側が一基残っている。松が植えられ、昭和三六年（一九六一）に、市の史跡に指定された。平成一三年（二〇〇一）に東海道宿駅制定四〇〇年を記念した案内板が建てられた。

二三里・畑宿一里塚

神奈川県足柄下郡箱根町畑宿、畑宿集落の西端にある。石畳道の両脇に二

市場一里塚

品濃一里塚（右）

品濃一里塚（左）

茅ヶ崎一里塚

畑宿一里塚

山中新田一里塚

基残っている。史跡整備のため、二基とも発掘調査がおこなわれた。直径約九メートルの円形に石を積み、内部に円垂形に礫を積み上げ、表面に土を盛っていたことが判明した。左側は太平洋戦争中開墾され畑地になっていたため復元された。左側に槻《けやき》、右側に樅が植えられている。

二六里・山中新田一里塚

静岡県駿東郡函南町桑原、箱根から三島に向かう途中、接待茶屋があった所に左側の一基が残っている。大きさは直径約一二・七メートル×一〇・九メートル、高さ約二メートルある。優美な形である。国史跡「箱根旧街道」の一部である。

二七里・笹原一里塚

静岡県三島市笹原新田字水呑三〇〇―一地先、集落の東端に東海道（箱根旧街道）を分断するように国道一号線が通り、箱根旧街道を箱根方面に約一〇〇メートル上った少し高い位置に左側の一基（南塚）が築かれている。塚の大きさは、約一四・二メートル×一三・八メートル、高さは約二・五メートルある。

二八里・錦田一里塚

静岡県三島市谷田、箱根の山から三島の街に近づいた、極めて景色の良い所にある。初音ケ原と呼ばれている。松並木が約一キロメートル続いている中に一里塚は

岩渕一里塚

笹原一里塚

久津部一里塚

錦田一里塚

木原一里塚

伏見一里塚（右）

阿多古山一里塚

伏見一里塚（左）

宮之一色一里塚

沼津一里塚

一里山の一里塚

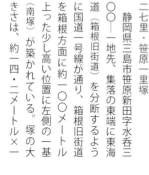

二基とも残っている。国道一号線は北側上り車線が東海道にあたり、右側の一里塚（北塚）がある。大きさは約一一・一メートル×九・七メートル、高さは約二・五メートルある。その南側に土手をはさみ新たに下り車線の新道が造られ、その新道に沿って左側の一里塚（南塚）がある。大きさは約一〇・五メートル×一〇・二メートル、高さは約二・五メートルある。大正一一年（一九二二）に国史跡となり、平成一六年（二〇〇四）に国史跡「箱根旧街道」に統合された。

二九里・伏見一里塚

静岡県駿東郡清水町伏見、三島の街を過ぎた所にある。左側は、宝池寺境内に昭和六〇年（一九八五）、修復された。右側は玉井寺境内にある。二基とも町指定文化財である。

三〇里・沼津一里塚

静岡県沼津市平町、小公園に右側の一里塚がある。本来、塚は本町地内に位置すべきところであったが、宿場町内になるため、日枝神社旧参道脇に築かれたといわれている。

三七里・岩渕一里塚

静岡県富士市岩淵、富士川の右岸段丘上に位置している。この地はかつての岩渕村と中之郷村の境に位置している。二基とも静岡県指定文化財である。

六〇里・久津部一里塚

静岡県袋井市広岡、袋井市立袋井東小学校創立百年を記念して左側の塚が復元された。

六一里・木原一里塚

静岡県袋井市木原、平成一一年（一九九九）、左側の塚が復元された。

六二里・阿多古山一里塚

静岡県磐田市見付、見付宿の東、丘陵地を切通しで通っているため、一里塚は見上げる位置にある。品濃一里塚と同様な立地である。左側は愛宕神社の本殿の背後にあり、そばで見ることができるが、右側は住宅の裏にあり、近づく術がわからなかった。磐田市指定文化財である。

六三里・宮之一色一里塚

静岡県磐田市宮之一色、昭和四六年（一九七一）に右側の塚が復元された。植樹が多く築山のようになっている。

七一里・一里山の一里塚（東細谷一里塚）

愛知県豊橋市東細谷町、天伯原台地を通る国道一号線（東海道）の右側に一基残っている。東西一一メートル、南北一四メートル、高さ三メートルある。昭和五〇年

大平一里塚

来迎寺一里塚（左）

来迎寺一里塚（右）

阿野一里塚（左）

阿野一里塚（右）

笠寺一里塚

有松一里塚

和田一里塚

（一九七五）、豊橋市指定文化財となる。

八〇里・大平一里塚

愛知県岡崎市大平町字岡田、左側の塚が残っている。この塚は領主である本多重次の子成重が築いた。大きさは、七・三メートル×八・五メートル、高さ二・五メートルある。昭和一二年（一九三七）、国史跡に指定された。

八四里・来迎寺一里塚

愛知県知立市来迎寺町字足軽、字古城、二基残っている。左側の塚は約一一メートル四方、高さ約三メートル、右側の塚は約一〇メートル×九メートル、高さ約三・五メートルある。右側は昭和三六年（一九六一）に愛知県指定文化財になった。左側は平成八年（一九九六）に追加指定された。

野村一里塚

八六里・阿野一里塚

愛知県豊明市阿野町字長根、字池下、低地を通って来た東海道が丘陵地に入る所に築かれており、笠寺一里塚と同様な立地である。二基とも残っており、左側の塚は約八メートル×八メートル、高さ約二メートル、右側の塚は約五メートル×九メートル、高さ約二・五メートルある。昭和一一年（一九三六）国史跡に指定された。

今在家一里塚

一〇四里・和田一里塚

三重県亀山市和田町、近くの公園に一基復元された塚がある。慶長九年（一六〇四）、幕府の命令により亀山城主関一政が築造した。昭和五九年（一九八四）の道路拡幅により滅失した。

一〇五里　野村一里塚

三重県亀山市野村、右側が残っている。繁茂した目通り五メートル、高さ二〇メートルの椋の木は圧倒的な迫力がある。昭和九年国史跡指定された。

一一二里　今在家一里塚

三重県甲賀市水口町今郷、集落内に復元された左側の塚がある。

林口一里塚

泉一里塚

一一三里　林口一里塚

三重県甲賀市水口町、水口宿の西端に位置している。江戸時代中期に街道筋が北側に変更されたため、新しく築かれた。右側の塚が五十鈴神社境内隅に復元されているが、道路からは説明碑や案内板に隠れてしまっている。

一一四里　泉一里塚

三重県甲賀市水口町泉、野洲川の手前に右側の塚が復元されている。本来の位置は少し東であったという。

【九番】

史跡大高城跡と氷上の神々

緑区

大高城の歴史

大高城は、丘陵の北端に築かれている。永正六年（一五〇九）、花井備中守により氷上社の修造がおこなわれたことが久米家所蔵文書に記されている。天文の頃には水野氏が城主であった。水野氏は初め、今川氏に属していたが、天文一二年（一五四三）信元の時に織田氏に属した。織田信秀死後、鳴海城主山口左馬介は織田氏に叛き、大高城と沓掛城を略奪した。今川義元は、永禄二年（一五五九）、朝比奈輝勝に翌年鵜殿長助（長照）に大高城を守らせた。鷲津、丸根に砦を築いていた織田信長は、糧道を絶った。義元は、これを聞き、松平元康（のちの徳川家康）に命じて、兵千余を率いて兵糧を城中に搬入した。大高兵糧入である。永禄三年五月、桶狭間の戦いでは元康がこの城を守った。しかし義元の敗死を聞き、三河に帰郷、再び織田家のものとなった。元和二年（一六一六）志水忠宗が一万石を領してこの城跡に陣屋を設けた。明治維新後の明治三年（一八七〇）に廃止された。東西約一〇六メートル、南北約三二メートル、四方を堀が二重に囲んでいる（若山一九二九）。本丸を中心に郭や堀がよく残り、桶狭間の戦いの舞台にもなったことから、昭和一三年（一九三八）一二月一四日、国史跡となっている。

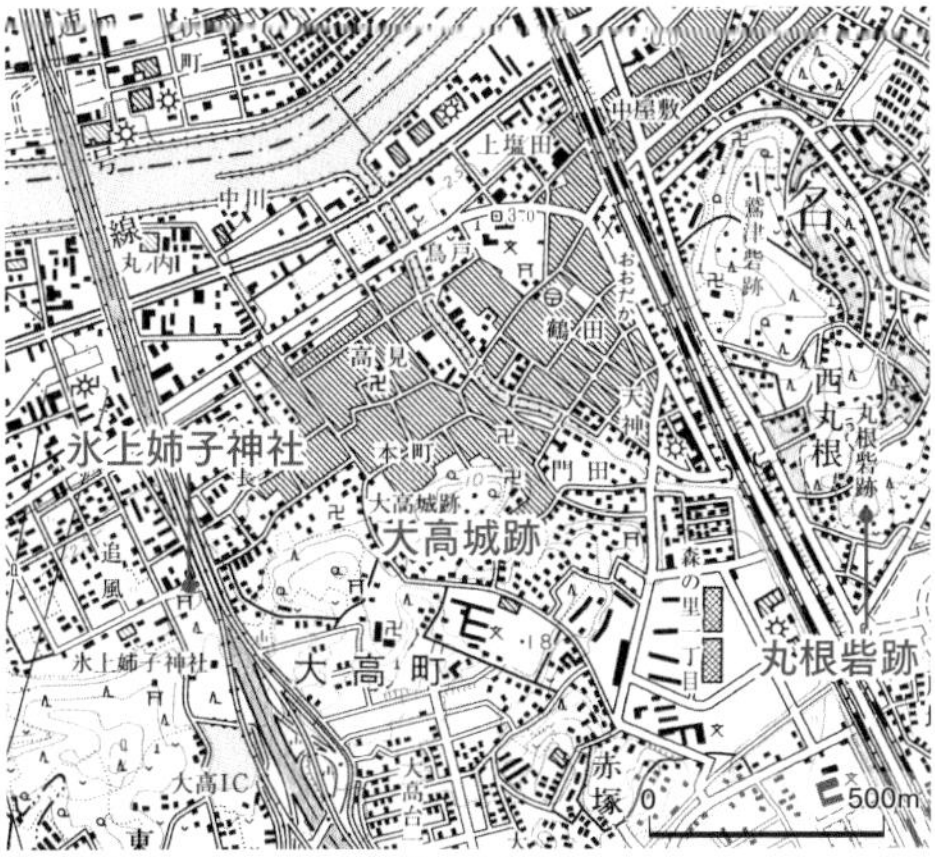

大高付近　1/2.5 万「鳴海」平成 14 年

史跡大高城跡の標柱

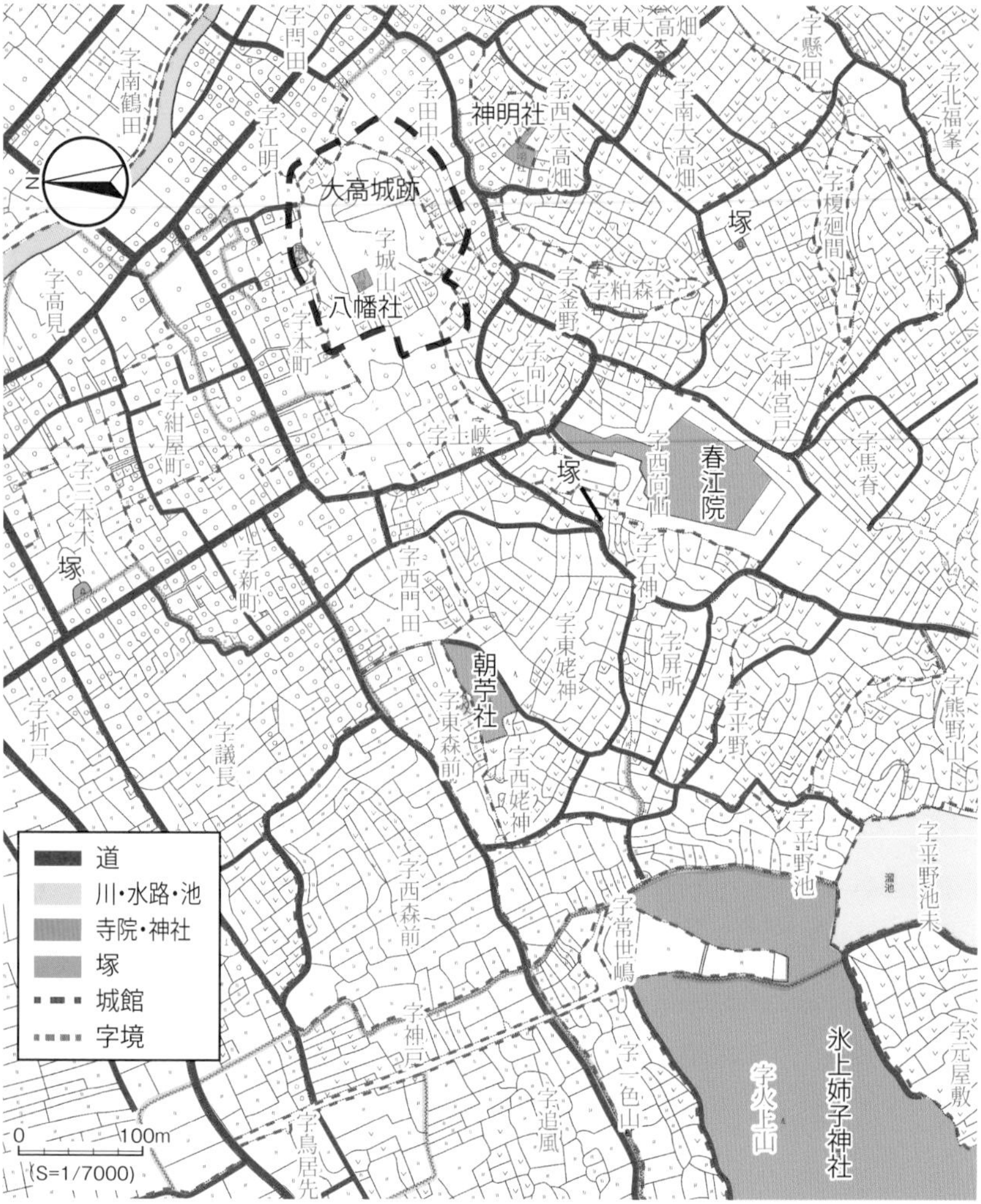

地籍図（大高付近）
（地籍図　愛知県公文書館蔵）

〃田　∨畑　○宅地　↓草生　塚
林・山　埋葬地　------字境　水路

大高城跡

大高の町

大高城跡の北側には、大高の町並みが広がっている。明治一七年の地籍図の道は、ほぼ踏襲されて今でも使用されている。地目が塚となっている所が三か所ある。一つは大高町字三本木の宅地内、一つは字石神の畑内、一つは字神宮戸で現在は大高小学校敷地内である。字石神の所は発掘調査がおこなわれて、後期古墳の跡であったことが判明している。ほかの二か所も古墳であろうか。

氷上姉子神社

大高城跡の西には、氷上姉子神社が鎮座している。祭神は宮簀媛命《みやずひめのみこと》である。大高はもと火高といい、氷上姉子神社も火上社といったが、永徳二年（一三八二）の火災を機に改められた。神社の参道は、北の沖積地、天白川に並行して走る街道から伸びている。この街道はかつての海岸線に沿ってできたものと思われる。北側は近世の新田干拓地で、本来は海（年魚市潟《あゆちがた》）だったところである。遠来の参詣者は、この街道を通り参拝したのであるが、神々も海浜から招来され、参道を通ったのであろう。

大高城跡から丸根砦を望む

大高城跡の土橋

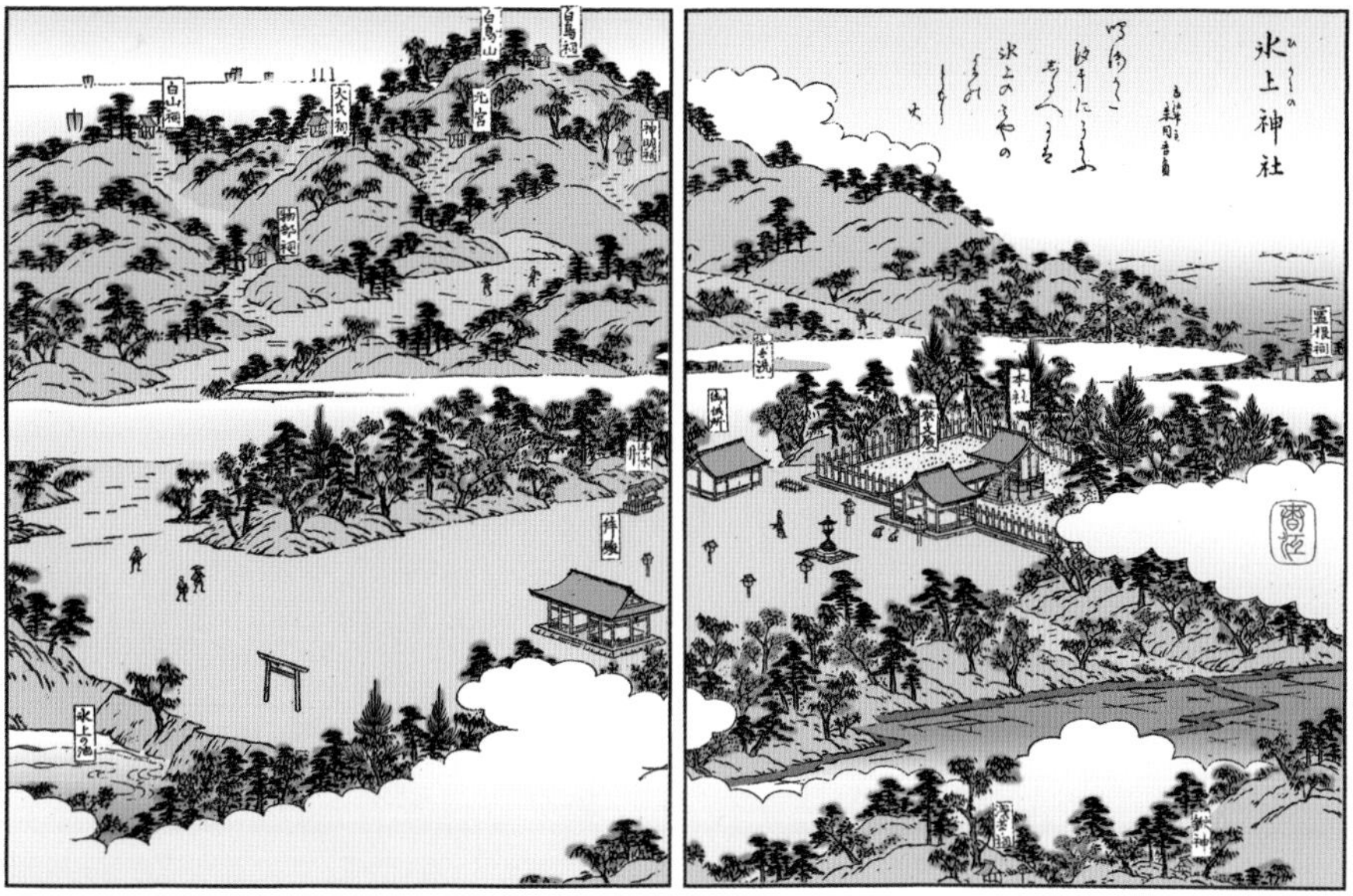

氷上姉子神社（『尾張名所図会』名古屋都市センター提供）

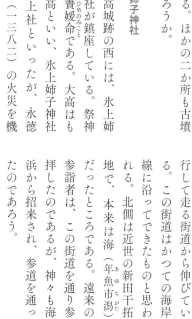

大高城跡から鷲津砦を望む

海とのつながり

神社の東、字東姥神の丘陵には朝苧社《あさおしゃ》、祭神「火上大老《ひかみのおお》婆《ば》」が鎮座している。朝苧社は氷上姉子神社の第一の摂社である。江戸時代中期、祀官久米氏が描いた『氷上山図及熱田至氷上名勝図』では、朝苧社においては海浜からの道ははっきりしないが、北麓に鳥居の印とともに「天下国家御祈祷謹行　神來間」と記されており、海側に神々をお迎えする施設・神域が造られ、そこから朝苧社のある山に向かう構図となっていた。神主に海部氏をあてていることも海との強い結びつきを感じる。

氷上姉子神社

氷上姉子神社だけでなく、熱田社（熱田神宮）も宮の渡しに鳥居が描かれており、海を強く意識している。東海市名和町船津一―一には船津神社が鎮座し、「日本武尊《やまとたけるのみこと》東征の時、伊勢より海を渡られてここに御船をお着けになり、縄で松の木に繋がれた」と伝わる。名和、船津も日本武尊に縁のある地名である。氷上山の西端には斎山《いつきやま》古墳があり、東海市名和町には四世紀後半の兜山《かぶとやま》古墳やカブト山遺跡がある。年魚市潟を取り巻く丘陵や台地の岬や河口付近には、古墳時代以降、尾張氏の重要な津（湊）が設置され、津（湊）へと導くように燈火・燈明台が沿岸の高台に設置されていたと思われる。火高、火上は、燈火・燈明台があった故、名づけられたものと推察される。また、尾張氏の始祖を祀る場も、尾張氏の活動を見守る心のよりどころとして――燈火・燈明台のように――年魚市潟を囲む要衝に配置されていたのである（伊藤二〇一九）。

元宮・宮簀媛命宅跡

船津神社

[第４章]

東部丘陵と天白川・山崎川をたどる

秋葉山火渡り神事（天白区）

【一〇番】

史跡八幡山古墳の謎

昭和区

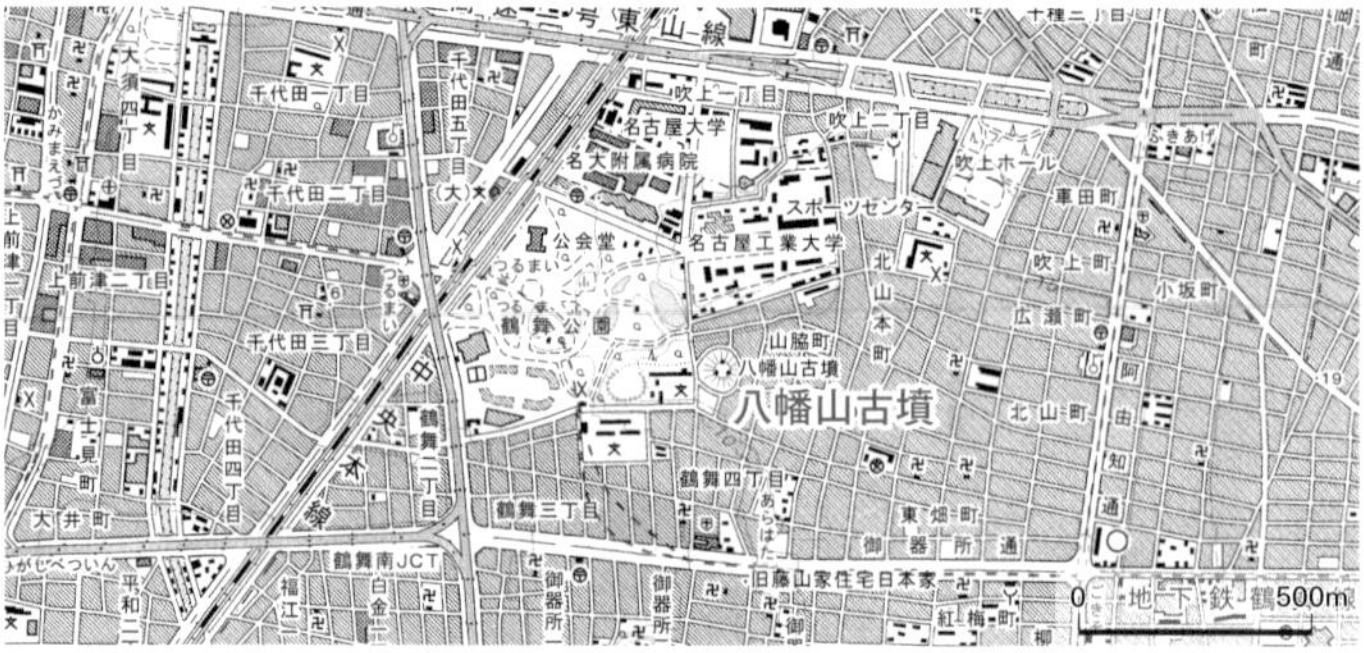

鶴舞付近　1/2.5万「名古屋南部」平成25年

鶴舞公園の建設

昭和区鶴舞一丁目に所在する鶴舞公園は、明治三九年（一九〇六）に市会で鶴舞公園設置予算が可決され、翌年八月から水田を埋め立てて造られた。当時、精進川（現新堀川）はたびたび氾濫して水害を起こしていたため、改修工事は住民の悲願であったが、なかなか実現に至らなかった。しかし、日露戦争直後に国が砲兵工廠を熱田に設置することになったことから状況が急変した。その埋め立て土砂として精進川改修工事の掘削土砂を売却することで、精進川改修を進め、さらに余剰土砂を鶴舞公園造成に充てるという一石三鳥であった。

当時は御器所村であったため、埋め立て後の明治四二年一〇月公園敷地を市に編入し、一一月一九日「鶴舞公園」と告示し、名古屋市第一号の公園として開園した。それ以前の田畑などの地割は、埋め立てられ地中深くに埋没してしまったが、竜ヶ池は残された。明治一七年の地籍図に記された池とほぼ同じ規模である。

鶴舞公園は、JR中央本線鶴舞駅、地下鉄鶴舞線鶴舞駅下車、目の前が正面入口である。公園内を東に向かって歩いていくと、竜ヶ池に至る。台地の開析谷を堰き止めて造られた溜池である。開析谷は、池の東、狭間町一帯が該当する。北側の名古屋工業大学のある高台と南側の山脇町の高台に挟まれている。山脇町に

竜ヶ池

は、八幡山古墳がある。竜ヶ池の南、民家の間の小径を通り、八幡山古墳に向かう。この小径は、明治十七年の地籍図に記載された道と合致しているようだ。わずか六〇メートルほどであるが、この付近で明治の道が残っていることは奇跡にちかい。

八幡山古墳

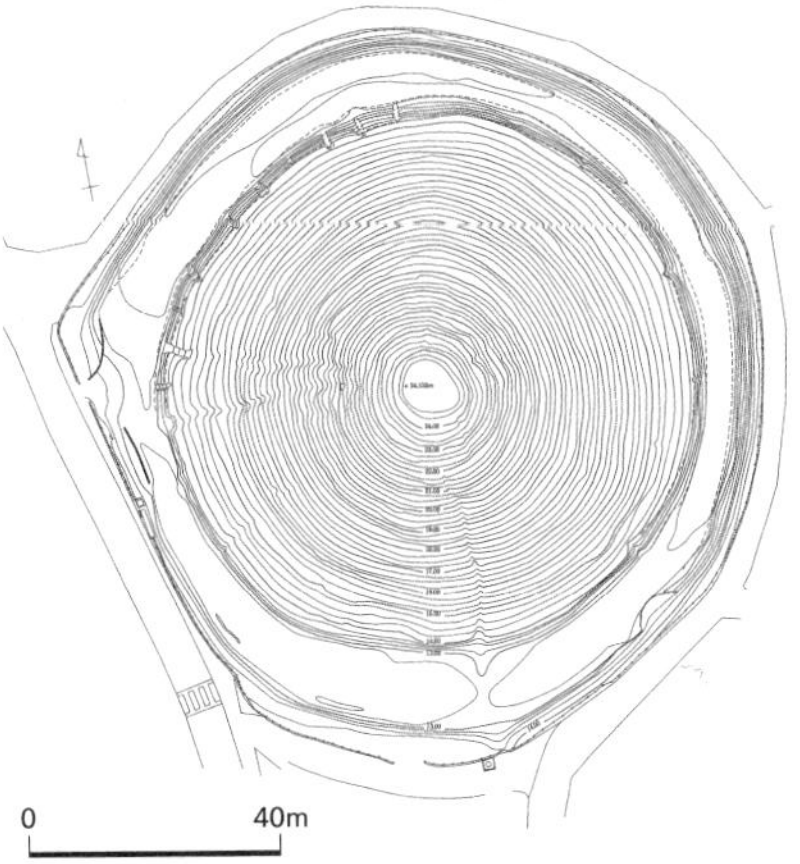

八幡山古墳　墳丘測量図（愛知県史 2005）

大円墳の築造

八幡山古墳は、台地西縁に築造された直径約八五メートル、高さ約一〇メートルの円墳である。名前が記す通り、かつては八幡社の境内であった。昭和六年（一九三一）に国史跡に指定されている。太平洋戦争中は、現在の鶴舞小学校、野球場の所に高射砲陣地が設営されていたことから、射撃の妨げになるという理由で樹木が伐採されたが、戦後、墳丘も優美な形に整備され、桜の木が植えられた。かつては墳丘の途中に二つの段（平坦面）があり葺石もあったようである。

八幡山古墳は、発掘調査がおこなわれていないため、はっきりした年代は不詳であるが、円筒埴輪や家形埴輪が採集されており、古墳時代中期前半、五世紀前半から中頃の築造と推定されている。愛知県で最も大きい円墳であり、これだけの規模の円墳を築くことができたにもかかわらず、前方後円墳の墳形を採用せず、円墳としたのかが大きな謎であり、この古墳のもつ築造意義でもある。

謎を解き明かすまでには至らないが、この古墳の立地を明治時代の地形図からみていこう。

八幡山古墳の立地

八幡山古墳は、名古屋台地（熱田台地）に立地する古墳である。精進川の低地帯により西側の那古野台地と分かれ、御器所台地と呼ぶこともある。八幡山古墳は、台地西縁に立地しているものの、岬のように突出した位置、現在の野球場の西縁から東へ約二二〇メートル奥まった位置に立地している。この位置では、古墳を眺望する視点から考えると、真西からは見えにくいので不利であるが、南西方向から見た場合は、台地縁がコの字形になった北東隅に築造されているので、よく見えた

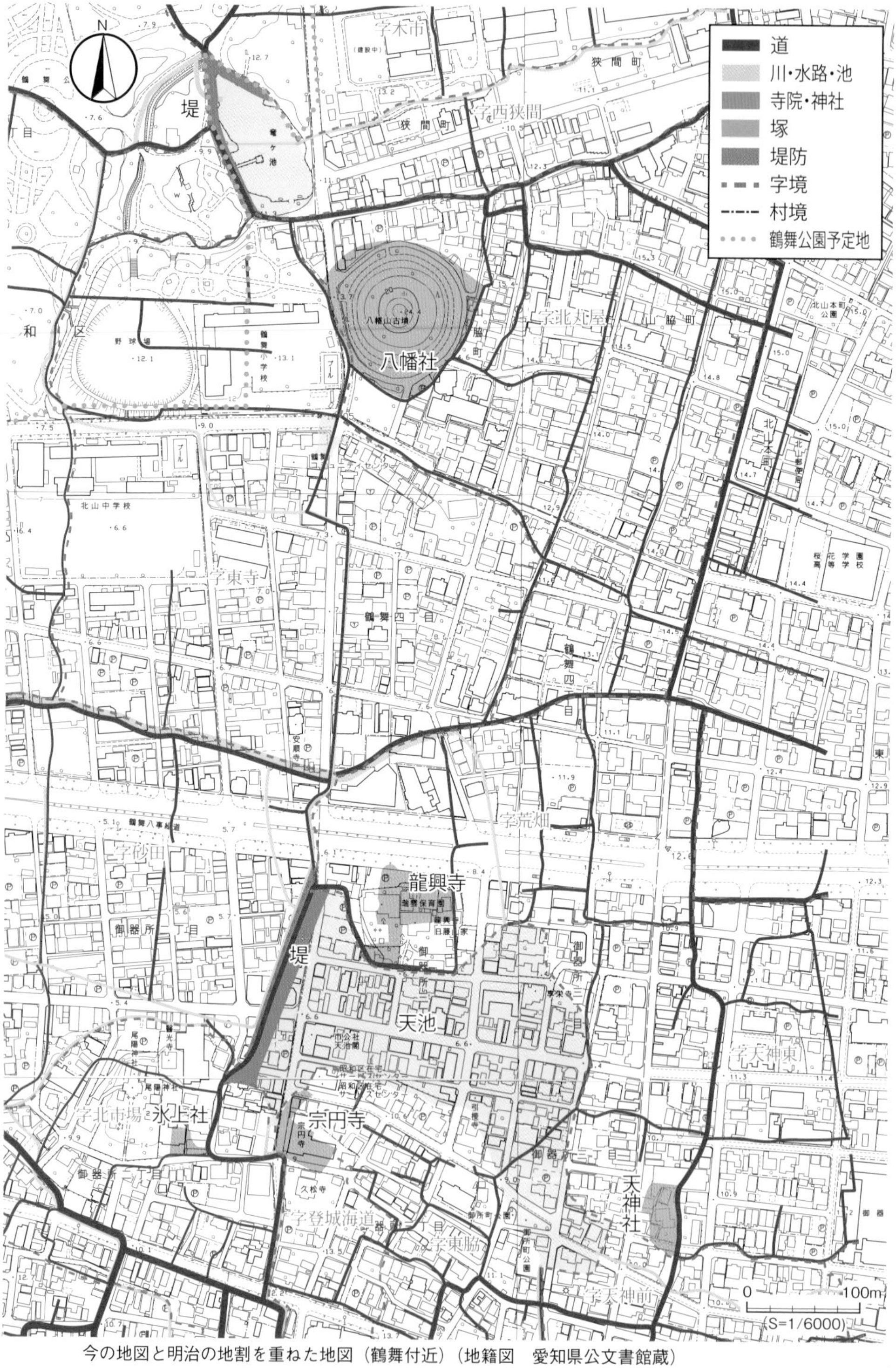

今の地図と明治の地割を重ねた地図（鶴舞付近）（地籍図　愛知県公文書館蔵）

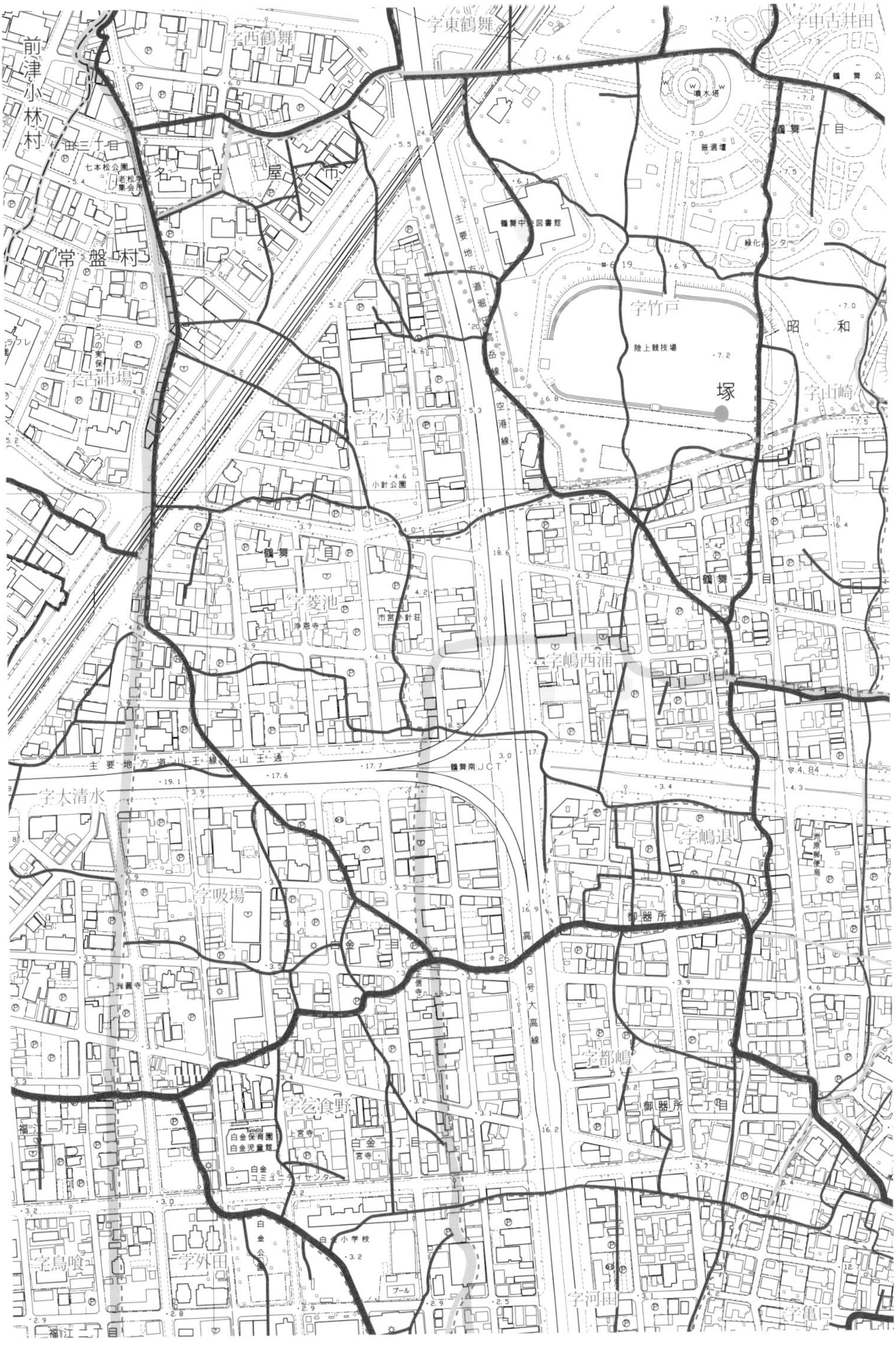

前津小林村
字西鶴舞
字東鶴舞
字中古井田
名古屋市
常盤村
字古市場
七本松公園
噴水塔
普選壇
鶴舞中央図書館
緑化センター
字竹戸
陸上競技場
塚
昭和
字山崎
字小針
小針公園
主要地方道堀田高岳線
空港線
鶴舞一丁目
字菱池
浄恩寺
市営小針荘
鶴舞二丁目
字嶋西浦
主要地方道山王線（山王通）
鶴舞南JCT
字大清水
字吸場
字嶋退
御器所
字都嶋
高速3号大高線
字乞食野
白金保育園
白金児童館
白金コミュニティセンター
上宮寺
白金二丁目
白金小学校
白金公園
プール
字鳥喰
字外田
字河田
字亀
福江二丁目

明治の道—八幡山古墳西の小径

ものと思われる（新修名古屋市史一九九七）。南西の低地帯には、後世に下るが古代東海道が御器所台地と那古野台地を結び通っていたと考えられている。明治時代の地形図には、このほかにも、東西方向に数本の道が通っている。古墳時代までさかのぼるかは不明であるが、こうした道からの眺望が意図されて築造されたものと推定される。

小針地名の意味

　また、この付近には注目される地名がかつてあった。それは地籍図に記された「字小針」である。「字小針」は、昭和六年（一九三一）に小針町となり、現在は鶴舞二丁目となっている。小針の地名由来は不明であるが、愛知県には、小牧市と岡崎市に小針の地名がある。小牧市の小針は、古代の豪族尾張氏にかかわるという興味深い説があり、尾張神社が鎮座している。岡崎市の小針は古くに開墾された古墾に由来するといわれている。小牧市の地は「おばり」、岡崎市と当地は「こばり」と読みが異なるものの、尾張氏と何らかのかかわりがあったのではないかと考えたい。「字小針」の東、「字竹戸」内の地目に塚の記載が一か所認められる。直径一〇・八×一二・〇メートル程度で、水田のなかに残された形である。その場所は現在の鶴舞公園テラスポ鶴舞（多目的グラウンド）内である。この塚がいつ築かれたものかは不明であるが、鶴舞三丁目には、島西町遺跡（弥生～古墳時代）があることから、塚が弥生時代の方形周溝墓あるいは古墳であったとすれば興味深い。

　こうしたことから想像をたくましくしてみると、「字小針」付近には未発見の古墳時代前期～中期の集落跡が埋まっているのではないかと思えてくる。その集団は、尾張氏の名古屋台地進出にあたり、先遣隊のような性格があったのではないだろうか。二つの台地を結ぶ中央、新川（下流は精進川と呼ぶ）のほとりに占地して、御器所や那古野・熱田台地、東部丘陵（窯業生産）の開発を主導した集団であったと思われる。濃尾平野を出自とする集団であるので、同じ環境に近い水辺に居住したのであろう。開発の一定の成果の反映として、重要な道から仰ぎ見る地に八幡山古墳が築造されたのではなかろうか。

小針公園

【一一番】

御器所界隈

天池と広見池の痕跡をたどる

昭和区

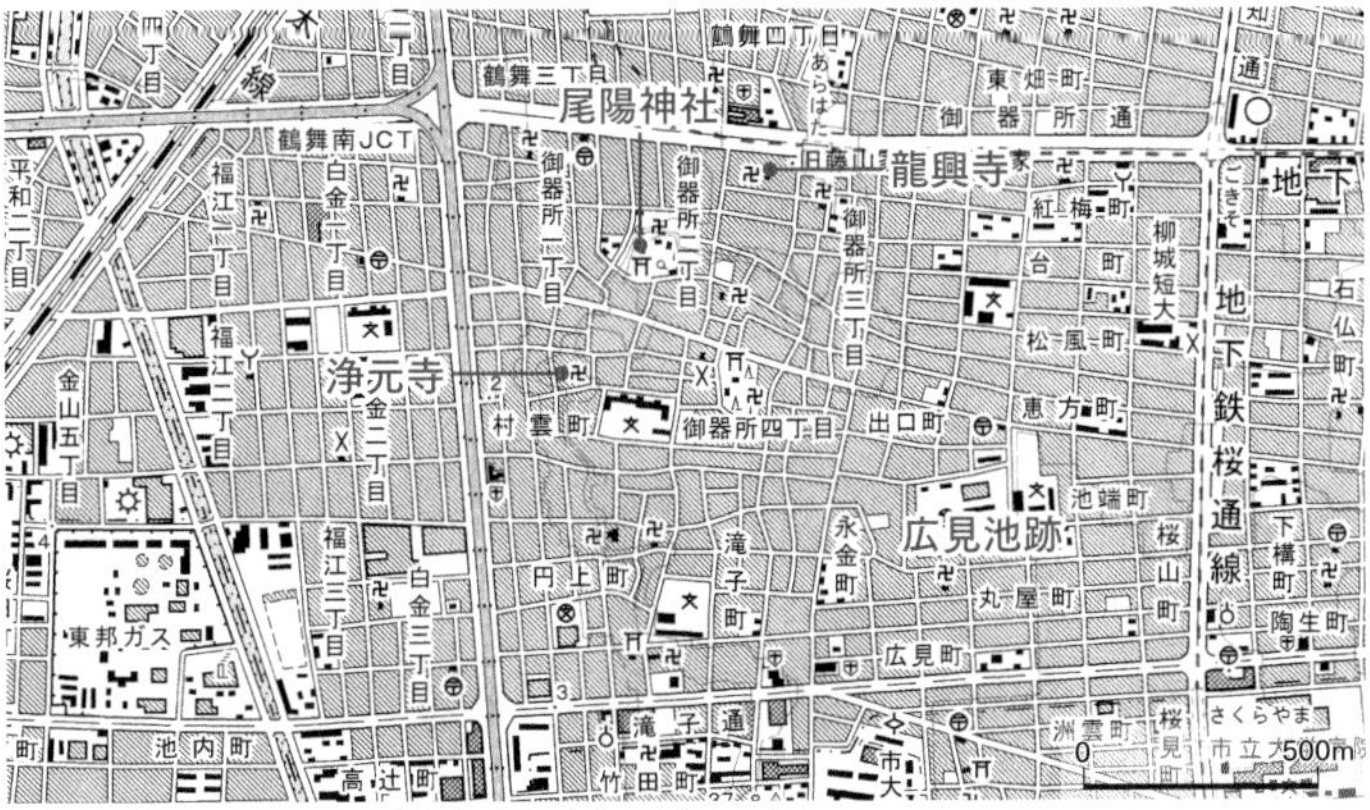

御器所付近　1/2.5 万「名古屋南部」平成 25 年

天池の輪郭を探す

八幡山古墳から、御器所台地の西縁にそって南下していくと、御器所三丁目、地下鉄鶴舞線荒畑駅近くに、中世戦国時代佐久間氏の菩提寺でもある龍興寺が高台にみえてくる。鶴舞公園の台地縁からコの字形に縁をたどってきた、対岸ともいうべき位置である。この南側はかつて天池（龍興寺池）と呼ばれた溜池があった。現在は、埋め立てられて住宅地となっているが、それがおこなわれたのは大正時代で、第一次世界大戦のドイツ人俘虜が使役されたという。かつての天池の輪郭をたどってみよう。

天池は、地籍図では新雨池と記載されている。池は東西約二七五メートル、南北一〇〇～二五〇メートルあった。池は谷を堤で堰き止めた溜池であったが、堤は崩されてはっきりしない。龍興寺の南側から西側は高さ三メートルほどの擁壁や石垣となってい

天池の跡　奥は龍興寺

天池の跡　右側が護岸

N
道
川・水路・池
寺院・神社
城館
塚
堤防
字境
鶴舞公園予定地
堤
八幡社
塚
龍興寺
堤
天池
御器所西城
宗円寺
氷上社
天神社
御器所東城
八幡社
浄元寺
八王子社
古代東海道駅路
堤
広見池
西福寺
村上社
字竹戸
字山崎
字東寺
字西狭間
字北丸屋
字嶋西浦
字嶋退
字砂田
字荒畑
字北市場
字都嶋
字登城海道
字東脇
字天神東
字河田
字亀口
字天神前
字門屋敷
字中屋敷
字出口
字圓上
字昭和区
字烏田
字坂口
字地村
字北永金
字南永金
字稗田
0　100m
(S=1/7000)

る。竜ヶ池も同様な玉石垣の護岸であったことから、池の北側の護岸が残っているのであろう。堰の南端は、御器所西城の北東部崖端付近である。ここから東に向かうと、道路は坂道で北に下っている。昭和区在宅サービスセンターは、南側の道路より少し低い地にあり、その東側の宅地は、北側道路に面して擁壁や石垣が連なっており、龍興寺の南側と同じ様相を見せていることから、南の護岸の名残であろう。池の最奥部東端付近は御所町公園あたりである。

鶴舞・御器所付近の空中写真（旧日本軍撮影〔戦前〕国土地理院蔵）

御器所東城

御所町公園池の南側、御器所三丁目には、御器所東城があった。『尾張志』によれば、北西二方に堀があったという。御器所東城の城主は、服部将監といわれる。現在は住宅地のなかにあってはっきりしないが、明治一七年の地籍図で地割から推定されており、東西約一〇〇メートル、南北約一二五メートルの方形館であると推定されている。中央部は幹線道路により南北に分断されている。推定地より西側の方が小高いので、もう少し西側まで広がると、東西幅一五〇メートルとなる。

御器所西城

御器所西城は、佐久間氏中興の祖、佐久間美作守家勝の居城である。嘉吉元年（一四四一）神宮寺に隣接する八所明神（八幡社）の修復をおこなっている。

御器所西城は、御器所二丁目、現在尾陽神社の地である。台地縁に立地し、北方及び西方の眺望がよい。尾陽神社が大正一一年（一九二二）に創建されるまでは堀や土塁がよく残っていたという。近年、神社の東北側で発掘調査が実施され、堀の一部が出土した。地籍図と照合すると、南側の道路は堀の一部と思われる。

古代東海道と広見池

さらに台地縁に沿い南下、村雲町に至ると浄元寺がある。『尾張徇行記』にはこの付近

今の地図と明治の地割を重ねた地図（鶴舞・御器所付近）→
（地籍図　愛知県公文書館蔵）

に極楽寺があり、古瓦が出土したとある。昭和八年、寺の南東に村雲小学校が建設された際に古瓦が出土したという。極楽寺の主要伽藍は、台地縁から少し東側にあったようである。

古代東海道（駅路）ルートは、愛知郡の両村（現在の豊明市沓掛町上高根と推定されている）から新溝に至る間、当地付近を通っていたと推定される。その正確な位置は不明であるが、極楽寺の東一・五キロメートルの地、塩付通五丁目付近には古観音廃寺という古代寺院があった。古観音廃寺と中区の東別院南側を結ぶ直線距離を古代東海道の基本ラインとして、さらに詳細にラインを検討すると、広見池の北側を通り、御器所の村落内を通る。広見池は灌漑用の溜池であり、近世の構築との記載資料を今のところ見いだせていないため、広見池の堤と兼ねて駅路を造ったのかもしれない。こうした事例は、福岡県春日市で見つかった西海道駅路にある（近江二〇一三）。村落内は宅地により道路の痕跡は失われてしまっているが、字北市場と字亀口の字境のラインが、通常は道を字境としているのに対し、宅地の背後が字境となっており、極めて不自然であることから、これが痕跡と思われる。村落の西側では、耕地内の道が該当するが、この付近の耕地は条里の地割が残っており、その一部が一致している。新川に近づくと痕跡は見いだせない。畑と水田が混在した土地利用の状況から、新川の氾濫が原因により地割が大きく変化したものと思われる。

広見池南端　西から（丸屋町４付近）

古代東海道と重なる道（出口町３付近）

延命地蔵と亀口の泉（村雲町 15）

古代東海道の痕跡
（村雲町８付近）

【コラム】鶴舞公園の令旨《りょうじ》碑（令旨塔）

令旨

国運進展ノ基礎ハ青年ノ修養ニ須ツコト多シ諸子能ク内外ノ情勢ニ顧ミ恒ニ其ノ本分ヲ尽シ奮励協力以テ所期ノ目的ヲ達成スルニ勗メムコトヲ望ム

大正九年十一月二十二日

大正九年（一九二〇）一一月二二日に皇太子（のちの昭和天皇）から下賜されたものである。

令旨が出されたいきさつ

明治天皇、昭憲皇太后両陛下が御崩御された後も、追慕する情熱は国民の間にあった。

そのため、両陛下のご英霊を奉祀する神宮の建設が国民の間に起こった。政府は大正三年一二月五日に招集された第三五回帝国議会に神宮建設の予算案を提出し、可決された。二府二八県の六三団体二八〇〇人の青年団員がその労力を提供した。大正九年一一月一日に内苑が竣工し、鎮座祭が執行されることになった。

鎮座祭にあたり、大正九年一一月二二日より五日間、全国選抜された青年団員約七〇〇名を招集して、明治神宮の参拝、聴講、見学等をおこなった。その際、皇太子殿下が一同を高輪御所にお召しになり下賜したのがこの令旨である。

この日はのちに青年記念日（令旨御下賜記念日）となった。

鶴舞公園の令旨碑
（青年団令旨碑壇）

鶴舞公園多目的グラウンド「テラスポ鶴舞」が平成三〇年（二〇一八）にオープンした。そのグラウンドの東側に石製の令旨碑が建っている。背面に「名古屋市聯合青年團昭和五年十一月廿一日建之」とある。

碑文はセメントモルタルで造られているが、本来は青銅製の銘板であったものが、金属供出で取り外されたものと推測される。

令旨奉戴一〇周年記念式

名古屋市聯合青年団は、大正八年創立された。本団は、名古屋市内各青年団相互の連絡統一を図り各団体の進歩発達を助成すべき、各種の事業及び研究をなすことを目的とした。本団の事務所は、名古屋市役所教育課内に置かれた。

昭和五年一一月二日、三日に東京で令旨奉戴一〇周年記念の催しがおこなわれた。名古屋では、一一月二二日に本団の令旨奉戴一〇周年記念式、並びに令旨碑除幕式、及び同大講演会が開かれた。

記念式及び除幕式の参加者は、市内男女青年団員、青年訓練所生徒、補習学校、男女中等学校生徒約二〇〇〇名が集まった。来賓には、第三師団長、愛知県知事、市会議長、各中等学校長など二〇〇名であった。

令旨碑（昭和区鶴舞一丁目）

【一二番】

史跡大曲輪貝塚と八高古墳と高田城

瑞穂区

大曲輪貝塚

瑞穂区山下通5丁目、瑞穂公園陸上競技場の西側に国指定史跡大曲輪貝塚の標識と芝生で保護された敷地がある。

大曲輪貝塚は、今から約五四〇〇~七二〇〇年前と推定される縄文時代前期の貝塚で昭和一四年（一九三九）に陸上競技場の建設工事中に発見された。出土する貝殻は、カキ、ハマグリ、ハイガイ、アサリ、アカニシ、オオノガイなどである。また石鏃や製作時に出る石屑の多さにも注目された。貝塚の主要な部分は、昭和一六年一月二七日に国指定史跡となった（小栗一九四一）。

明治時代の地形図を見ると、山崎川の左岸は弥富の八事丘陵地が迫り、右岸は瑞穂台地や水田に利用されている低地が広がっている。縄文時代早期末から前期には、気候温暖化により海水面が上昇する「縄文海進」が起こった。こ

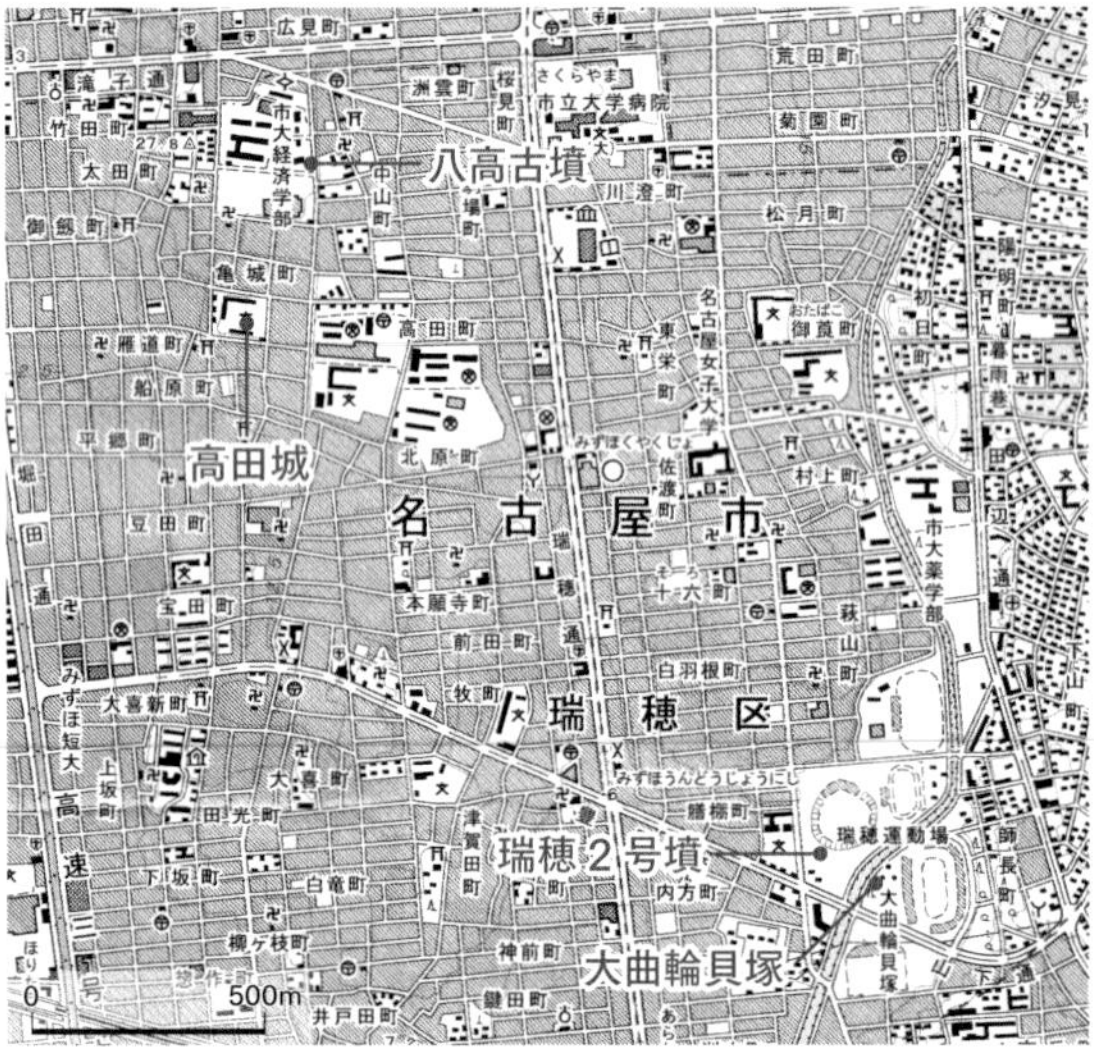

瑞穂付近　1/2.5万「名古屋南部」平成24年

瑞穂付近の空中写真（旧日本軍撮影〔戦前〕国土地理院蔵）

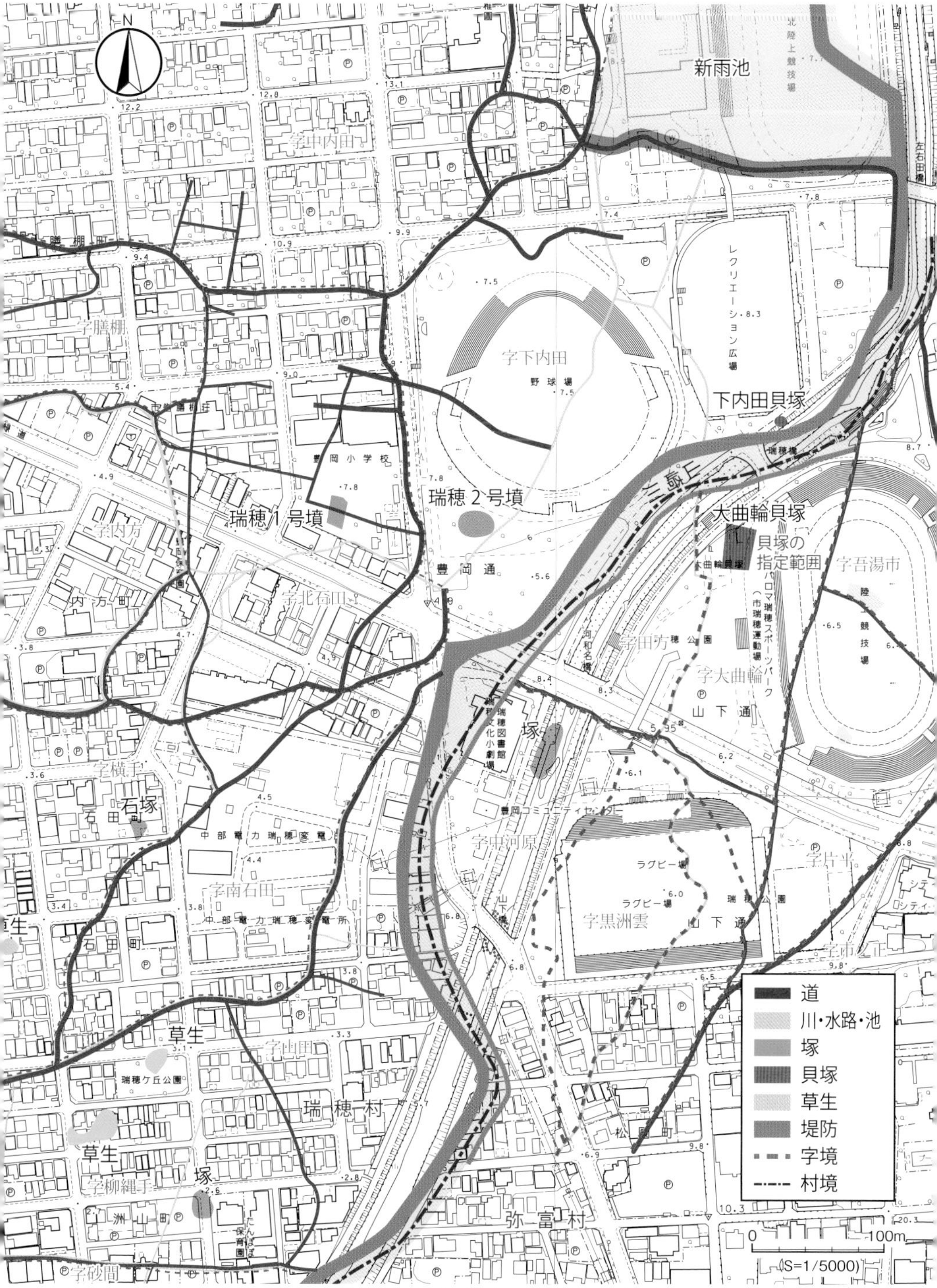

今の地図と明治の地割を重ねた地図（瑞穂公園付近）（地籍図　愛知県公文書館蔵）

瑞穂２号墳（豊国通３）

大曲輪貝塚（豊国通３）

の低地、現在の洲山町三丁目付近にまで海が迫っていたと推定されている。左岸丘陵地では、木の実の採集や猪、鹿などの狩猟に適し、また丘陵縁からは湧水「あゆちの水」の名水が確保できた。そして海では、漁労がおこなわれた。

　陸上競技場の改修工事に伴う調査や最近の試掘調査では、縄文時代の遺構や土器、石器の出土だけでなく、古墳時代の須恵器が多く見つかっている。可和名橋を渡った、野球場の南の公園には、瑞穂二号墳が、豊岡小学校敷地には瑞穂一号墳がある。

あゆちの水（師長町）

八高古墳

　瑞穂区瑞穂町、名古屋市立大学山の畑キャンパスに八高古墳がある。八高古墳の名前は、かつて旧制第八高等学校があったことによる。樹木に覆われ墳丘の様子はわかりにくいが、推定全長約七〇メートル、後円部直径約四五メートルの前方後円墳である。現在は前方部が削平されている。八高古墳の北約八〇メートルに八高二号墳（剣ケ森古墳）がある。二号墳は円墳である。伊藤秋男氏は、地籍図の地割りから、八高古墳と二号墳の間に前方後円墳があったのではないかと推定され

八高古墳（瑞穂町）

八高２号墳（瑞穂町）

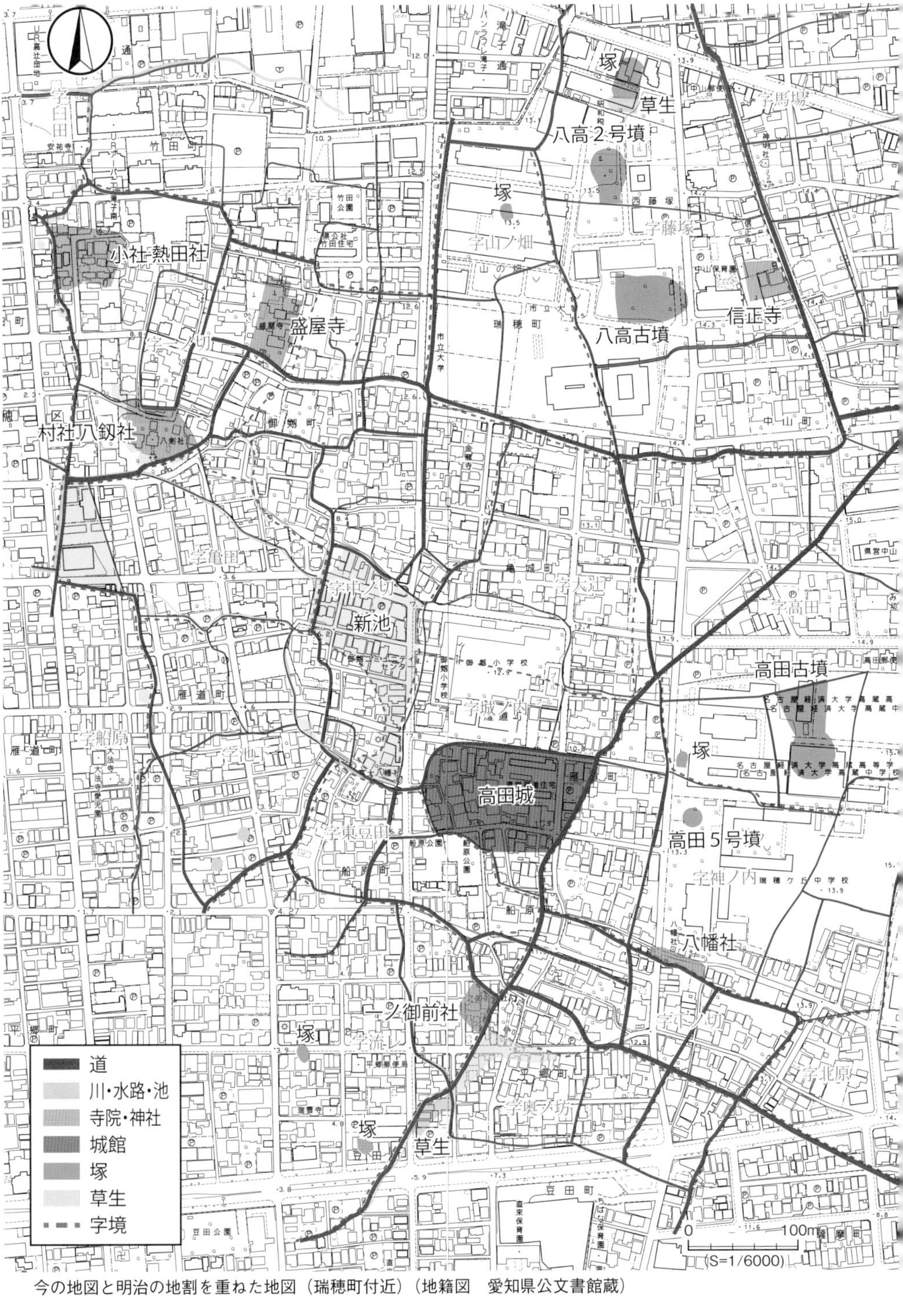

今の地図と明治の地割を重ねた地図（瑞穂町付近）（地籍図　愛知県公文書館蔵）

た（伊藤二〇一〇）。今回、現在の地図と重ね合わせたところ、二号墳が指摘された前方後円墳の位置にあたり、二号墳とした地目「塚」及び南側の「草生《くさはえ》」が知られていない古墳の可能性が高まった。この「塚」も前方後円墳の可能性が高い。藤井康隆氏は、八高古墳の南方約四〇〇メートルには高田古墳があり、この付近には首長墳の墓域が形成されていたと述べており（新修名古屋市史二〇〇八）、その説を補強することとなる。

瑞穂町・高田町付近の空中写真（旧日本軍撮影〔戦前〕国土地理院蔵）

高田城の位置

亀城町《かめしろちょう》5丁目に御劔《みつるぎ》小学校がある。この地は高田城のあった場所といわれている。『尾張徇行記』には「高田城在高田村」「村瀬浄心居之、其地今為陸田」「是ハ本田ノ内新池ノ東ニアリ」とある。『尾張志』には「新池という池の東の方にあり界内すべて畠也北の端に竹藪廻りて濱あり東西五九間南北二八間半」とあり、東西約一〇六

高田城の地籍図（『愛知県中世城館跡調査報告Ⅰ（尾張地区）』）

八剣社鳥居の戦災痕跡（御劔町２）

メートル、南北約五一メートルの規模があったとされる。明治一七年の地籍図の地割りにも郭の形状が認められる。現在の地図と重ね合わせたところ、小学校の南側、雁道町5丁目から船原町《ふなばらちょう》6丁目にかけての位置に重なった。現地を歩くと、小学校の南側の道を隔てた住宅地は二メートルほど高く、城を築くのにふさ

高田城付近（雁道町５付近）

わしい。南の位置を比定するほうがよいのか、御劔小学校の敷地も字城ノ内に含まれていることから、高田城はさらに規模が大きかったとみるのがよいのか、今後の検討課題である。

新池の痕跡

『尾張徇行記』、『尾張志』に記載される、城は「新池ノ東

新池の跡（亀城町４）

ニアリ」の新池は、埋め立てられて今はない。しかし、池の痕跡が地形に残っている。御劔小学校の北西に位置する、亀城町4丁目と5丁目の信号交差点の北、御劔町3丁目と亀城町4丁目の境の道が池の東南隅に当たる。南が崖となっており、道より南の住宅地が一段低い。この崖が池の岸である。亀城町4丁目の東

新池の跡（船原町５）

半部が池であったことが痕跡として残っているのだ。新池は、杁長一〇間半八寸四方あり、西方の字亀田地内の水田を灌漑し、さらに西の今池に流れ込んでいた。

【一三番】

上野城と末盛城

織田信秀の時代にふれる

千種区

谷口の地形

千種区上野一丁目、市バス停留所「谷口」下車、東に約一一〇メートルには谷口交差点がある。地名の通り、この付近は丘陵縁がえぐれたように開析された谷頭にあたる。

明治一七年の地籍図では、字谷先、字前浪が丘陵崖下の低地部分にあたり、丘陵端が字谷口にあたる。溜池が東南にあり、この谷口から北の水田に給水していた。溜池は長養寺の北側、下方町1丁目東半部、天満通1丁目にあった。

この谷の西側丘陵上に八坂社・永弘寺や上野城跡があった。

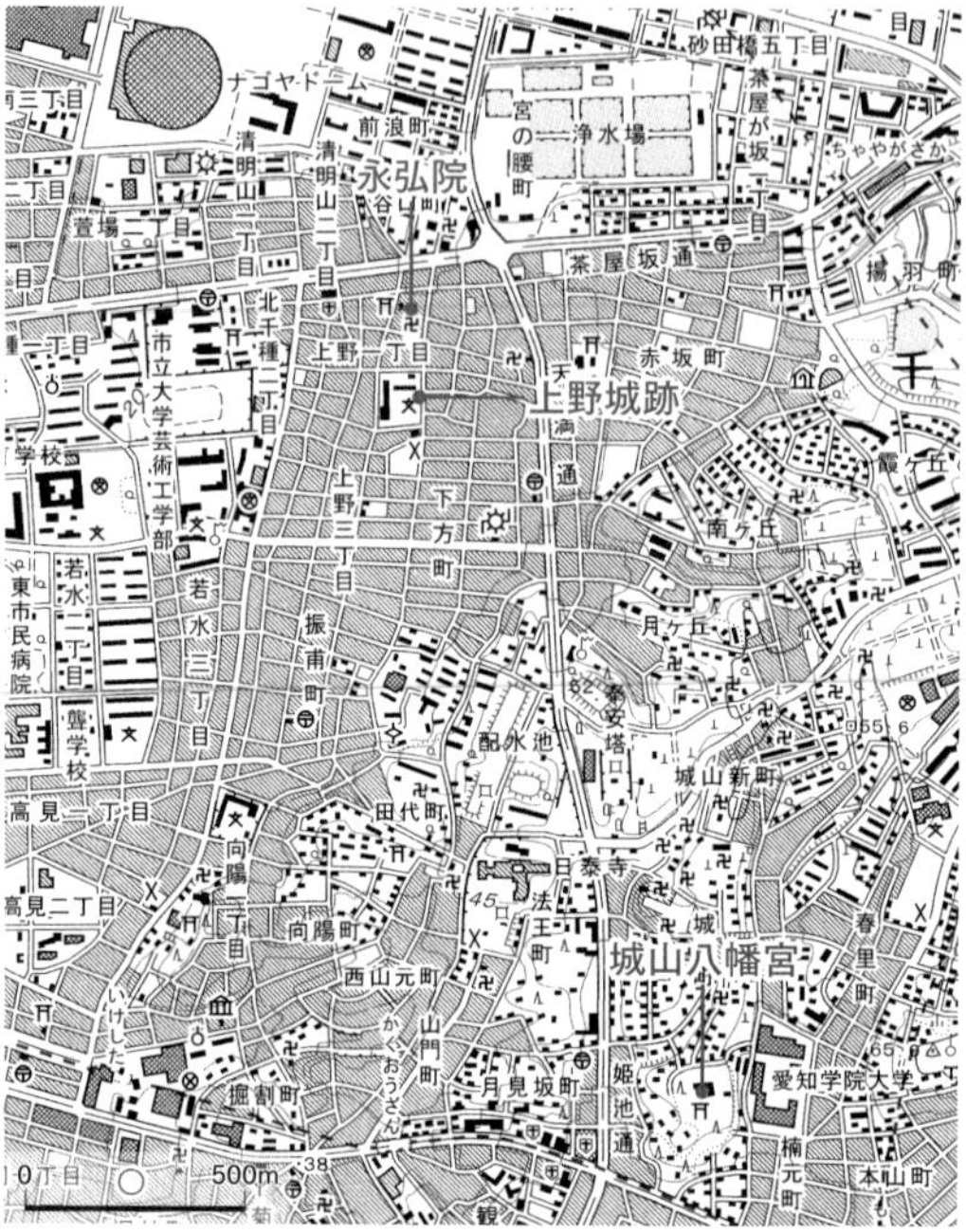

上野・覚王山付近　1/2.5 万「名古屋北部」平成 20 年

鍋屋上野（日本軍撮影〔戦前〕国土地理院蔵）

上野城の歴史

上野城は、「現在の上野公園から上野小学校にかけての一帯」（新修名古屋市史二〇一三）にあったとされ、東西約一〇八メートル、南北約一三〇メートルの長方形の郭で、二重堀であったという。下方貞

上野城趾

経が築城した。下方氏は、織田信秀の武将であった。その子、貞清は三河小豆坂（岡崎市美合町）で織田信秀と今川義元が戦った際、七本槍の一人として活躍した武将であった。その後も織田信長に従い、萱津の合戦や桶狭間の合戦にも参加し、「前後六度におよぶ合戦に、華々しい功名をたてた歴戦の勇士であった」（千種区の歴史）。慶長一一年（一六〇六）没。菩提寺は永弘院（上野一丁目）で、上野城址の碑が建つ。

地籍図からの復元

明治一七年の地籍図では、「堀などの痕跡を示す地割り・地目はみられない」（新修名古屋市史二〇一三）とされる。今一度検討すると、現在の小学校の中ほどで字境が東西に入っていることに気づいた。城の規模をあてはめると、小学校の北半から永弘院、八坂社の南の道までが該当する。この区画の西側は、藪、埋葬地が長さ一〇八メートル、幅一五メートルにわたり、縦長に連なっており、土塁の痕跡ではないかと推定される。一方字東脇の南（南の字名は記載なし）は、畑と宅地で藪はない。東北から南西に斜めに通る道の南側、現在の上野公園付近は、畑のまわりに田が造られた土地、島畠が連なっており、東方の溜池（赤坂池）からの谷筋にあたっていると推定され、城を築くには不適切な低湿地帯であった。城の南側を守る自然の堀として利用したと思われる。下方貞清《しもかたさだきよ》の建立した永弘院は、城に隣接して建立されたことになり、永弘院の北縁は、丘陵崖端に面し、城と同様な役割が与えられていたと考えられる。このような熟慮された上野城の縄張りから、歴戦を勝ち抜いた戦国武将の知略がかいまみえるのである。

末盛城の立地

地下鉄東山線覚王山駅と本山駅のほぼ中間に、城山八幡宮が鎮座する丘がある。この丘に末盛城が築かれた。丘は標高六〇～四〇メートル、比高差二〇～一〇メートルの東山丘陵で、東方から西方に向かって高さを減じながら熱田台地に接している。丘陵は長い年月の浸食により開析谷が形成されて、ぶどうの房のような起伏に富む地形を生み出している。

末盛城はそのうちの一つ、東と西の狭小な開析谷に挟まれた標高四四メートルの尾根

城山八幡宮

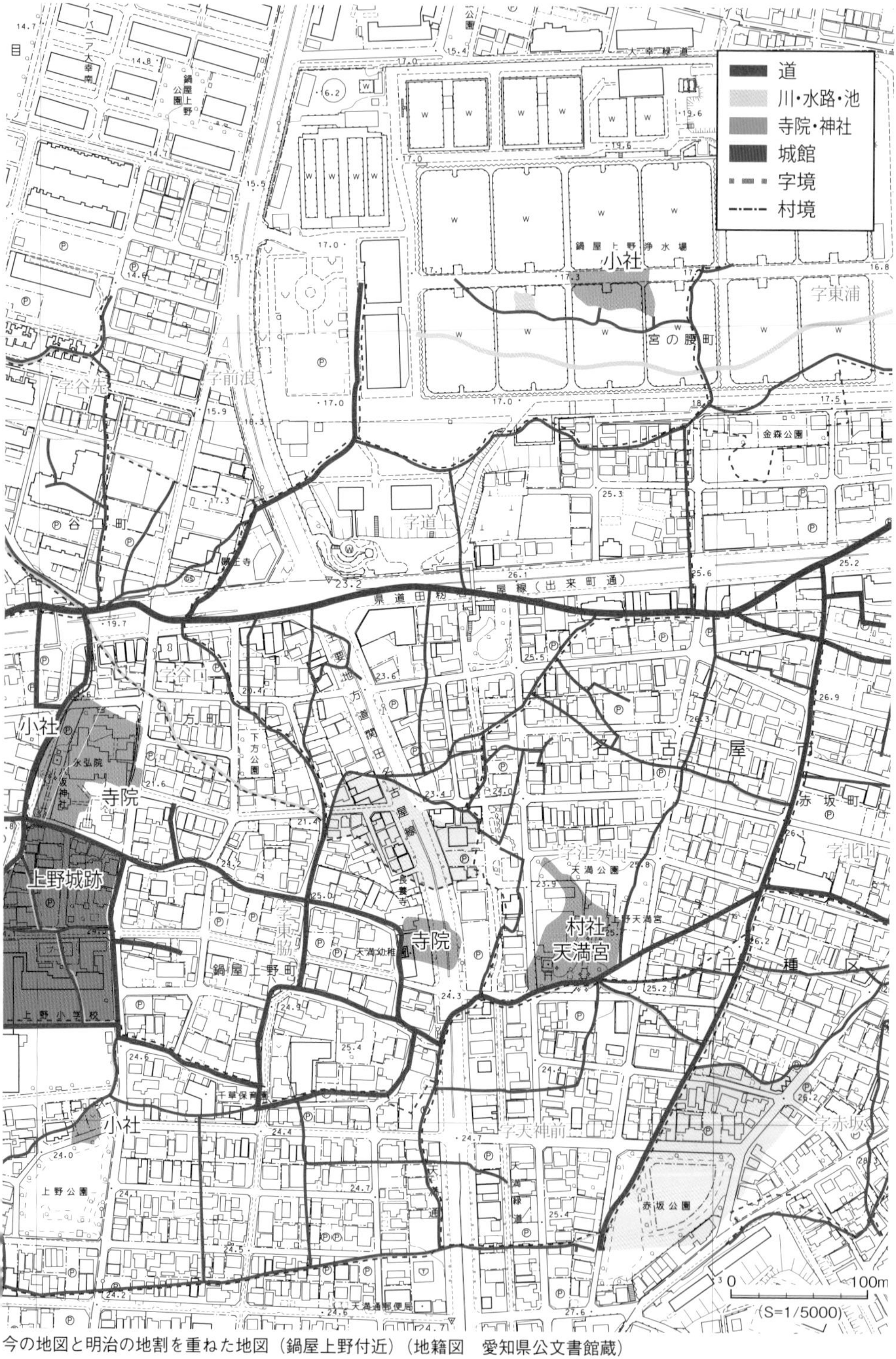

今の地図と明治の地割を重ねた地図（鍋屋上野付近）（地籍図　愛知県公文書館蔵）

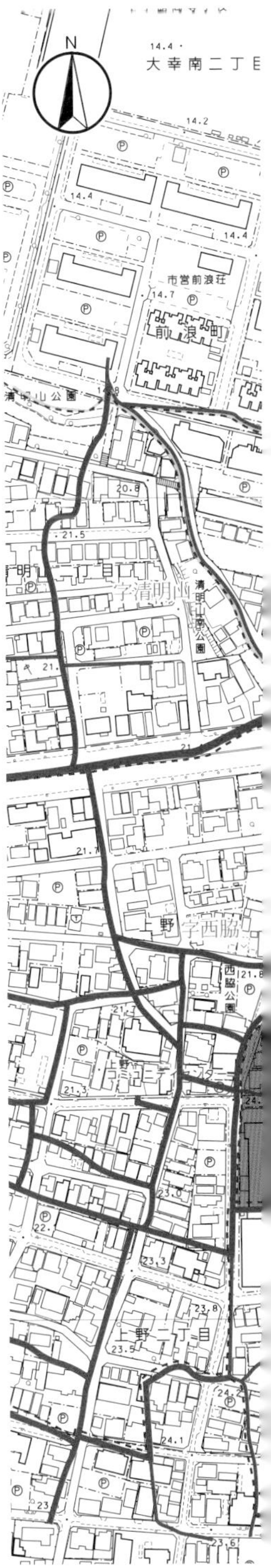

先端に立地しており、南側は山崎川へつながる比較的開けた開析谷に面している。この谷を三河国寺部や衣《ころも》（挙母）、現在の豊田市へ通じる街道が通る。三河（今川勢力）への備えとして築城されたものである。

末盛城は、天文一七年（一五四八）織田信秀によって築城された。信秀は、勝幡《しょばた》城主織田信定の子で、信長の父である。信秀は、完成後居城としたが、没後は三男信行が城主となった。弘治四年・永禄元年（一五五八）、信行の死により廃城となった。

末盛城の今

城の規模は、東西約二八〇メートル、南北約二四〇メートルあり、本丸は、城山八幡宮の広場（駐車場）や稲荷社のある場所、その北側の本殿や社務所のある場所が丸馬出しをもつ郭、広場の西側の建物がある場所が二ノ丸に相当する郭と考えられている。本丸の北西部には馬出、本丸の南側に腰曲輪がよく残っている。『末盛村古城絵図』によれば、北側の郭を巡る堀は、南に延びる腰曲輪を囲み、さらに南側の郭を囲っている。南側の郭は家臣の屋敷地であったと推定される。

末盛城の堀

末森城址の標柱

地籍図からの復元

明治一七年の地籍図では、城の大半は山林と白山社であるが、南の郭は、方形の地割になっており、屋敷地の名残と思われる。この地は現在公園や宅地となっており、公園の敷地が高台となっている。街道沿いの地割は、短冊型地割と呼ぶ、道路に面して小口の幅が狭く、奥行きが長い形状の地割が見られる。街道の東西にクランク状の折れがみられ、ここまでが町であったと推定されている（千田一九九〇）。町屋の周辺には水路が巡っているが、この街道の南側に東西方向に続く幅約六メートルの細長い地割がみられる。地目は田である。東端では水路に接し、西側は街道に一旦接しながら、さらに細い道に沿っている。水路の痕跡と思われるが、町を囲む総構（堀）のような防御的要素をもっていたと推定される（伊藤二〇一九）。

　末盛城は、郭や堀がよく残っている城である。主郭を巡る東側の堀は、西側より深く掘られており、東方今川方からの攻撃に対する備えをよく示している。

城山八幡宮の連理木

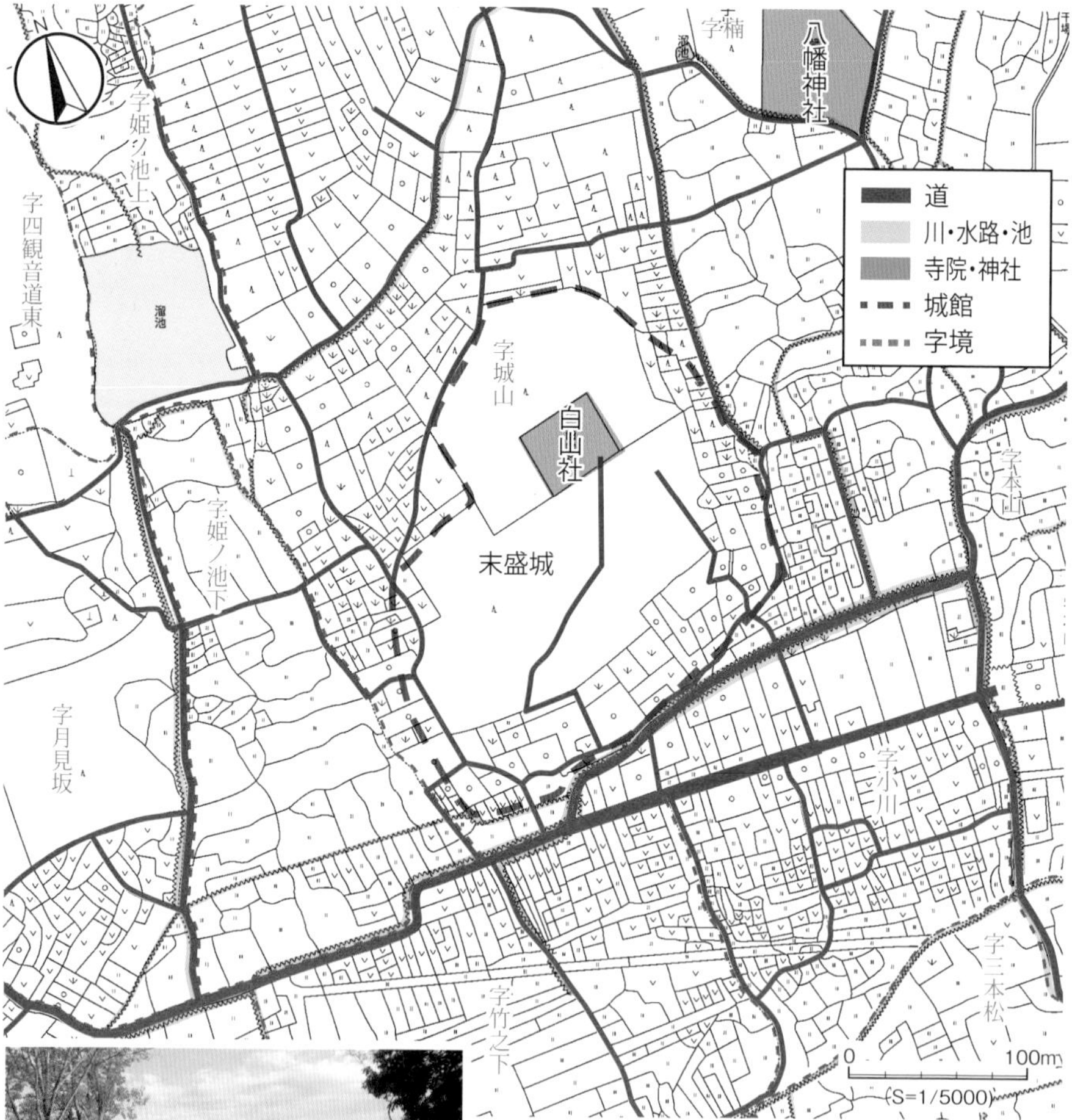

地籍図（城山町付近）（地籍図　愛知県公文書館蔵）

東方を望む

【コラム】関東大震災惨死者供養塔と橘宗一墓碑

関東大震災惨死者供養塔

　関東大震災惨死者供養塔は、名古屋市千種区自由ケ丘二丁目1、覚王山日泰寺墓地に所在する。地下鉄名城線自由ケ丘駅下車、徒歩五分ほどで名古屋商業高校に隣接した日泰寺墓地の入口に着く。その入口近くにある。銘文には南面に「大正十二年九月一日　関東大震災惨死者供養塔」、西面に「大正十五年八月廿一日建之」、東面に寄附者、北面に寄附者及び発起人青山金次郎が記されている。寄付者は、中区、西区、東区など市内各所の人が名を連ねている。由来が記載されていないので、どのような趣旨で建立されたのかはっきりしないが、愛知県では「官民挙げて救済費の支出や救援物資の輸送、救護班の派遣など、惜しみない協力を行ってい」た（愛知県防災局）。震災後、住居を失い、地方へ移住した人もいたようで、愛知県に避難した人は、一五万七四二人に達したといわれている。このような人々からも震災の悲惨な体験談を聞く機会もあったことと推察される。特に被災者と記されずに、惨死者という語句は、「むごたらしく死ぬこと」という意味で、逃げ場を失い焼死した人のほか、朝鮮人虐殺など無念の死を遂げた人も含まれているかもしれない。日泰寺には、関東大震災供養堂、関東大震災横死者追悼之碑もある。

橘宗一墓碑

　橘宗一墓碑は、供養塔から北西へ約二〇〇メートルの地にある。令和元年（二〇一九）九月一五日、橘宗一少年墓前祭が墓碑保存会により執りおこなわれた。本年は四五回目、没後九六年となる。

　橘宗一少年は、大正六年（一九一七）、アメリカ移民の貿易商の父橘宗三郎と大杉栄の妹あやめとの間に生まれた子である。大正一二年（一九二三）に家族は日本に帰国したが、同年九月一日、正午二分前に関東大地震が発生した時、弟大杉勇の家にいた。九月一六日、偶然弟の家を訪ねた叔父の大杉栄と伊藤野枝夫妻と共に震災の焼け跡を見に行った帰り、一緒にいたところを東京憲兵隊渋谷分隊長兼麹町分隊長甘粕正彦、東京憲兵隊特高課の森慶次郎曹長と淀橋警察署に同行、その後、麹町憲兵分隊に連行した。

　大杉栄は、無政府主義者であったことから、震災の混乱に乗じて

関東大震災惨死者供養塔

供養堂由来記

関東大震災横死者追悼之碑

橘宗一墓碑

政府を転覆する恐れがあるとして、甘粕正彦憲兵大尉が殺害を計画したとされる。青鞜《せいとう》社に参加していた妻伊藤野枝とおいの橘宗一少年と共に殺害された。いわゆる甘粕事件の犠牲者である。

東京憲兵隊本部司令部応接室において甘粕大尉は、大杉栄を絞殺、次いで憲兵隊長室で伊藤野枝を絞殺、橘宗一少年は、森曹長に命じ、森曹長は鴨志田上等兵と本多上等兵に命じ絞殺した。死体は構内の古井戸に投棄し、衣類及びオペラバッグ、帽子、下駄等は翌一七日築地に巡視に行った際、逓信省焼け跡の石灰の燃えている中に投げ入れて焼却した。

上野・覚王山付近　1/2.5万「名古屋北部」平成20年

甘粕事件その後

事件発覚後、一九日甘粕大尉と森曹長は衛戍監獄に収監された。一〇月八日第一師団司令部軍法会議が開かれた。数回の公判後、一二月六日判決が言い渡された。甘粕大尉は、懲役一〇年、森曹長は同三年、平井伍長、鴨志田、本多上等兵は無罪であった。

一〇年の刑期は、昭和天皇（当時摂政官）のご成婚のために短縮されて四年で出獄した。有田ドラックの音松が入獄中に「甘粕母堂養老義金」なるものを募集して、自ら一万円を提供、総額二万四六三三円余が集まった。また浦和高等学校の服部實教授が妹のみね子を妻に配せんことを予約した。出獄祝いを兼ねた新婚旅行はフランス・パリまで行った。「獄中記」という英雄伝もよく売れた。洋行帰りの甘粕大尉は、小田急沿線の下北沢駅の南、約二町の地にある赤瓦の洋館にスキート・ホームを営んでいる。夫人の手に奏でられるピアノの音がいつも長閑《のどか》に洋館の窓から流れるように響いて来て、近所の人々の羨望の的となっていたという（高田一九三二）。

墓碑裏面に刻まれた「犬共ニ虐殺サル」

犬共ニ虐殺サル

橘宗一少年は、六歳半という短い生涯を閉じた。墓碑に刻まれた「犬共ニ虐殺サル」は、遺族の無念と怒りを伝えている。

【一四番】

島田城と植田城

天白川流域の城館を訪ねる

天白区

島田城

島田は、植田川と天白川の合流する、天白川左岸付近に位置し、中世文書に「尾州八事迫大聖寺先達所事　散田菅田　島田　池庭」とみえ、江戸時代には家数四四軒、三九八人が住んでいた。江戸時代の島田村は、明治二二年（一八八九）まで存続し、同年島野村の大字となった。

島田城は、市バス停留所「島田」から西へ約一五〇メートル、天白区島田五丁目にあり、植田川と天白川の合流部を望む丘陵の西北端に立地している。『張州府志』には、牧右近虎蔵が在城したとある。『尾張志』には、天文一〇年（一五四一）地蔵寺を修理した牧右近太夫義次、永禄三年（一五六〇）再建したその子牧義汎らの子孫と推定されている。城の東に位置する島田神社は、由緒書によれば、かつては熊野権現が鎮座し、池場に神明、八幡、天神があった。熊野権現は貞治年間（一三六二～六八）島田城の守護神であったという。

城の規模は、『尾張志』に東西四二間（約七六メートル）、南北一〇一間（約一八二メー

島田・植田付近　1/2.5万「名古屋南部」平成25年

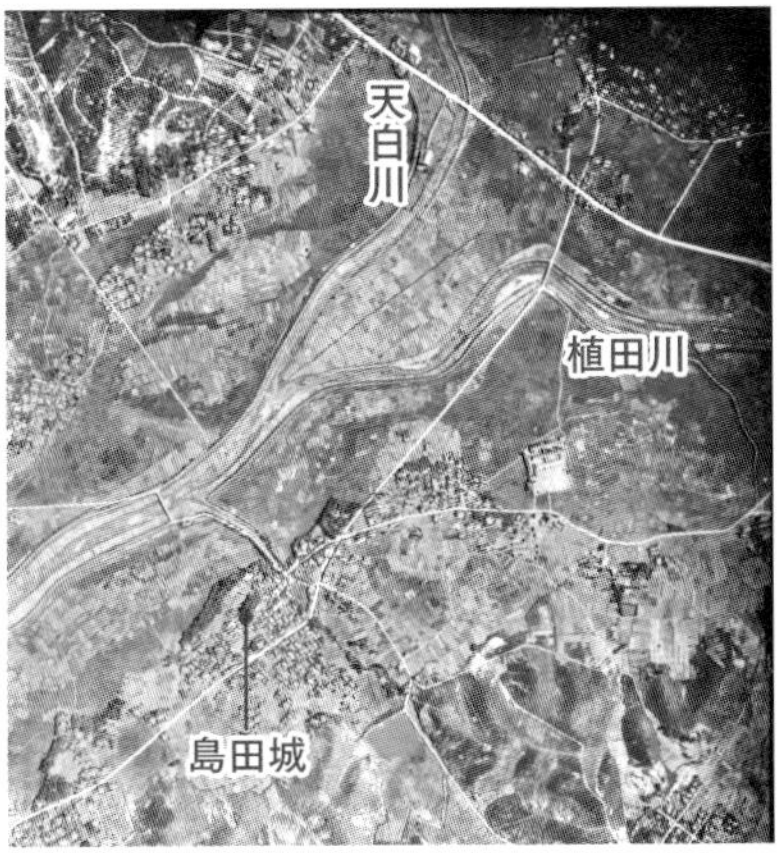

島田付近の空中写真（旧日本軍撮影〔戦前〕国土地理院蔵）

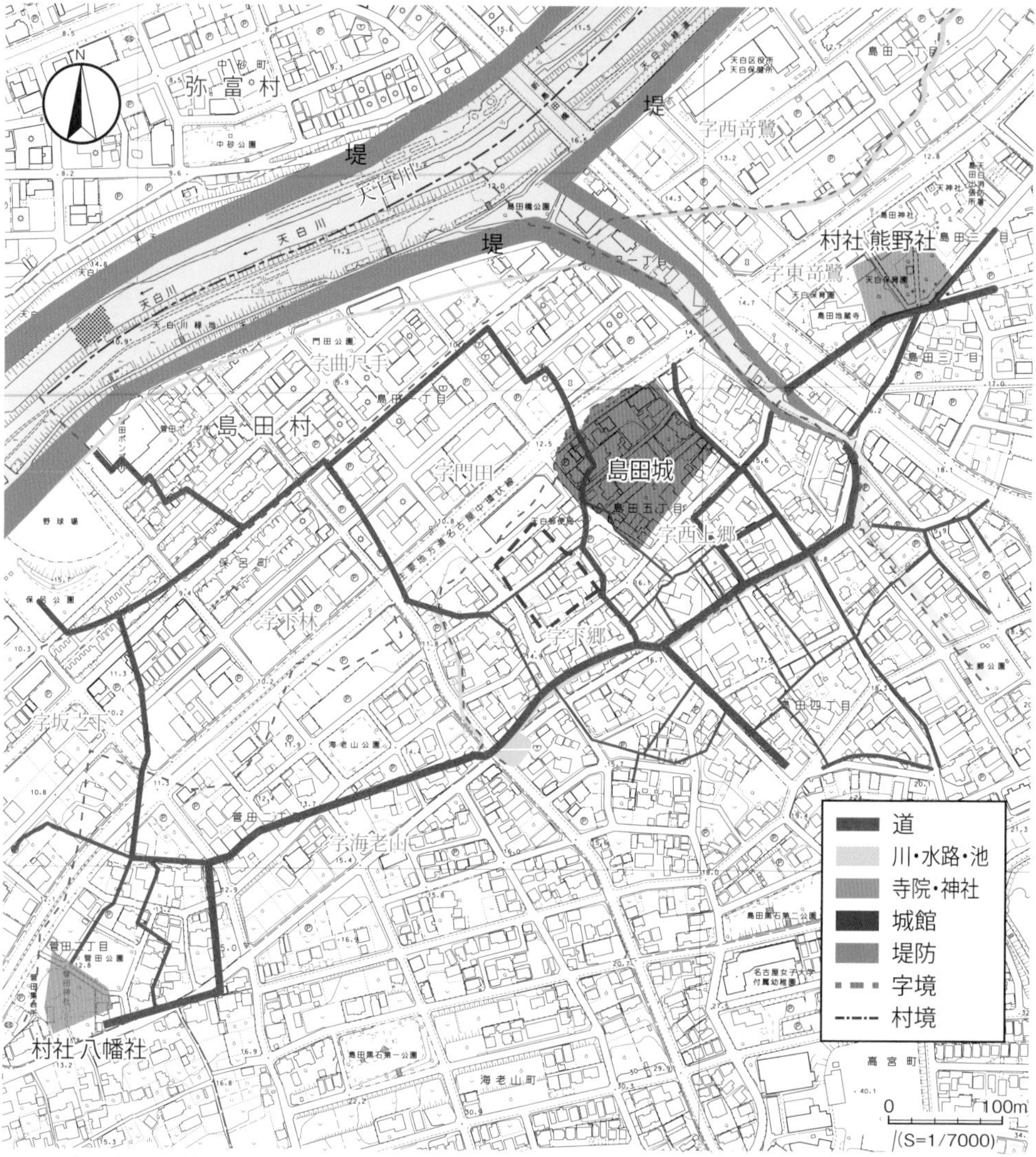

今の地図と明治の地割を重ねた地図（島田付近）（地籍図　愛知県公文書館蔵）

島田城（北東からみたところ）

トル）とある。現在、城の一部と思われる土塁状の高まりが残っている。北側の道路面は擁壁となっている。おおよその規模は、長さ約三〇メートル、上幅約二・二〜三・六メートル、下幅約七・四メートル、高さ約三・六メートルである。この土塁を城の南辺部分にあたるとすると、城は丘陵北縁崖端から土塁までの東西約一〇〇メートル、南北約一一〇メートルの方形城館と推定される。そうすると、『尾張志』の記述と合わなくなってしまう。今回、地籍図と現代の地図を照合したところ、『愛知県中世城館跡調査報告I（尾張地区）』で城跡の痕跡とした場所は、西隣の字下郷であり、現存する土塁の位置と異なることが判明した。両者を合わせると、東西一〇〇メートル、南北二一〇メートルとなり、『尾張志』の記述に近い数字を得ることができた。

戦国時代の集落

明治時代の集落は、城跡を囲むように東、南、西に集住しているが、中世戦国期の集落の位置は不明である。地籍図を見ると、天白川近くに「曲尺手」という地名がみられ（現在の島田一丁目から保呂町にかけて）、田以外に畑が広がっている。その畑の中を鉤の手にジグザグに曲がった道が記されており、字境が天白川を横断している。中世戦国期には、この川沿いの畑（微高地）に集落が展開していたと推測しておきたい。

渡河方法の変遷

城の東約九〇メートルには、丘陵を開析して北流し、天白川に注ぐ地蔵川が流れていた。この川は現在暗渠となり、道路や宅地となっているが、天白川と合流する所は、島田橋公園となり、西縁のカーブは、川岸のなごりである。また付近の道路より、西の土地が低くなっていることから、道路は堤防の痕跡と考えられる。天白川には現在新島田橋が架かっているが、戦前期の空中写真を見ると、約一三〇

島田城（南西からみたところ）

丘陵北縁側

地蔵川の跡（島田橋公園）

天白川の両岸に残る橋台

メートル西に橋が架橋されていたことがわかる。現在堤防に橋台が残っており、橋台の規模から幅約八メートルの道であったと思われる。この道は平針街道で、弥冨丘陵の裾を通り東海道へつながっていた。さらに架橋される以前は、字曲尺手と字保呂の字境が天白川の中まで記されて左岸の弥冨村につながっている。ここが中世以来、渡しがあったのではないかと思われる。弥冨村と島田村をつなぐ交通は、渡し（舟）から木橋、鉄橋と変遷、東へ移動してきたことになる。

植田城

植田は、植田川左岸と天白川右岸にはさまれた丘陵西端に位置する。戦国期には上田郷があり、植田の植は、上の

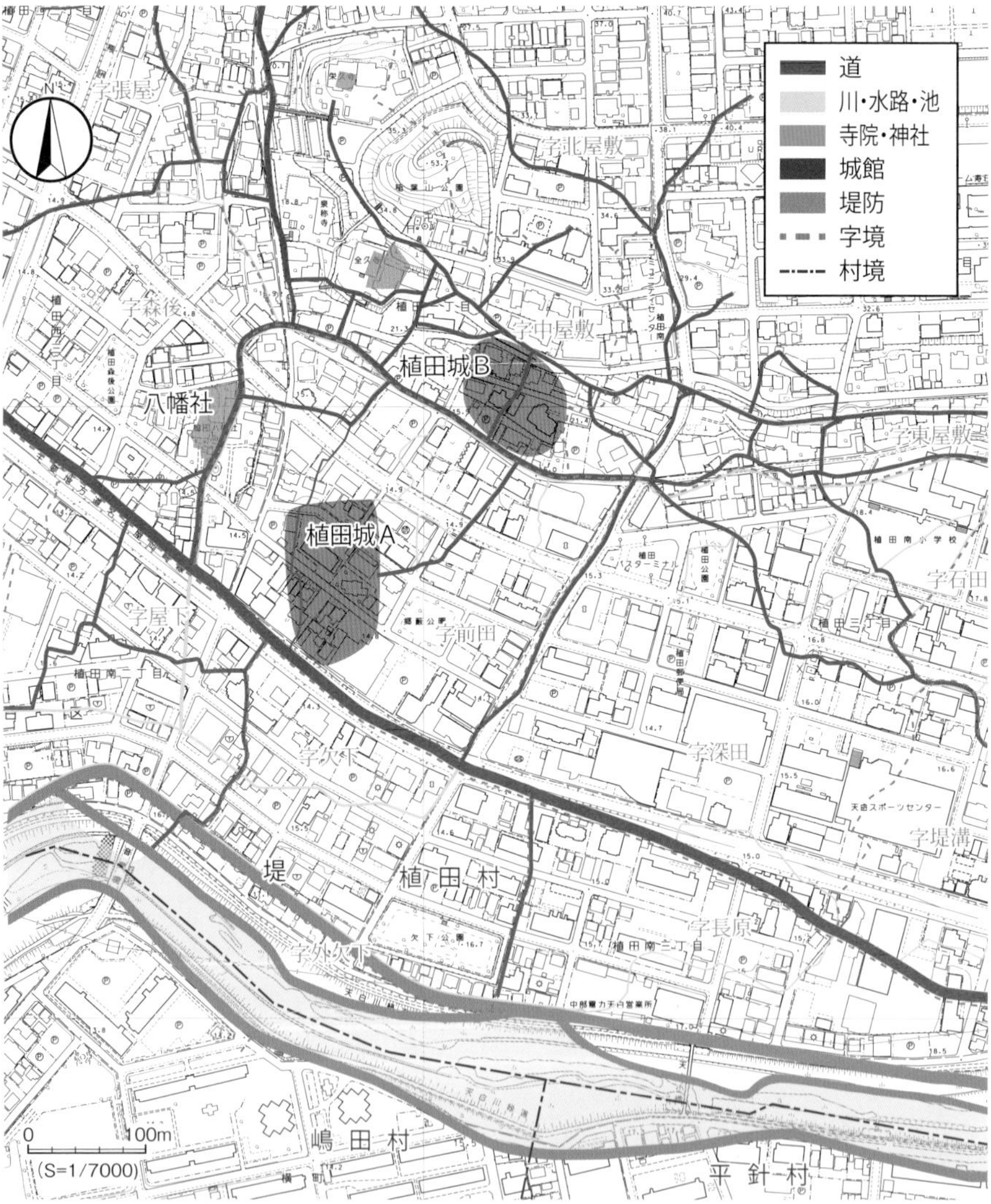

今の地図と明治の地割を重ねた地図（植田城付近）（地籍図　愛知県公文書館蔵）

転化との説もある。江戸時代には家数一一一軒、六九六人が住んでいた。江戸時代の植田村は明治二二年（一八八九）まで存続し、明治三九年（一九〇六）天白村大字植田となる。

植田城は、天白町植田字中屋敷に所在し、丘陵先端の微高地にあり、文明年間（一四六九～八七）頃横地秀綱が築いたとされる。小牧・長久手の戦い後、横地氏は帰農し植田字屋下に屋敷を構え、廃城となった。現在宅地化され、痕跡はない。明和四年（一七六七）の洪水後、多くの民家や全久寺、泉称寺、栄久寺の三寺院は駿河街道沿いから山麓へ移動した。

植田城遠望

地籍図をみると、字中屋敷に地目が藪となっている区画がある。東西約一六二メートル、南北八四メートルと推定される。背後に山をひかえており、山からの攻撃には耐えられない立地である。背後の字は北屋敷であることからこの背後も城の範囲であったかもしれない。

植田付近の空中写真（旧日本軍撮影〔戦前〕国土地理院蔵）

字中屋敷の南西約一〇八メートル、字前田に方形区画の地割りがある。東西約七二メートル、南北約一〇八メートルあり、周囲を堀で囲んでいた。『愛知県中世城館跡調査報告I（尾張地区）』では、ここを植田城とする。

植田城は、日常は字前田の居館で暮らし（植田城A）、戦闘となった場合は背後の山、字中屋敷に立て籠もった（植田城B）のではないかと思われる。字前田の居館の東側中央付近から字中屋敷につながる道は、登城路のなごりではないかと想像する。

植田八幡社古墳

植田西三丁目には、植田八幡社が鎮座している。現在の社殿は植田八幡社古墳の墳丘を削平して造られている。明治一七年の地籍図では八幡社境内にあるため、地割では確認できない。北側は試作畑、東側は道が通り、周辺はすでに削平されていたようである。植田八幡社古墳の南三五〇メートルに天白川が流れている。天白川は氾濫し流路を変えていることから、かつては古墳近くを流れていたものと思われ、川からの眺望を意識して築造されたと思われる。

【一五番】

平針界隈と慈眼寺

里山の古刹に参る

天白区

平針付近　1/2.5 万「平針」平成 17 年

平針北城

平針は、天白川中流域左岸に位置し、江戸時代から明治二二年（一八八九）まで平針村、明治三九年天白村平針となる。

岡崎と名古屋を結ぶ岡崎街道は、徳川家康が造った道である。かつての平針村は、平針一丁目に所在する郷之島公園付近にあり、平針北城があったといわれ、岡崎街道の建設後街道沿いに移転させた。平針北城は、『尾張志』には、「平針村の城跡」として紹介されている。字元郷にあり東西三四間（約六一メートル）、南北三一間半（約五七メートル）、四面に土居の形が残り内側は陸田であったと記されている。明治一七年の地籍図には付近に字元郷の地名はなく、字郷ノ島が近い名前であろうか。『愛知県中世城館跡調査報告Ⅰ（尾張地区）』では、明治の地籍図で字郷ノ島に隣接する字大藪の一部に位置するとしている。この地の畑は微高地であったと推定され、城跡は、この微高地の北縁にあったと推定される。北側に蛇行した田があるが、これは旧河道と思われ、堤防で切られているが、天白川内が仕切られて流れているか所があり、その川端につながっている。本来は城から天白川に直接通じていたのではないかと想像される。陸路より河川交通を重視した築城と考えられる。

城跡は、地下鉄鶴舞線原駅から東北へ約四〇〇メートル、高速道路の東側に位置し、周辺は宅地や会社などで城跡の面影はない。

慈眼寺《じげんじ》

原駅から岡崎街道をたどり、東へ向かう。地籍図で岡崎街道は、植田川を渡り、平針宿に入るところまでは幅四間以上であったのが、平針宿では幅三間と狭くなる。街道周辺部は区画整理により整然とした街区となっているが、街道沿いは明治時代の地籍と合致する道路が多く、対照的である。街道沿いには秀伝寺が同じ位置にある。その先に一里塚が築かれていたが、失われている。一里塚のあたりは西からも東からも下がった低い位置に立地している。

字大根ケ越の丘陵に秋葉山慈眼寺《じげんじ》、針名神社がある。慈眼寺は、大同四年（八〇九）京都御所炎上の折鎮火祈願のため京へ上った遠州秋葉山の三尺坊尊が帰路当地に立ち寄り創建したという。毎年一二月一六日には火渡り神事がおこなわれる。針名神社は、尾治針名根連命を主神とする。慶長年間集落と共に約八〇〇メートル北の元郷より移転したといわれる。

慈眼寺

陶製灯籠

慈眼寺境内にある陶製灯籠一対が目を引く。「奉納　秋葉山　品野町　陶營《えい》講　大正十三年九月　當《とう》山十七世道機　發《ほっ》起人　板野源太郎」と記されている。高さ約二・一メートルあり、織部釉がかかっている。瀬戸市には、「奉納常夜灯　文化四丁卯九月　古田織部形摸造　陶工加藤武右衛門春宇建之」と銘記された陶製織部燈籠（高さ一・七メートル　深川町　深川神社）、明治時代の染付花唐草文大灯籠（瀬戸蔵ミュージアム）、明治四年の高さ二・八五メートルの志野焼灯籠（藤四郎町　陶祖公園）がある。いずれも瀬戸市指定文化財になっている。岐阜県多治見市の永保寺には、明治三九年（一九〇六）に奉納された高さ二・八メートルの瀬戸焼（赤津）の大灯籠がある。慈眼寺の陶製灯籠は、瀬戸焼で作られた灯籠の歴史を物語る一品である。

陶製灯籠

永保寺の大灯籠

忠魂碑

慈眼寺の参道脇に忠魂碑、戦役記念碑等と軍人墓地がある。碑は「明治廿七八年戰役記念碑」（明治四四年建立）、「征清紀念碑」（明治三三年建立）、「明治三十七八年戰役紀念碑」（明治四四年建立）、「忠魂碑」（明治四四年建立）、「大正三年乃至九年戰役記念碑」（昭和三年建立）等があり、軍人墓地は、昭和一九、二〇年戦没者六七基が整然と並ぶ。

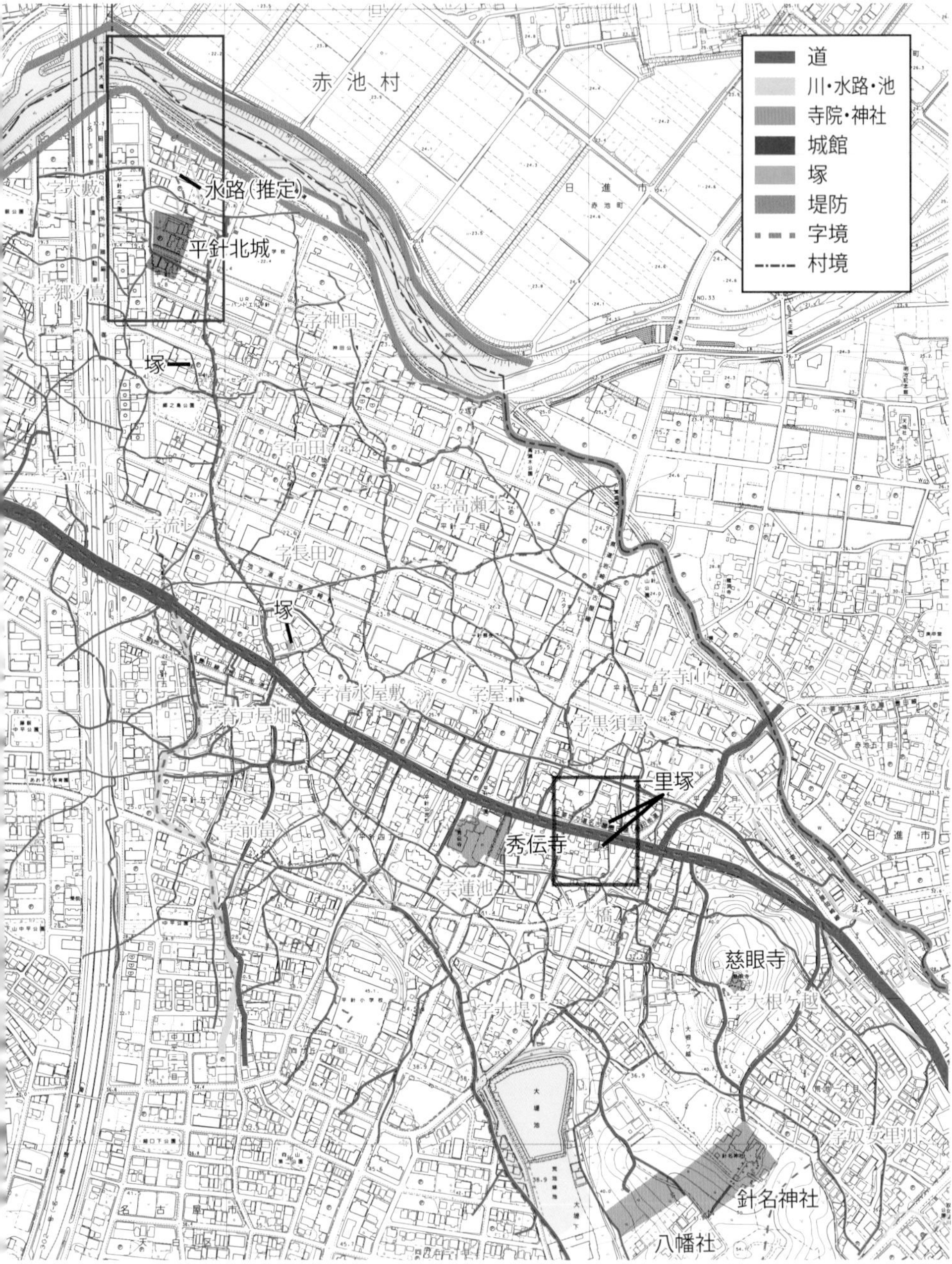

今の地図と明治の地割を重ねた地図（平針村〔平針北城、慈眼寺〕付近）（地籍図　愛知県公文書館蔵）

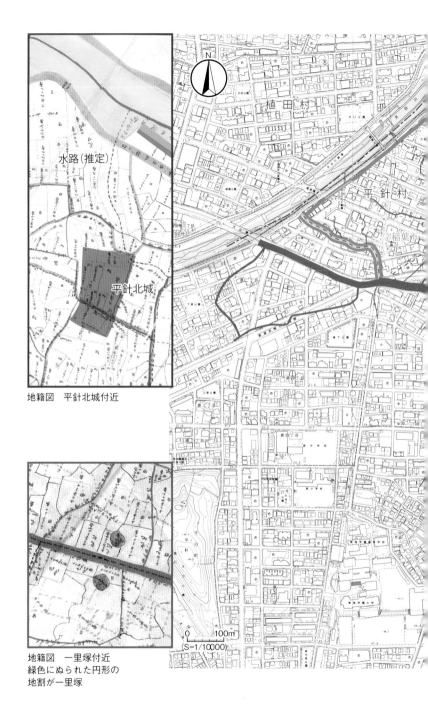

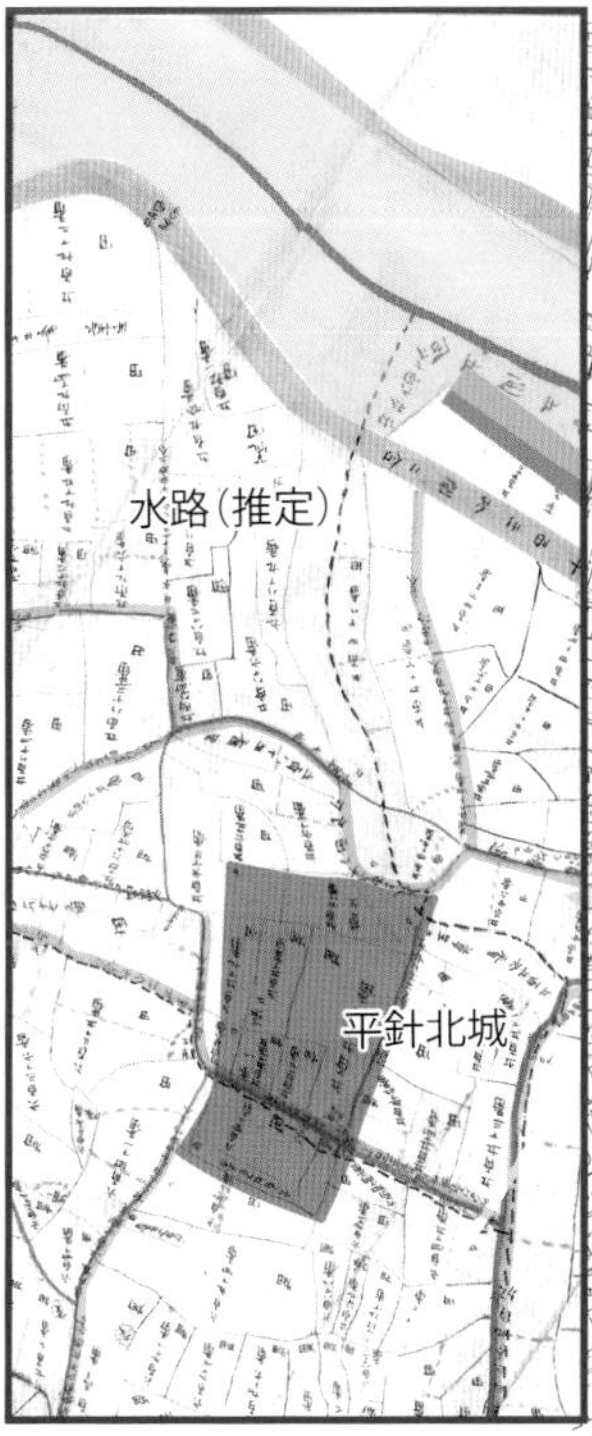

地籍図　平針北城付近

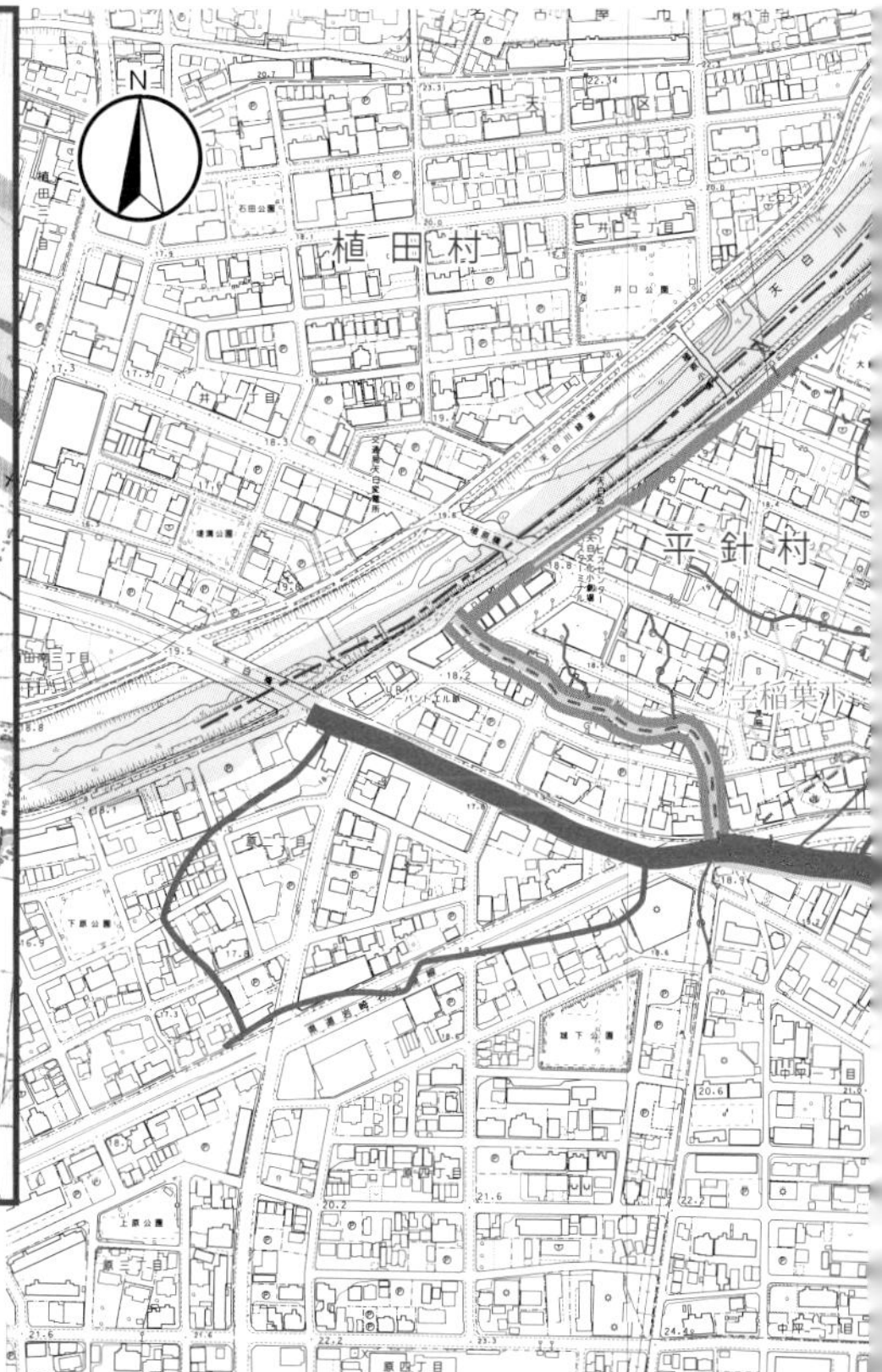

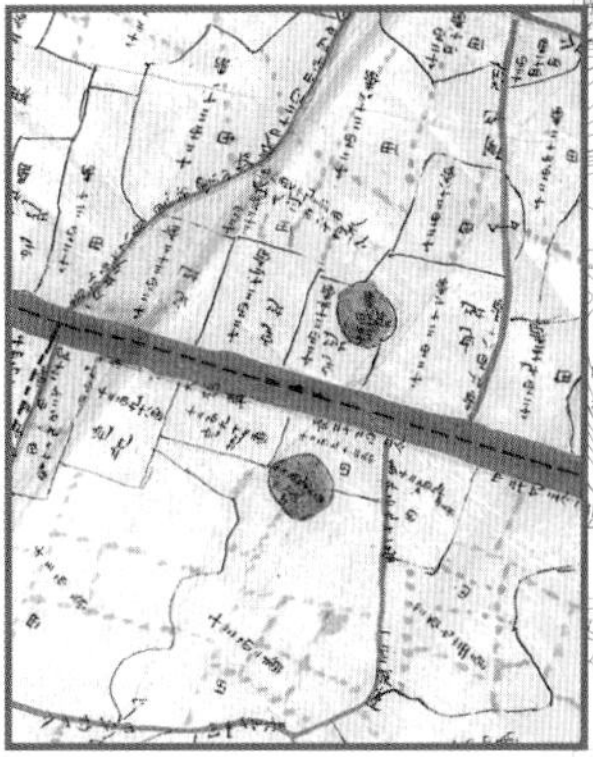

地籍図　一里塚付近
緑色にぬられた円形の
地割が一里塚

一色城と下社城

柴田勝家のふる里

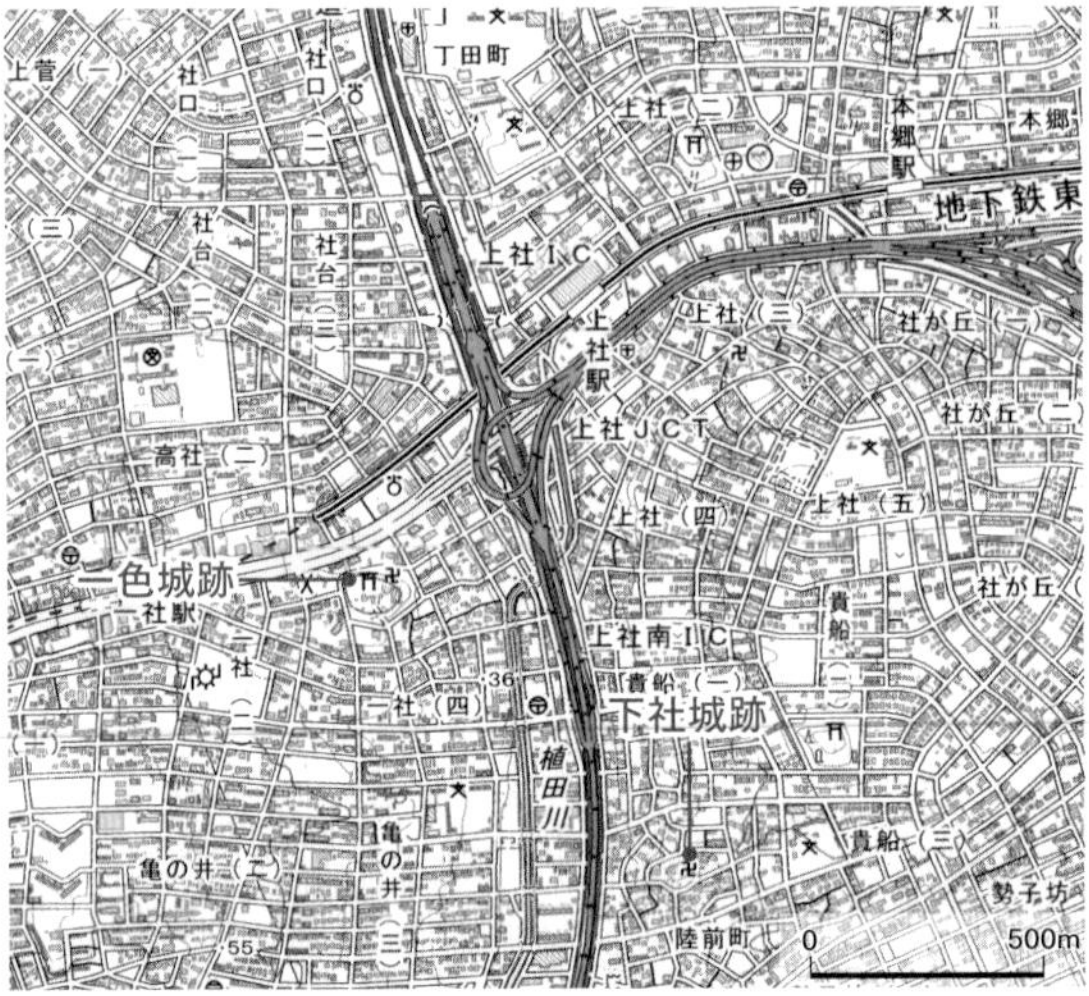

一社・上社付近　1/2.5 万「平針」平成 17 年

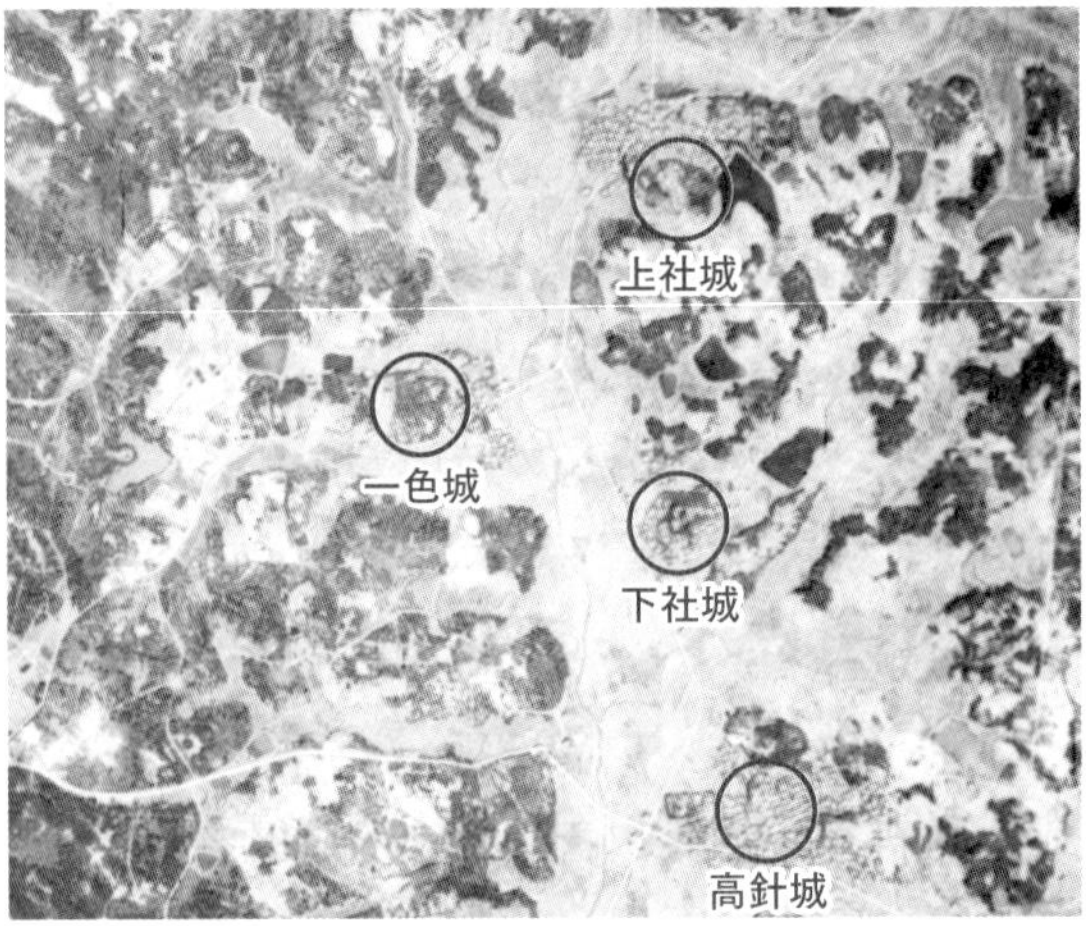

上社付近の空中写真（旧日本軍撮影〔戦前〕国土地理院蔵）

一色城

一社は、明治一一年（一八七八）一色村と下社村が合併した際、一文字ずつとって命名された。明治二二年高社村、明治三九年猪高村、昭和三〇年（一九五五）名古屋市千種区猪高町の大字となっている。

名東区一社三丁目には、かつて一色城があった。地下鉄東山線一社駅下車2番出口を出て、主要地方道名古屋長久手線を東方へ歩き、一社東交差点を右折して一社交番の前を通り、次の十字路を左折すると、正面に小高い丘が立ちはだかっている。この丘が城跡である。現在は貴船神社・龍華山神蔵寺が所在している。『尾張志』によれば、城山といわれていたが、近世には陸田となっていた。堀はなかったようである。城主は、柴田源六源勝重と里人に伝わっている。柴田源六源勝重は、柴田勝家の別名である。柴田勝家は、大永年間（一五二一〜二八年代）に生まれ織田信秀の家臣として、下社村を領地としていた。柴田氏は、九代将軍足利義尚（一四七三―一四八九）の頃、一色氏の配下にあってこの地に築いて村を開いたといわれる。近世の家数二一。

区画整理事業により、地形が大きく変わり、住宅地となったため、明治一七年地籍図、上社付近の空中写真をもとに、かつての城跡がどのような立地環境に置かれていたか探ってみよう。

一色城の立地

一色城は、西から派生した尾根状の丘陵の一つの東端に立地している。明治時代、城の西側は畑地となり南北に道が通じている。その西側には雑木山、畑が混在している。高さは不明であるが、丘陵を切断して独立丘状にしていたのではないかと思われる。東側は、植田川が南北に流れ、流域は田として利用されていることから低地帯である。比較的幅広の道が城のある丘陵の南裾を東西に通っている。現在でも南は低く、坂道となっていることから丘陵裾を通っていることが理解できる。この道は名古屋から末盛城を通り、星ケ丘から南東に向かい岩崎城へつながる街道で、近世には高針街道として整備された。星ケ丘から北東へ向かうと一色城に至る。さらにここから東方は、植田川を渡り、上社村を通り長湫村（現長久手市）に至る。城はこの道を眼下に望む位置にあり、街道を押さえた立地である。また、城の立地する丘陵の東端に入り込むように田がある。現在の神蔵寺の東方約一八〇メートル、西一社第四公園の東南坂道を下ったあたりには、植田川に接続して舟着場があったのではないかと思われ、舟により植田川から天白川へ下ることも可能だったと考えられる。

城跡は、東に神蔵寺、西には貴船神社がある。貴船神社境内が高く、神蔵寺境内が低いことから、貴船神社境内に主郭があったと思われる。神社境内もさらに段差のある平坦面から構成されており、後世の造成でなければ、いくつかの郭の跡だったかもしれない。

貴船神社（西から）

下社城

植田川の左岸、一色城の南東約七〇〇メートルの位置に下社城があった。現在の陸前町で、最高所に正吽山明徳寺が所在している。貴船神社境内からもビル群の向こうに明徳寺の杜を望むことができる。下社城城主も柴田勝家で、享禄三年（一五三〇）築城、天正三年（一五七五）廃城となる。東から西南に延びた丘陵西端に立地している。丘陵の北側と南側は田が広がり、低

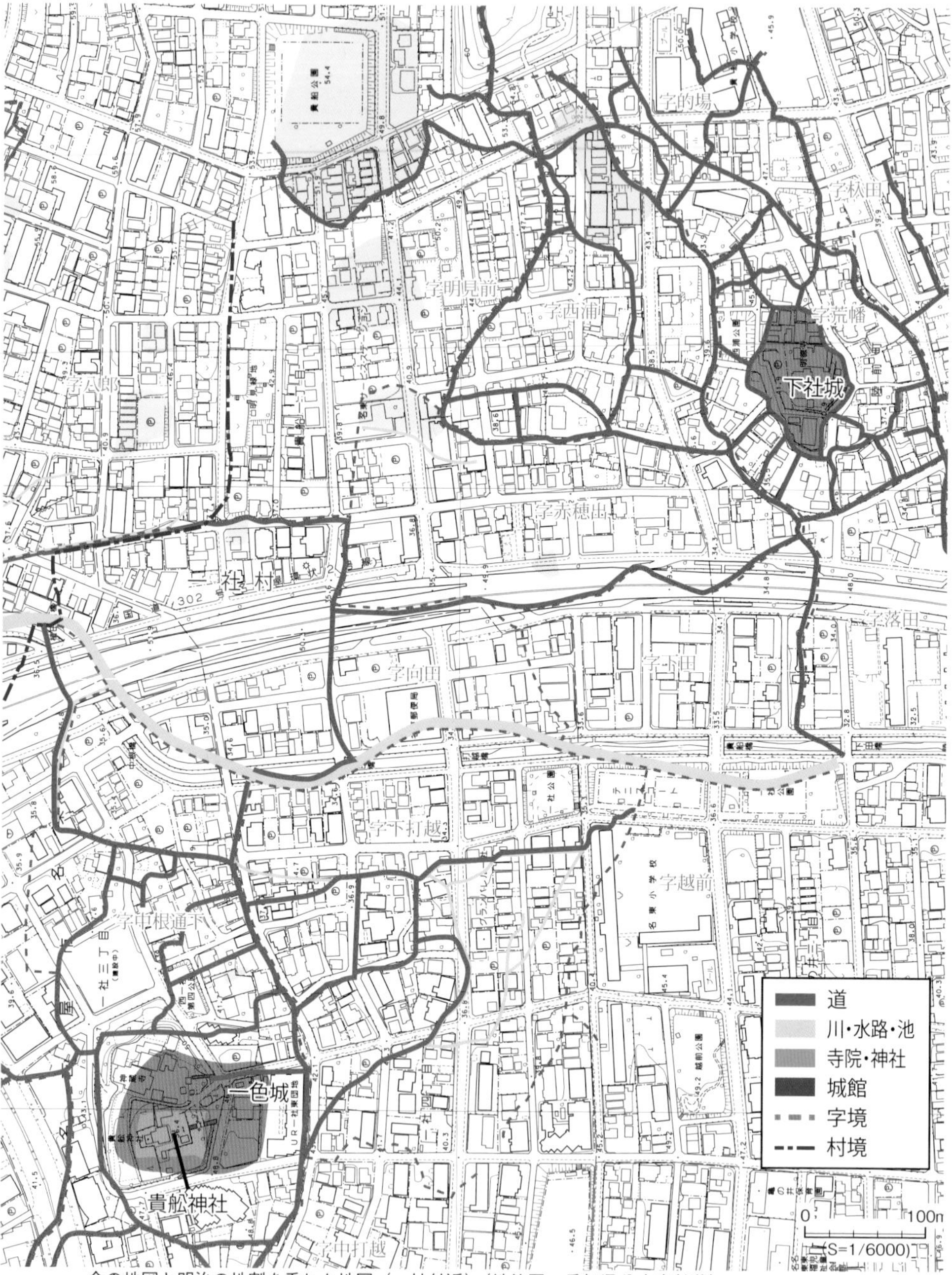

今の地図と明治の地割を重ねた地図（一社付近）（地籍図　愛知県公文書館蔵）

貴船神社

明徳寺から北を望む

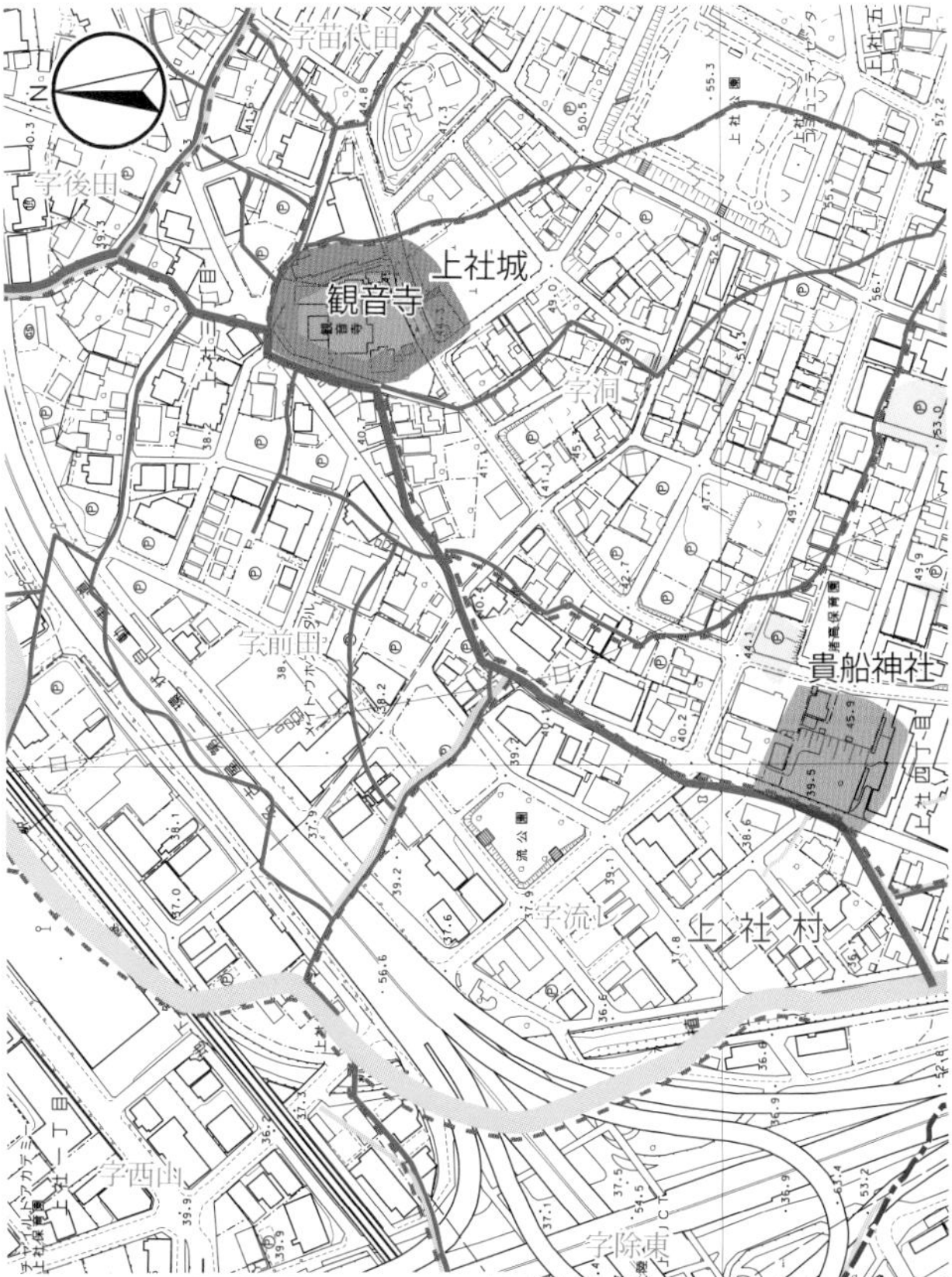

十王堂

空襲の絵

地となっている。城の南側に道が通り、植田川に沿い南下している。一色城の南の道より狭く、重要度は一色城の方にあったと思われることから、一色城の支城として役割があったと考えられる。近世の家数三〇軒。明徳寺には、下社城址の石標、柴田勝家誕生地の碑が建つ。十王堂には、十王像が市指定民俗文化財に指定されている。太平洋戦争中、三月二四日の空襲により爆弾が十王堂付近に落下、堂は破壊されたが、像は無事であったという。

【一七番】

上社城と高針城

植田川流域の城館を訪ねる

名東区

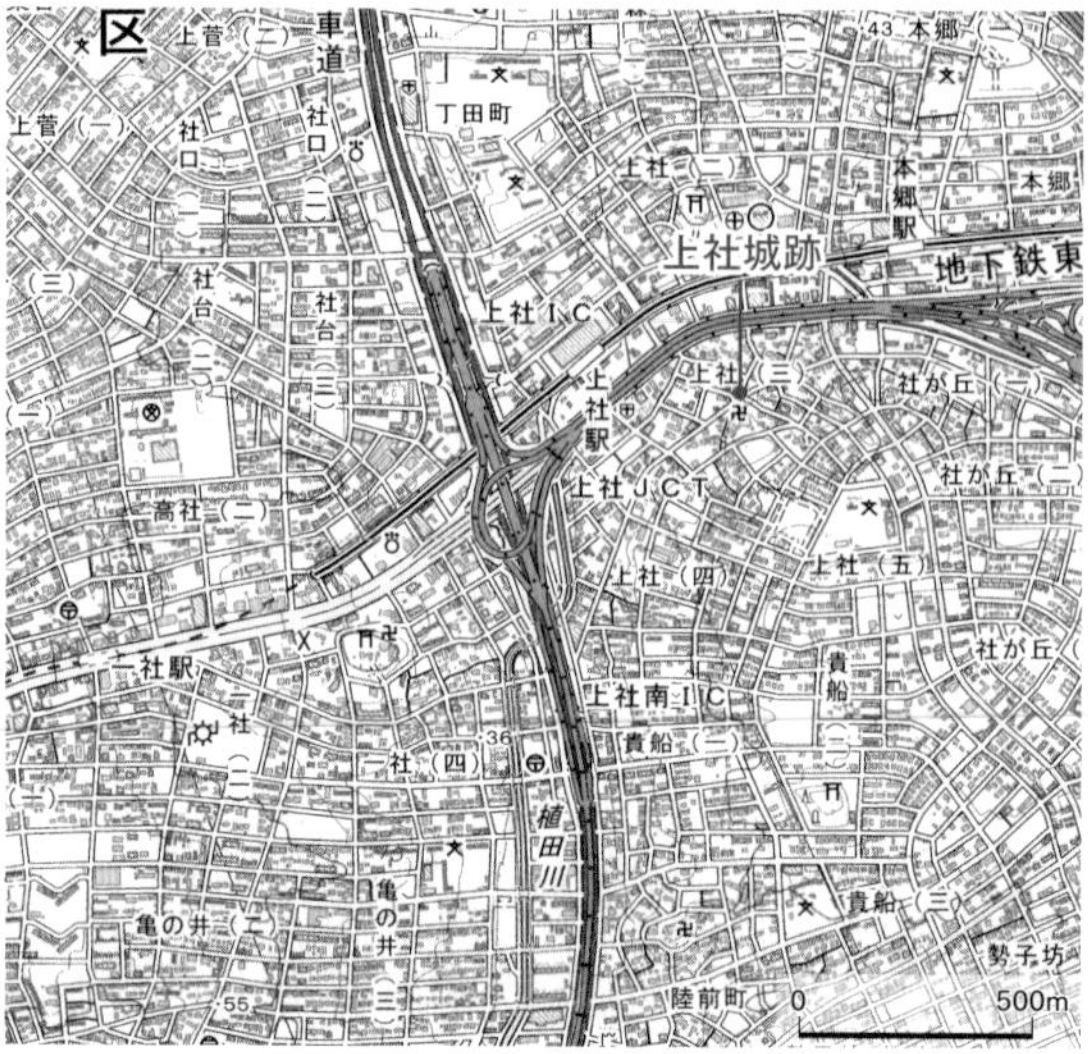

一社付近　1/2.5 万「平針」平成 17 年

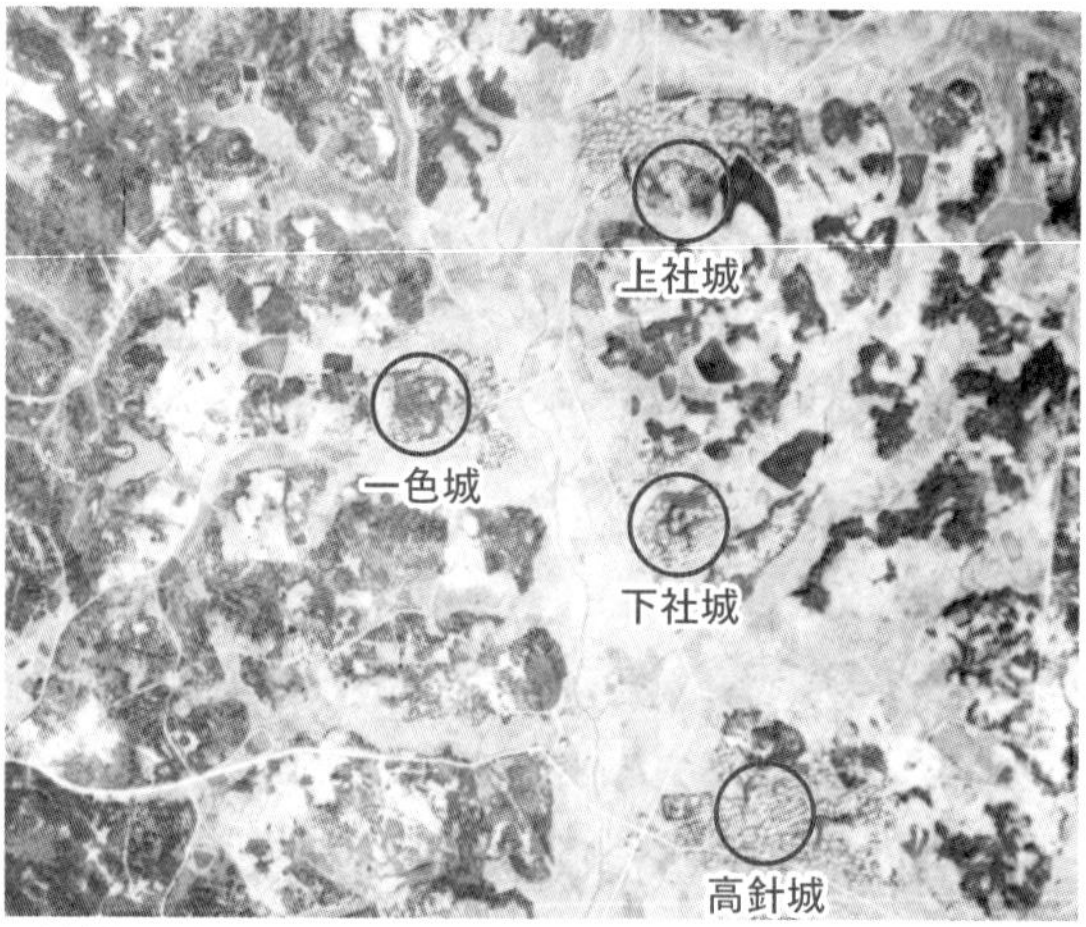

一社付近の空中写真　（旧日本軍撮影〔戦前〕国土地理院蔵）

上社城

上社は、植田川流域に位置し、中世に社郷といわれた一部にあたる。江戸時代から明治二二年（一八八九）まで愛知郡上社村、後高社村の大字となる。『寛文村々覚書』には、家数五三軒、三一六人とあり、万松山観音寺、山王、明神、山之神の三社、加藤勘三郎築城といわれる上社城があったと記されている。その位置は観音寺のある丘陵尾根北端と推定されている。『尾張志』には、前山にあり、北西南は堀がまえにて旧墟畑なり、と記している。

地下鉄東山線上社駅下車、三番出口から南東へ向かい、主要地方道名古屋長久手線（60号線）を渡るが、歩道橋上から観音寺の甍を見ることができる。観音寺は高さ五メートル以上の丘陵端にあり、城の遺構は不明であるが、立地には納得のできる景観である。

　明治一七年の地籍図から上社城の立地を復元してみよう（本書107ページ参照）。上社城は、植田川左岸、南東から北西へ延びるいくつもの尾根の一つに立地している。観音寺の位置が城跡とされる。この尾根の東から北に小河川が植田川に合流し、植田川が尾根の北から西側を流れている。一色村と長久手村をつなぐ道が丘陵裾を西から北に通っている。観音寺境内と南の墓地の間は現在道路が通じているが、地籍図では隣接して墓地となっている。集落は、観音寺の北側の字前田、東側の字苗代田、字後田にある。この集落は、近世までさかのぼると考えられるが、中世戦国期にまでさかのぼるかは不明である。むしろ中世戦国期の集落は、植田川の右岸、日吉社の南あたりにあったのではないかと思われる。当地は字町田で、田のほか畑もあって、丘陵尾根に接続するなだらかな斜面である。

観音寺遠望

観音寺西側

誓之御柱

　日吉神社は、境内の由緒書によれば、創建年代は不詳で祭神は大山咋神《おおやまくいかみ》、大己貴神《おおなむち》、日吉神社の分霊を勧請して土地の開拓守護神とした。元禄七年（一六九四）五月上社村覚に「氏神山王権現森村より西北に当り云〳〵」とあり、江戸時代初期にはすでに鎮座していたとされる。日吉神社秋の大祭では、神事、巫女伝承神楽の舞が奉納される。

　境内には、「誓之御柱」が建てられている。誓之御柱に書かれている五箇条御誓文は、明治天皇が天地の神に誓った言葉である。誓之御柱は、五

観音寺北側

観音寺から西方を望む

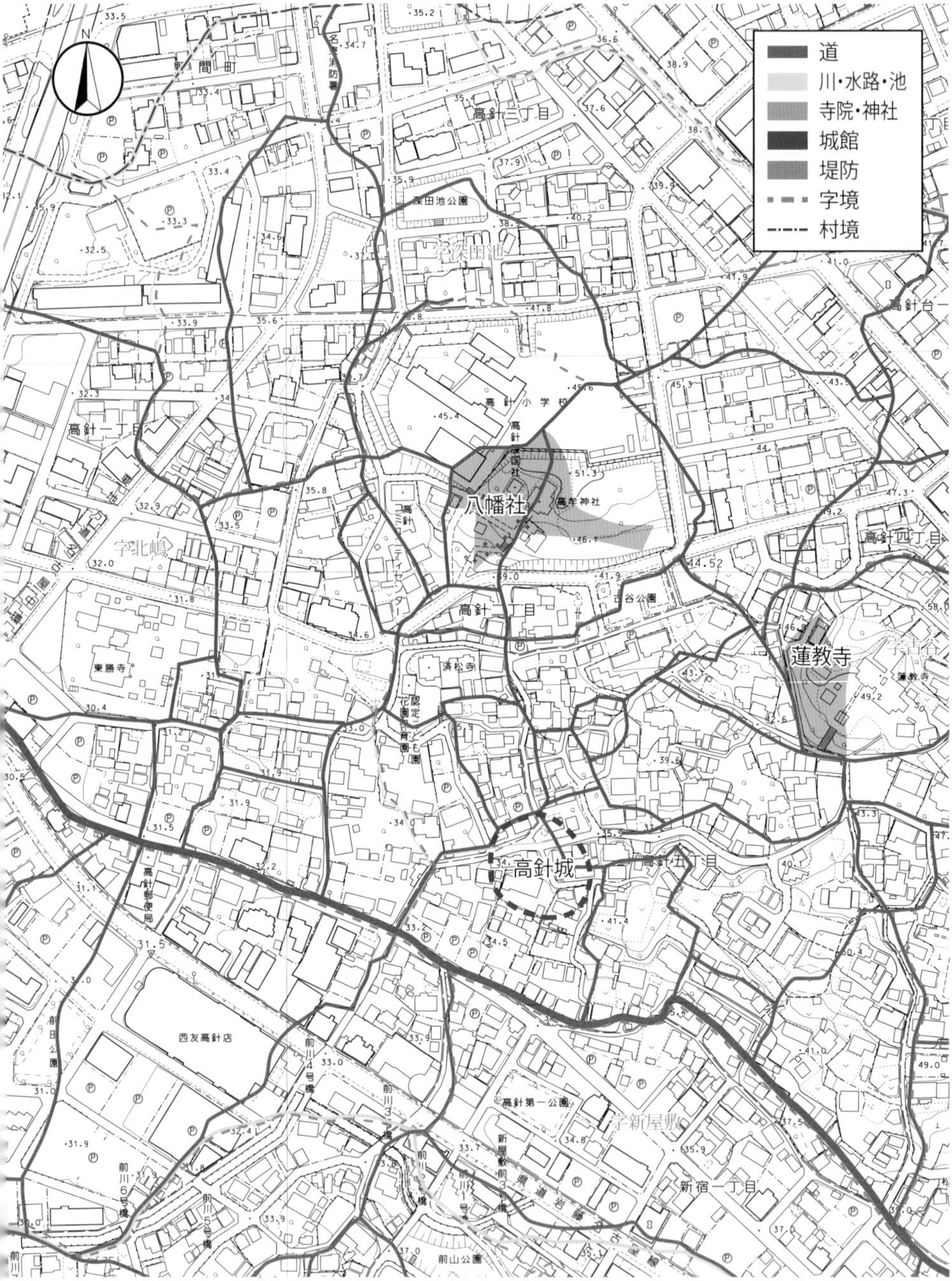

今の地図と明治の地割を重ねた地図（高針付近）（地籍図　愛知県公文書館蔵）

0　100m
(S=1/5000)

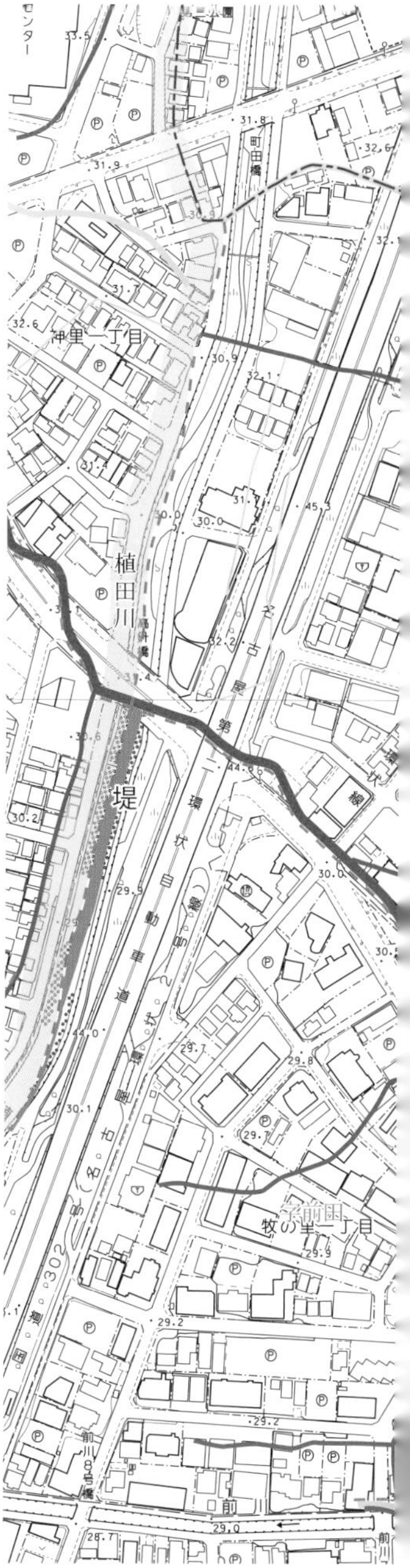

角柱でそれぞれの面に誓いの文言が一条ずつ刻まれている。柱は高さ一五三センチメートル、台石二段計九四・三センチメートル、基壇高四〇センチメートルである。この御柱は、大正一一年（一九二二）一二月、猪高尋常高等小学校により、役場裏の丘の上に建設されたものである。市内では鶴舞公園の普選壇（再建）、南区熊野三社に石製板碑がある。これまで国内で一二例が知られているにすぎない希少品である（伊藤二〇一六）。

誓之御柱

高針城

　高針は、植田川の左岸に位置する。中世文書に「高針」の名がみられる。江戸時代から明治二二年（一八八九）まで愛知郡高針村、明治二二年に高社村の大字となる。『寛文村々覚書』には、家数一二七軒、七八七人、泉蔵寺、瑞松院、東勝寺、蓮教寺、八幡宮があった。また、「古城跡壱ケ所　先年、加藤勘三郎居城之由、今ハ畑ニ成ル」とある。

　地下鉄東山線星ケ丘駅からバスに乗車（市バス3番のりば、名鉄バス1番のりば）、丘陵地の住宅地を抜け、植田川を渡るあたりは、かつては水田地帯であった。バス停「高針」で降車する。バス停は旧道と新道にある。旧道は、昭和三〇年頃できた道、新道は、区画整理事業によってできた道である（池田二〇〇七）。

「高針」バス停の北東の丘にある高針城跡をめざす。城跡のある丘の南裾を通る高針街道は、江戸時代以来の道で、現在高針五丁目と新宿一丁目の町境の道である。高針街道は、名古屋から足助を経由して信州に通じるが、戦国時代には織田信秀の末盛城、岩崎城がこのルート上に築城され、少し離れて柴田勝家の下社城が築城されていた。

城跡は丘の上にあるとされるが、宅地化が進みはっきりしない。しかし、城跡とされる推定地よりも東側の住宅地の方が高く、さらにその東側が高い地形である。最高所が主郭（本丸）と思われる（東西約六〇メートル）。ここは西方への眺望がよい。郭は西に下がるがしたがってⅡ郭（二之丸）（東西約九〇メートル）、Ⅲ郭（三之丸）（東西約九〇メートル）であったと考えたい。全体の範囲は現在の高針五丁目、東西約二五五メートル、南北約七五メートルと推定される。主郭の東側、松井町には明眼寺があったとされる。現在、二本木墓地がある一帯である。明眼寺は、元和年間に法雲山蓮教寺と改称、正徳六年（一七一六）現在地（高針四丁目）へ移転した。

推定三之丸（高針）

推定二之丸の丘（高針、西から見たところ）

上社城、高針城ともに加藤勘三郎が築城したが、江戸時代の村の規模は、高針村の方が大きく、高針城が主体であったと思われる。高針城は、高針街道を眼下に見下ろす立地であり、東方からの侵入をいち早く察知するにふさわしい。高針街道も高針から大針の交差点まで、丘陵の南裾を何度も屈折して通っている。城の西端の真下付近では大きく「折れ」が認められ、木戸が設けられていた可能性が高い。こうした多くの折れも防禦の一つであったと思われる。

推定本丸から西方を望む（高針）

高針街道（東から西を望む）

蓮教寺

[第５章]

庄内川・矢田川と周辺低地をめぐる

烏森のお湯立て祭り（中村区）

【一八番】

キラリ！史跡志段味古墳群

上志段味付近　1/2.5 万「高蔵寺」平成 26 年

体感！しだみ古墳群ミュージアム

平成三一年（二〇一九）三月三〇、三一日の両日、守山区上志段味地区において、「体感！しだみ古墳群ミュージアム　オープニングセレモニー・オープニングイベント」が開催され、同年四月一日にミュージアムが開館した。体感！しだみ古墳群ミュージアム（SHIDAMU《しだみゅー》）は、国指定史跡志段味古墳群のガイダンス施設である。

体感！しだみ古墳群ミュージアム
名古屋市教育委員会提供

志段味古墳群は、昭和四七年（一九七二）に国の史跡に指定された白鳥塚古墳に、平成二六年一〇月六日付で、尾張戸神社古墳、中社古墳、南社古墳、志段味大塚古墳、勝手塚古墳、東谷山白鳥古墳の六つの古墳が追加指定され、「志段味古墳群」の名称で統合されたものである。

白鳥塚古墳

名古屋で最も高い山である、標高一九八・三メートルの東谷山の麓、標高約五〇メートルの段丘端に築造された前方後円墳である。墳長約一一五メートル、後円部直径約七五メートル、前方部の長さ約四三メートル、高さは後円部墳丘北側で一五・二メートル、前方部の北側で約六・七メートルを測る。後円部が著しく大きく、前方部は墳端が広がらずまっすぐに伸びる。墳形は、前期古墳の特徴であるが、白鳥塚古墳は、奈良県柳本行燈山古墳と相似形であることが指摘され、大和王権と近い関係をもつ被葬者であったと考えられている。後円部墳丘頂部には白色の石英の石が敷き詰められていたといわれ、発掘調査の結果、葺石の上にも白色石英の割石がまかれたと推定されている。北側周濠内には渡土堤が見つかっている。四世紀前半頃の築造、市内最古の前方後円墳である。

陽に生えて白く輝く奇怪な形をした前方後円墳の出現は、現代風にいえば、前衛芸術的、異端な物として人々の目に焼き付き、新時代の到来を知らしめるのに十分な構築物であった。

尾張戸神社古墳

東谷山の山頂に位置する。墳頂部に尾張戸神社が鎮座している。発掘調査の結果、円墳であることが判明した。葺石は、割石を使用し白色石英を含んでいた。直径二七・五メートル、二段築成の一段目が残り、高さ二メートルを測る。白鳥塚古墳と前後する、四世紀前半の築造と考えられている。

中社古墳

尾張戸神社から南へ約一〇〇メートル、尾根を下った標高約一八〇メートルの位置にある、前方後円墳である後円部の裾の高さは、前方部の上段の高さと同じである。後円部の北側は、丘陵尾根を深く掘り切り、後円部を造っている。全長六三・五メートルを測る。発掘調査の結果、墳丘裾に円筒埴輪を巡らせていた。なかでも後円部の北側は、急傾斜であったため土砂の堆積が著しく、完全な形の円筒埴輪が据えたままの形で出土した。葺石の中に白色石英が混じっていた。四世紀中葉の頃の築造と考えられている。

南社古墳

中社古墳から南に約一八〇メートルの尾根上に位置している。発掘調査の結果、円墳であることが判明した。葺石も拳大の石が施されていた。四世紀中葉の築造と考えられている。

前方後円墳である白鳥塚古墳—中社古墳、円墳である尾

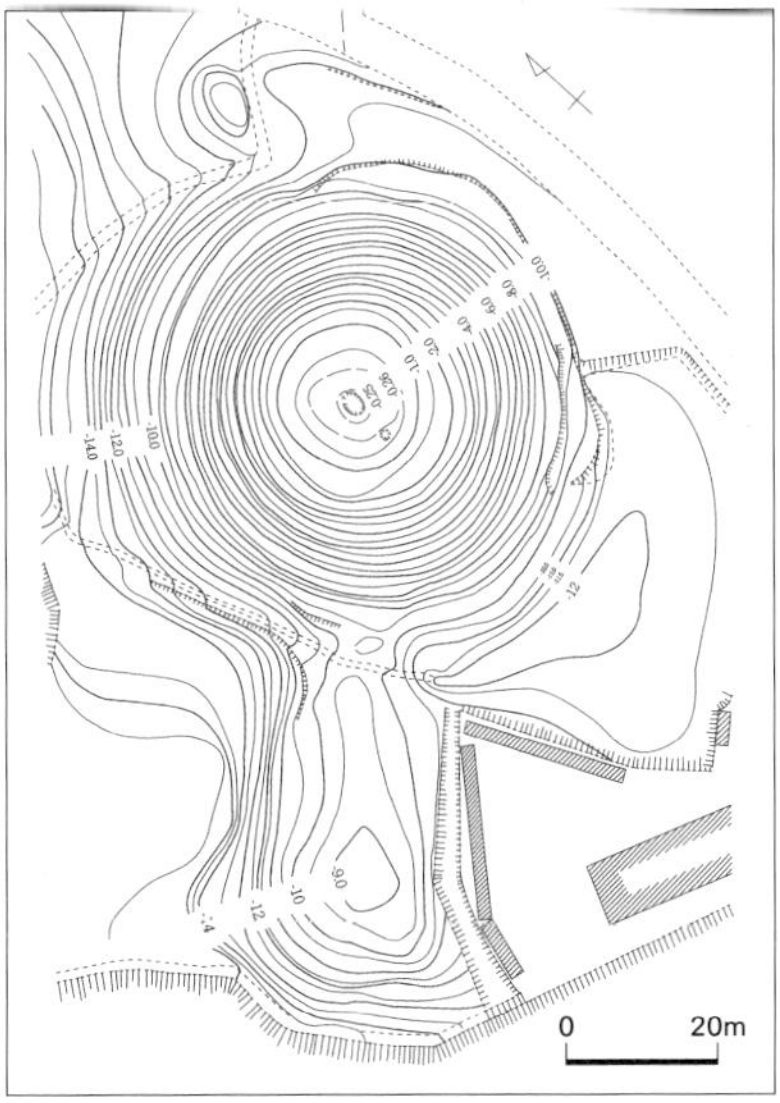

白鳥塚古墳　墳丘測量図（愛知県史 2005）

白鳥塚古墳

中社古墳

張戸神社古墳―南社古墳という、前方後円墳、円墳の組み合わせが二代にわたって東谷山に築造された。山頂からは、庄内川中流域の眺望がよく、庄内川を利用した古代東山道へのバイパス的ルート開発に功績があった首長の墓であったと考えられ、その生活地は北区志賀公園遺跡一帯と考えられている（深谷二〇一四）。

南社古墳

白色石英の謎

葺石に使用された白色の石英がどこから運ばれてきたのか、まだ明らかになっていない。地元の人によればうなぎ料理店「八勝」の裏あたりで昔は採れたという（深谷淳氏の聞き取り）。今の地図を眺めていると、東谷山の南麓に等高線が乱れて人工的な感じを受ける所がある。東谷山の尾根南端と南側の山の尾根が西に延びた末端との境にあたり、谷状になって湿地帯となっているところであるが、等高線の間隔は狭く、崖状になっている。このあたりの山から白色石英を採掘したのではないか。地質は、秩父古生層といわれる中・古生層を基層とし、熱変成を受けた美濃帯堆積岩と花崗岩から成り立っている。花崗岩は東谷山西側の山麓にへばりつくように分布しており（吉田・田口・村松一九八四）、「八勝」地点は北寄り、当地は南端に位置する。西本昌司氏は、中社古墳の葺石の採集地について、「岩石はすべて東谷山山麓で採集できるもの」（西本二〇一四）で、砂岩や泥質岩は斜面の露岩や転石、花崗岩類は西麓、濃飛流紋岩類、チャート礫は段丘堆積物あるいは東海層群など地中に埋もれていた礫を使用したと鑑定している。

また、この南側は西に向かって谷があり、この谷筋を

湿地近くで見つけた石英

石ひろい池と東谷山

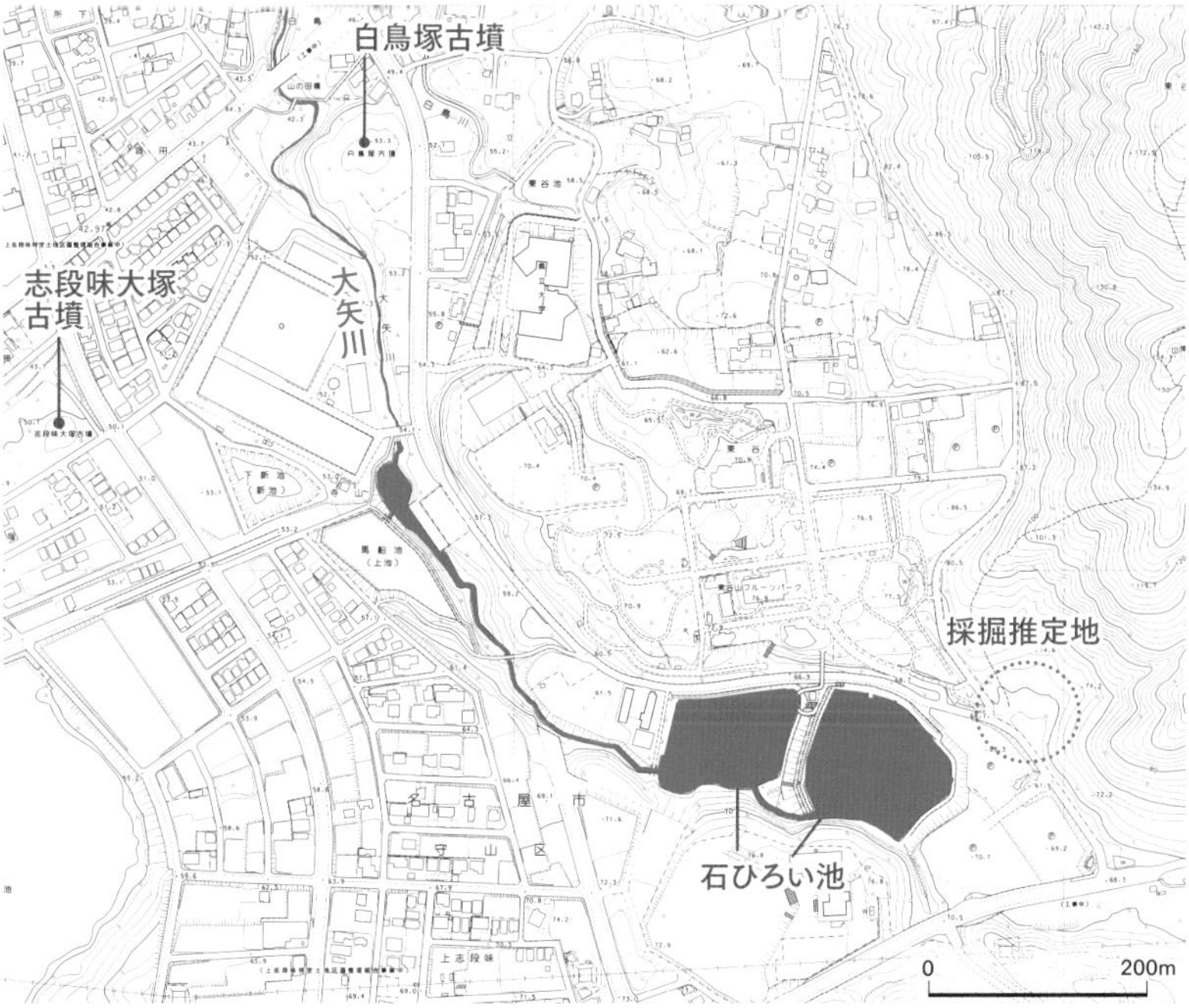

白色石英採掘推定地

せき止めた溜池から、大矢川として白鳥塚古墳の墳裾を北流している。この溜池の名前は、上流から石ひろい池（神池）、石ひろい池（石捨池）、馬船池（上池）、下新池（新池）と名づけられている。特に上流の「石ひろい」池は、気になる名前である。石ひろい池は、採掘推定地の南側に位置しており、採掘した石は、谷から大矢川を利用して、白鳥塚古墳まで運搬したのではないだろうか。この点、犬塚康博氏は、大谷川は溜池の「余水捌け」として、古墳時代にはなかったという見解を示している（新修名古屋市史一九九七）。通常溜池の余水捌けは、水路で下位の溜池へ流し、順々に下流の田を潤すと思われるが、大谷川の場合は、下位の溜池（馬船池や下新池）へ流さず、丘陵を掘削して流しているという特徴がある。白鳥塚古墳築造時に運河として開削し、東側の濠を通じて段丘下へ流していたものが、後世に自然地形にあ

志段味大塚古墳

志段味大塚古墳　後円部の葺石

志段味大塚古墳　前方部から

わせて現行の流路に変わったものと推測しておきたい。

平成三〇年一月、この湿地近くの東谷山へ登る道で、白色石英を一点見つけることができた。山頂の古墳のものかもしれないが、一筋の手がかりと考えている。

志段味大塚古墳

標高四九～五〇メートルの段丘の縁辺に築造されている。

西大久手古墳の発掘調査現地説明会

墳丘長五一メートル、帆立貝式前方後円墳である。大正一二年（一九二三）の調査で、五鈴鏡、鉄地金銅張帯金具、挂甲小札（甲の部品）、鉄鏃、馬具などが出土している。五世紀後半の築造と考えられている。五世紀中頃の西大久手古墳が築造され、その後志段味大塚古墳―勝手塚古墳、西大久手古墳―大久手五号墳・東大久手古墳と、帆立貝式古墳が築造された。前期古墳同様に二つの系列の首長墓が築造されたところが注目される。

東大久手古墳

勝手塚古墳

標高約四三メートルの低位段丘面に築造された。墳丘長五三メートルの帆立貝式前方後円墳である。周濠とその外側に周堤が巡る。発掘調査の結果、墳丘斜面に葺石を施し、二段築成の一段目テラスや周堤に円筒埴輪を巡らしていたことが判明した。六世紀前半の築造と考えられている。

勝手社の境内として、後円部頂部や前方部頂部に社が置かれている。南側の周濠は埋められ、周堤も削平されているが、南西角の周堤は、かろうじて高まりがある。

東谷山白鳥古墳

東谷山白鳥古墳

白鳥古墳群として八基が確認されている。東谷山白鳥古墳は、白鳥一号墳と呼ばれていた古墳である。円墳で、横穴式石室が市内で唯一完全な形で残っている。六世紀末～七世紀初頭と推定されている。

【一九番】

遺跡からみた下飯田界隈

北区

近世の下飯田村

北区下飯田町付近は、近世春日井郡下飯田村であった地域である。下飯田村は、上飯田村の西南に位置し、寛文年間（一六六一～七三）の家数五八軒、人数四六二人を数えた。文政年間（一八一八～三〇）は、家数八五軒、人数三〇六人で、人口が少なく労働力が不足していた。天保一二年（一八四二）の近世村絵図や明治一七年（一八八四）の地籍図からかつての景観を探ってみよう（次ページ参照）。

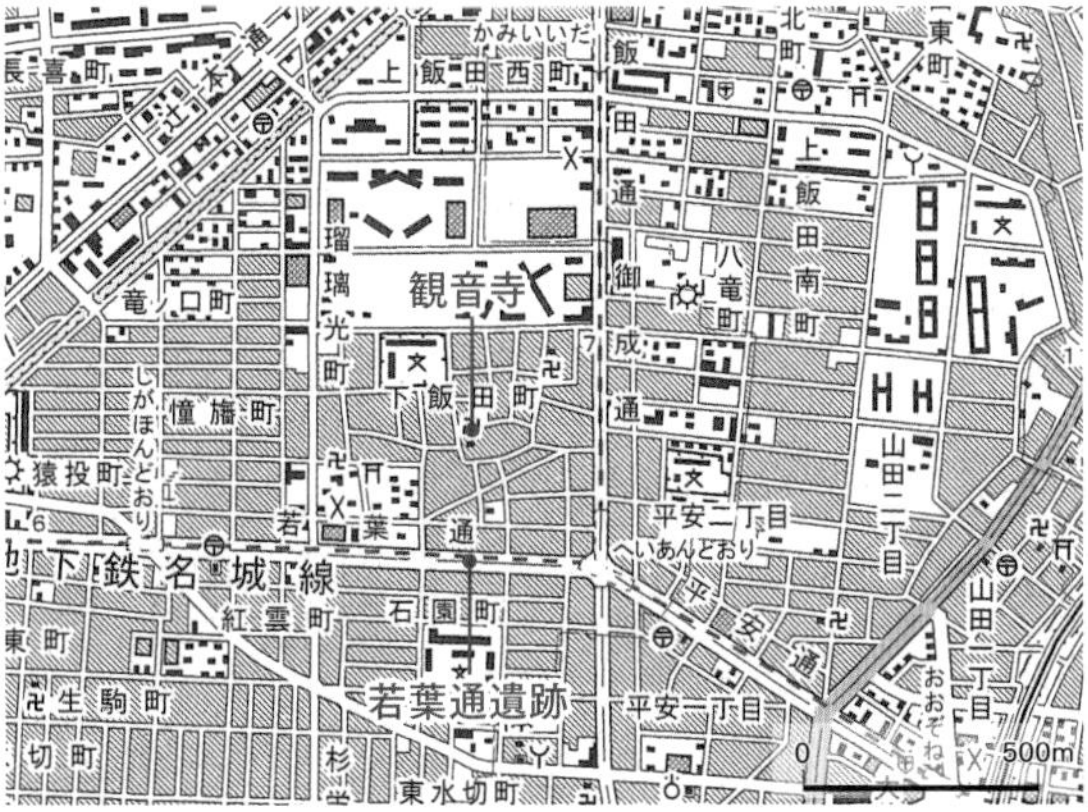

下飯田付近　1/2.5万「名古屋北部」平成20年

村内は東脇、西脇、向島の三組に分かれていた。集落の北側に東脇組、西脇組があり、両者は北側と南側に川が流れ、それに挟まれるように立地している。集落は幅二メートル前後の屈折した道により、一三ほどの区画に分かれている。北側の川Aは、幅平均五尺一寸（一・五三メートル）、南側の川Bは、幅平均一間二尺（二・四メートル）ある。川Bの周辺は田として利用されているが、「冷泉」と記された土地が点在し、湧水地も多かったことがわかる。

向島組付近の水路は、南側の村境を西流する大幸川には直接流れず、一旦川Bに流れこみ、西方で大幸川に合流する。したがって、概ね地形は東から西に、向島組付近は南から北に緩やかに傾斜していたと思われる。

若葉通遺跡の発掘調査

平成二五年（二〇一三）に発掘調査された、若葉通四丁目一七―二の地点は、向島組の一画である。調査では、幅二メートル、深さ〇・八メートルの南北方向の溝と、東西方向の溝の肩が出土した。東西方向の溝は、明治時代の地籍図にも記された水路に該当する。この付近の地割から三〇メートル四方もしくは五〇

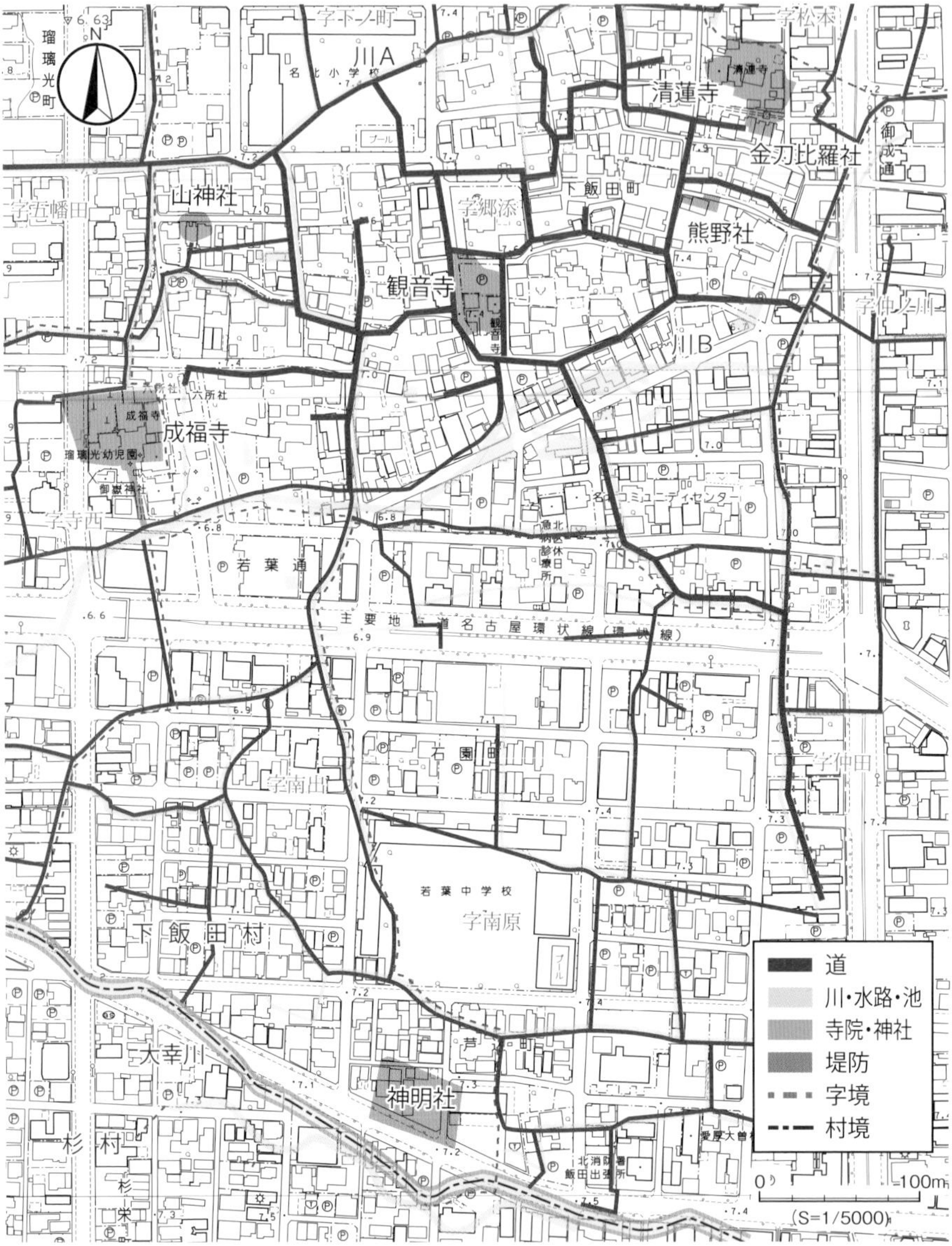

今の地図と明治の地割を重ねた地図（下飯田付近）（地籍図　愛知県公文書館蔵）

メートル四方の区画を囲むように溝が巡っていた可能性が高い。この付近の宅地や田・畑の地割は、方形区画の土地が多く、やや離れた地点、字仲ノ川、字南原の田は細長い短冊型をしており、際立った違いを指摘することができる。

方形地割の意味するもの

　こうした地割の意味を理解するうえで、愛知県豊田市鴛鴨町に所在する、郷上遺跡の発掘調査成果が参考になる。郷上遺跡では、一五世紀後半から一八世紀前半の屋敷地が確認されている。それぞれの屋敷地は溝に囲まれており、溝は、幅一～二メートル、深さ〇・四～〇・六メートルで、一つの屋敷地は、およそ二五メートル×三五メートル、三〇メートル四方、四〇メートル四方などさまざまであるが、碁盤目のようにつながり、全体で一つの集落を形成している。

向島組の地においても、近世にはすでに畑あるいは田になっているところも、かつては溝で囲まれた屋敷地がいくつも集まっていたのであろう。さらに当地は、若葉通遺跡の範囲とほぼ重なっていることから、中世以前から続く居住地であったことが、昭和六三年（一九八八）、平成三〇年に発掘調査された、二地点で弥生土器や古墳時代前期の竪穴住居が見つかったことから明らかになっている。

下飯田付近の空中写真（旧日本軍撮影〔戦後〕国土地理院蔵）

中世の下飯田

『北区誌』によれば、下飯田の集落で東脇組、西脇組を分けているのは、集落のほぼ中央にある観音寺である。この寺院は、聖武天皇が建立した安国寺の一つといわれ、後醍醐天皇（一二八八―一三三九年　在位一三一八―一三三九年）の時代には、勅願寺となり、南朝方の拠点だったと考えられている。その寺院の規模は壮大であったが、兵火と水害のため、小さくなったようである。

西から向島を望む

足利氏の保護を受けた愛知県一宮市の妙興寺は、東西二七〇メートル、南北二四〇

川Bの跡（東からみたところ）

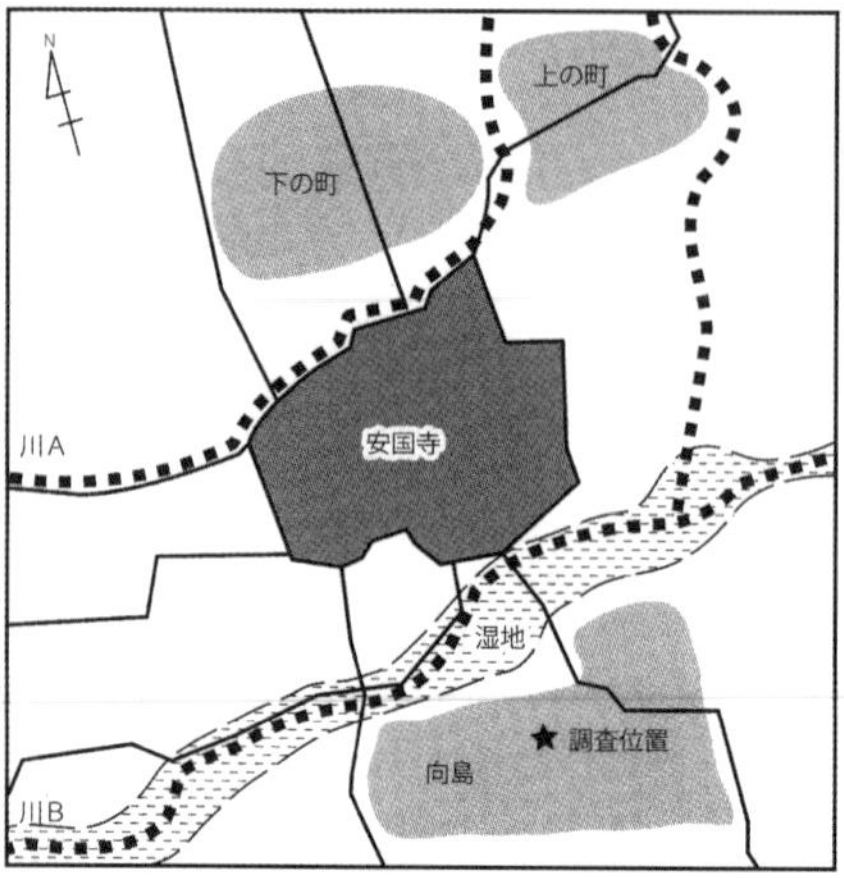

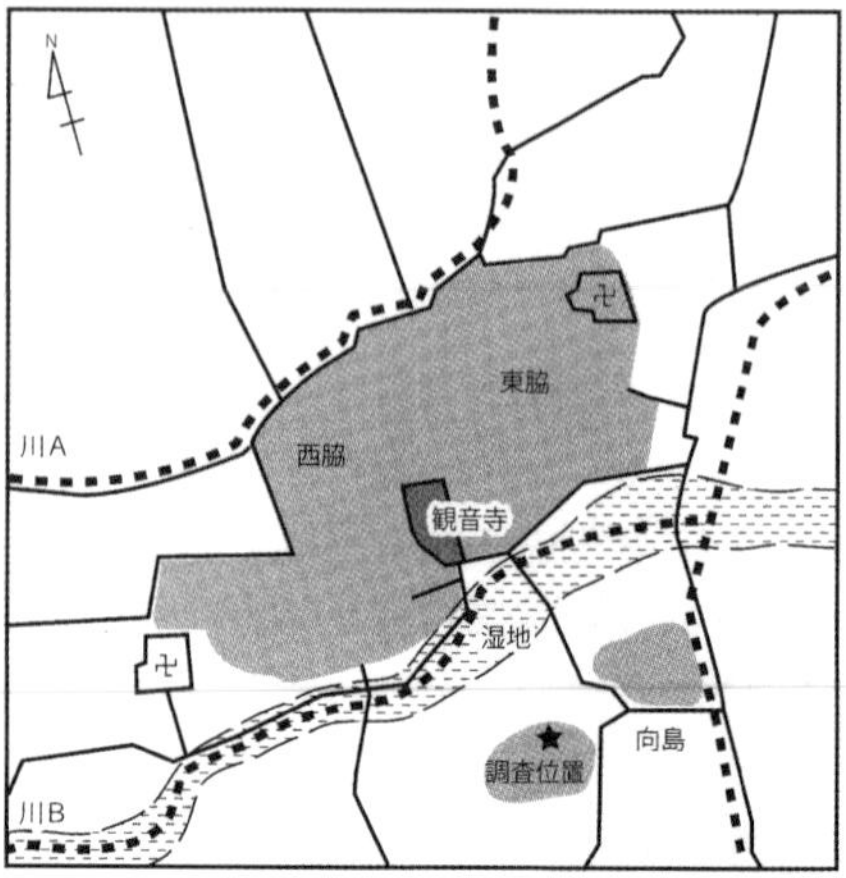

若葉通遺跡（★調査位置）と下飯田集落の変遷

の町、地籍図に字松本、字下町と記されている、川Aの北側と川Bの南側向島にあったと推定される。安国寺荒廃後、低地に立地していた北側の居住地の人々は、旧境内地へ移転したのではないかと推測する。一方、向島は、古墳時代以来居住地に適した地であったため、近世も引き続き存続したのである（伊藤二〇一四）。

観音寺（南からみたところ）

下飯田を歩く

昭和七年の城東耕地整理事業で集落の中心部（東脇、西脇）が除外されたことから、観音寺周辺を中心に明治時代の道が良く残っている。重ねた図では、地籍図の縮尺誤差から、必ずしも正確に一致していない部分もあるが、形状が同じで並行している場合、そうした部分も明治時代以来の道と考えて差し支えない。川Aや川Bは、埋め立てられたか暗渠となっていると思われる。

明治の道（下飯田町１付近、北からみたところ）

【コラム】ラジオ塔

昭和五年（一九三〇）、日本放送協会大阪中央放送局は、大阪府大阪市天王寺区の天王寺公園にラジオ塔を設置した。日本最初のラジオ塔である。ラジオ塔は、背丈より高いコンクリート製のラジオ放送施設のことである。上部に設置したスピーカーからラジオ放送を流し、多くの人々が聞くことができた。太平洋戦争後に普及した街頭テレビや現在の大型ハイビジョンモニターのようなものであろうか。

愛知県では、昭和八年、鶴舞公園を初めとして、笠寺観音、道徳公園、東別院、南久屋公園、上名古屋公園、中村公園、志賀公園、東山公園、松葉公園（以上名古屋市）、瀬戸市深川公園、豊橋市公会堂前、新舞子海岸に設置された。鶴舞公園のラジオ塔は、灯籠型で胡蝶が池北辺に設置されたが今はない。中村公園（昭和一七年）、志賀公園（昭和一七年）のものは四本の脚で台を支える形態である。松葉公園（昭和一八年）のものは、側面にアーチ状のくぼみをつけ脚状の模様を付けている。

『ラジオ年鑑』昭和一七年版には、全国に三四六か所、一八年版では四五七か所の記載がある。現在、復元されたものも含めて全国で三二基ある。京都府京都市に八基、大阪府六か所九基（内一基復元）に次いで名古屋市三基が続く。

平成二九年（二〇一七）に志賀公園のラジオ塔脇に説明板が建てられた。平成三〇年（二〇一八）には、中村公園、松葉公園にも説明板が建てられた。

志賀公園のラジオ塔（北区平手町 2）

松葉公園のラジオ塔
（中川区太平通 1）

道徳公園のラジオ塔基礎
（南区道徳新町 5）

中村公園のラジオ塔
（中村区中村町）

【二〇番】

古代東海道を探る

中村区

駅家

古代律令国家は、畿内と全国を七つの行政単位に区分した。それは西海道、山陰道、山陽道、南海道、北陸道、東山道、そして東海道である。これらの行政単位に通信伝達のため、七つの駅路（道）が通された。駅路は駅使が使う道で、駅路沿線には駅家とよばれる駅使が休憩する駅館、駅使が使用する馬の厩舎が設置された。駅路は、「中央と、地方に置かれた中央の支配拠点とを最短距離で結ぶことに重点が置かれたもの」で「中央政府が地方を支配するために設置した道路網」（近江二〇一二）であった。発掘調査で明らかになった駅路は、「幅は最小でも六メートル、最大は三〇メートルを超え」「直線にこだわった道路」（近江二〇一二）で側溝を伴い国家の威信を示したものであった。

律令の施行細目を定めた『延喜式』第二十八兵部省「諸国駅伝馬」によれば、「尾張国駅馬　馬津。新溝。両村各十疋。伝馬　海部。愛智郡各五疋」とあり、尾張国内を通る駅路は、馬津―新溝―両村各駅家を通っていたことが知られる。梶山勝氏は、両村駅家が豊明市沓掛町上高根付近と推定した。上高根行者堂と呼ばれるお堂の敷地から採集された、複弁六弁蓮華文軒丸瓦が、平城宮6225型式複弁八弁蓮華文に近似するという。その年代は八世紀後半以降と考えられ、小規模な瓦葺き建物の存在を推定されている。駅路のルートは、ここから「若王寺池付近を経て東郷

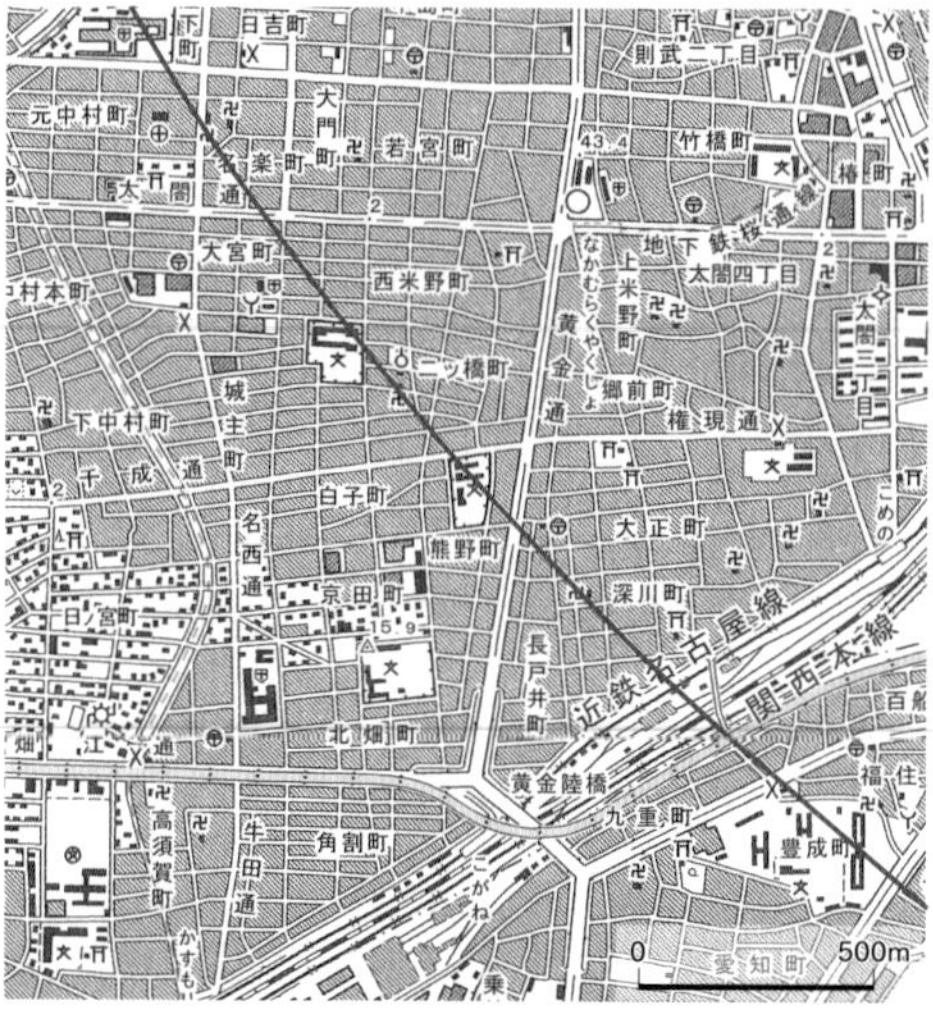

中村付近　1/2.5万「名古屋北部」平成20年
赤線は古代東海道駅路推定ライン
中村区域内では、耕地整理事業により古代東海道駅路は、判然としなくなったが、地籍図や町境の位置から読み解くことで、推定可能となった。

町白土に向かう。そこから東郷町と名古屋市緑区、日進市と名古屋市天白区との境を進み、天白区平針へ抜け、八事を経て、新溝駅家へ向かう」とする（梶山二〇〇〇）。

新溝駅

新溝駅の位置は諸説ありはっきりしないが、古渡という考えが一般的である。駅家は基本的に三〇里（約一六キロメートル）ごとに設置されていたことから、新溝駅は、豊明市沓掛町上高根付近から約一六キロメートル離れた、中区橘二丁目にある東本願寺名古屋別院付近――この付近が古渡《ふるわたり》――となる。古渡では、正木町遺跡や古渡城跡などで数多くの発掘調査が実施され、古渡城跡では、近世の瓦に混じって古代の瓦の出土もわずかながら認められることから、名古屋別院付近は有力候補地であろう。

もう一か所、瓦葺き建物があったと思われるのが、少し手前の約一五・二キロメートルの位置、昭和区村雲町付近で、戦前に瓦が出土し極楽寺跡とされる。注目したのは、「新溝」という名前である。御器所台地（昭和区）と那古野台地（中区）との間を流れる旧精進川（現在の新堀川）は、近世御器所村内では新川、村外下流で精進川と呼ばれていたことである。近世には新川と呼ばれていたが、古代には新溝と呼ばれていたのではないかと思われるのである。藤岡謙二郎氏は、「班田制の実施とともに条里地割実施のためには灌漑用の溝渠畦畔の整備が必要となり、河川流路の分流が利用せられ、一部はその流路に変更をみるに至る」と述べているが（藤岡一九八一）、御器所村内の新川は、古代条里の復元ラインに合致していることも注目される（水野一九七二）。古代条里施行に際し、灌漑用水確保のため、河道の付け替えをおこなったのではないか、そのため新溝（新川）と名前が付けられたのではないかと考えたい。そうすると、条里の施行→新溝の命名→新溝駅の設置という順になる。呼ばれていた流域が御器所村であることも合わせて考えると、やはり新溝駅は御器所台地上にあったとの思いが強くなる。

地籍図からの復元

古渡を通過し、中川区露橋《つゆはし》町付近から中村区中村町付近に到る東海道の位置は、木下良氏によって推定されている。明治二四年（一八九一）の地形図では、古渡から露橋に向かう直線の道があり、露橋で西北に方向を変えて萱津に向かう直線の道が該当する。この道は織豊村と笈瀬村、日比《ひび》津《つ》村の境となっている。富田荘古図には、萱津から北へ行く道と西へ行く道が描かれ、西に行く道が馬津駅家に向かう道とされる。

全国的に古代駅路は、一〇世紀後半から一一世紀初頭に幅一～三メートル程度に縮小、駅路に付属する官衙も廃絶していく。この付近の古代東海道は、木下良氏によれば、中世の鎌倉街道に踏襲され、さらに近世の小栗街道となった。明治一七年の米野村地籍図では田及び道として示されてお

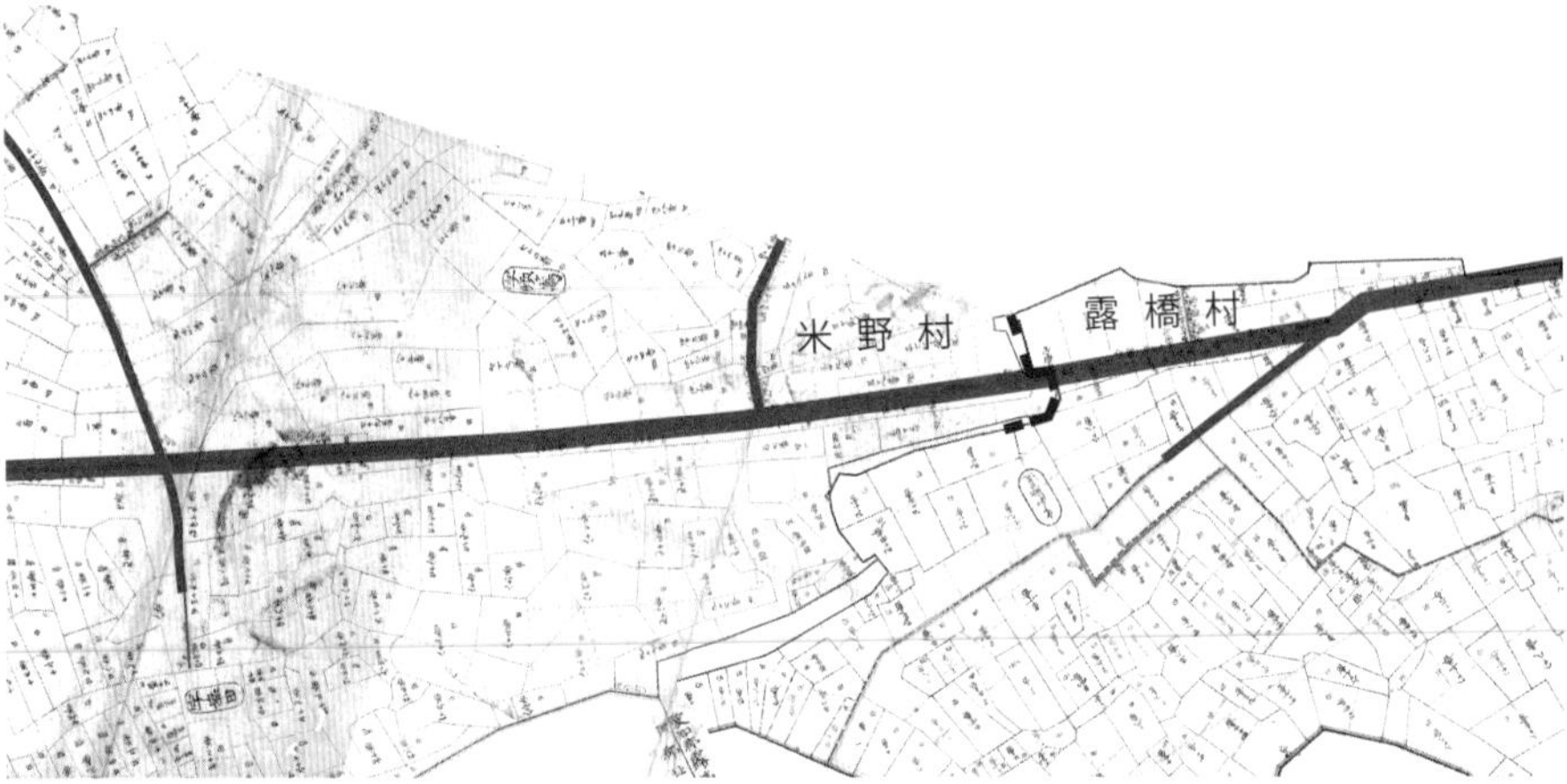

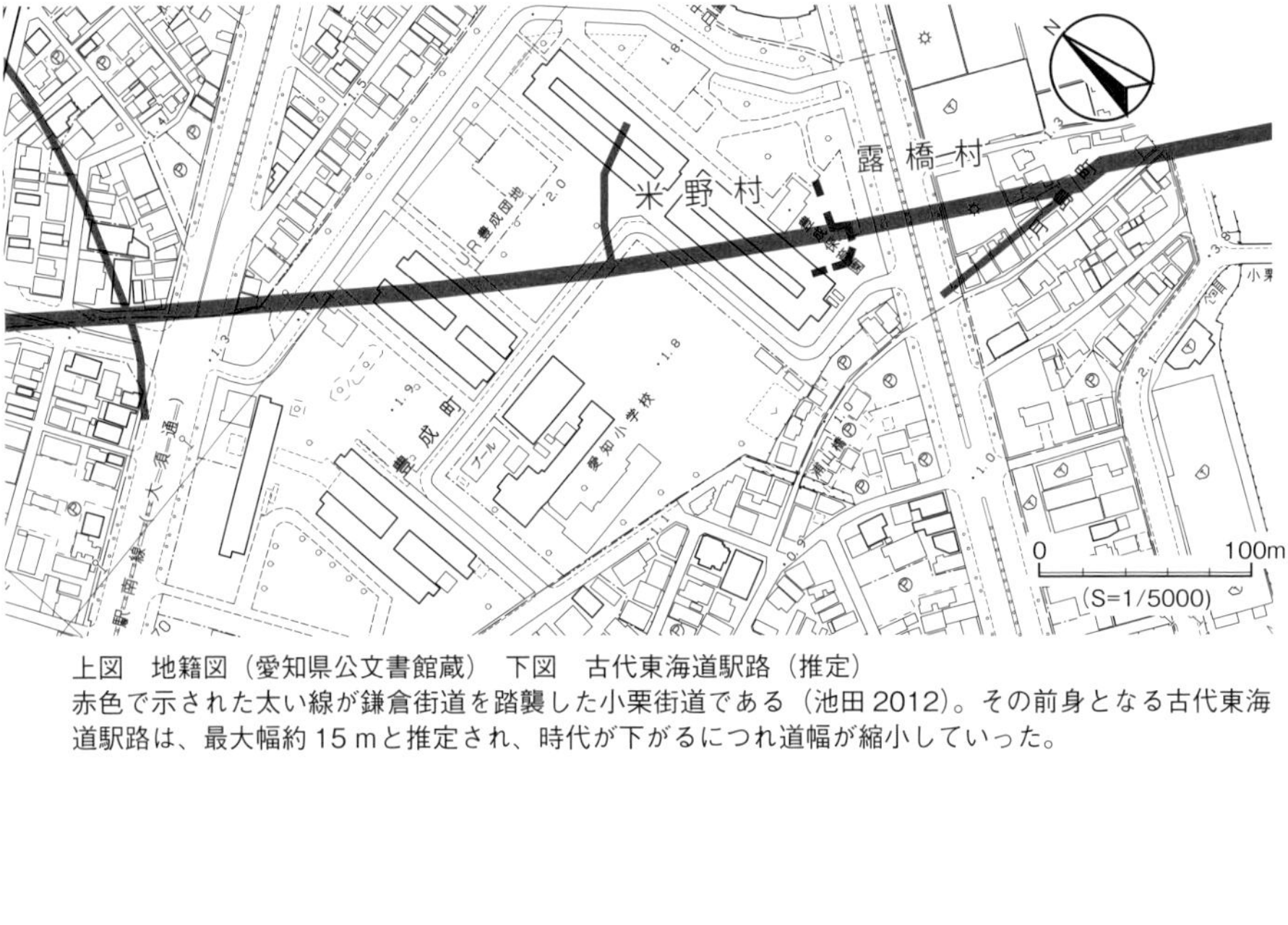

上図　地籍図（愛知県公文書館蔵）　下図　古代東海道駅路（推定）
赤色で示された太い線が鎌倉街道を踏襲した小栗街道である（池田 2012）。その前身となる古代東海道駅路は、最大幅約 15 m と推定され、時代が下がるにつれ道幅が縮小していった。

り、幅が縮小されながらも存続してきた。

木下良氏の研究成果は、地籍図の表示だけであったので、現在どこの場所に当たるのか理解しがたい面があった。池田誠一氏は鎌倉街道として明治の地図と現在の地図と対比し、その一部が黄金中学校内を通ることを明らかにした（池田二〇一二）。ふたたび、現在の二五〇〇分の一地図と明治一七年地籍図との対比をおこなって現在の位置比定を試みた。

中川区露橋町付近から関西本線・近鉄名古屋線付近

明治一七年地籍図では、小栗街道の両脇または片側に長方形区画の田または畑が続いている（帯状地割）。小栗街道と両脇の長方形区画を合わ

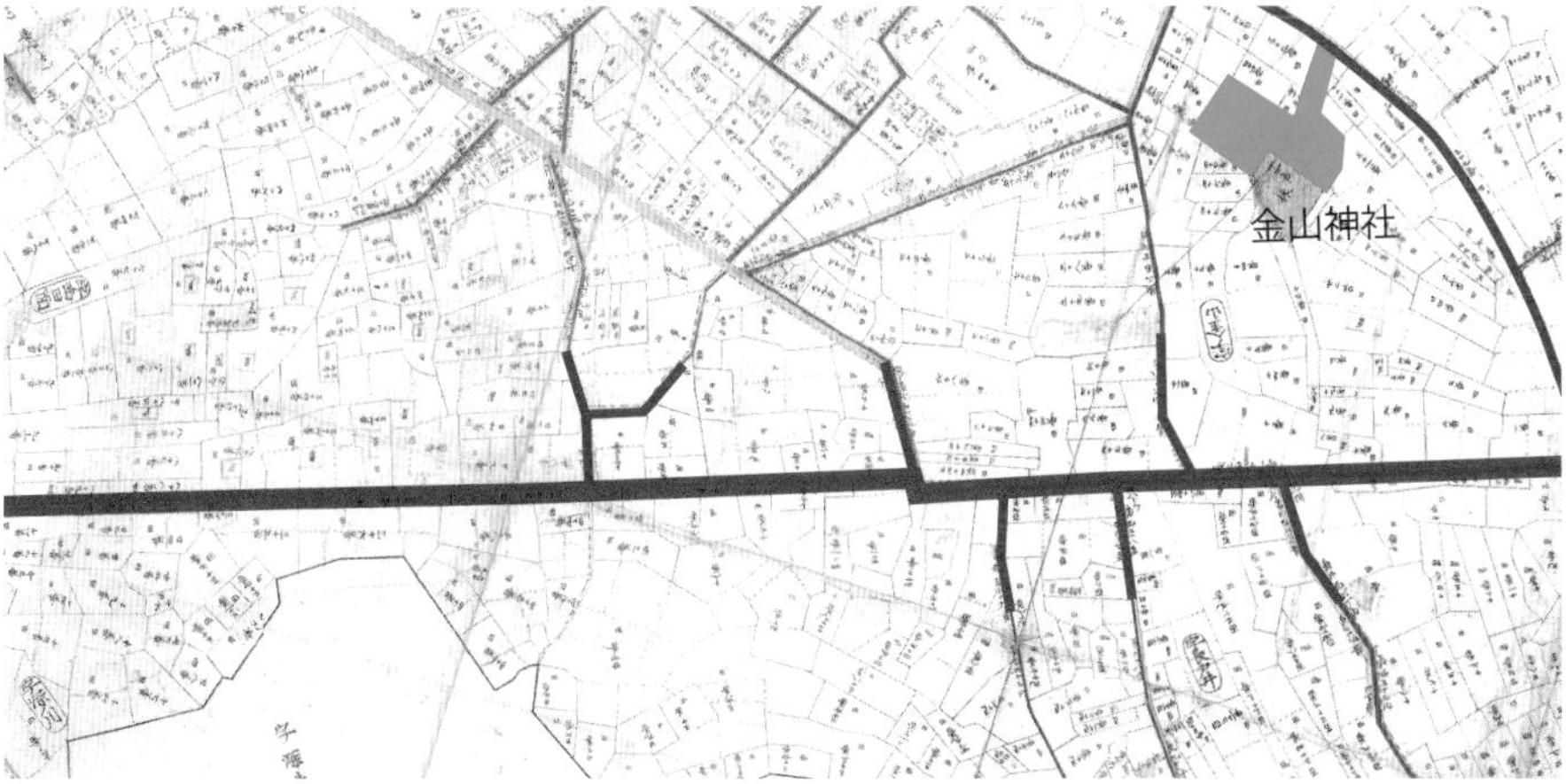

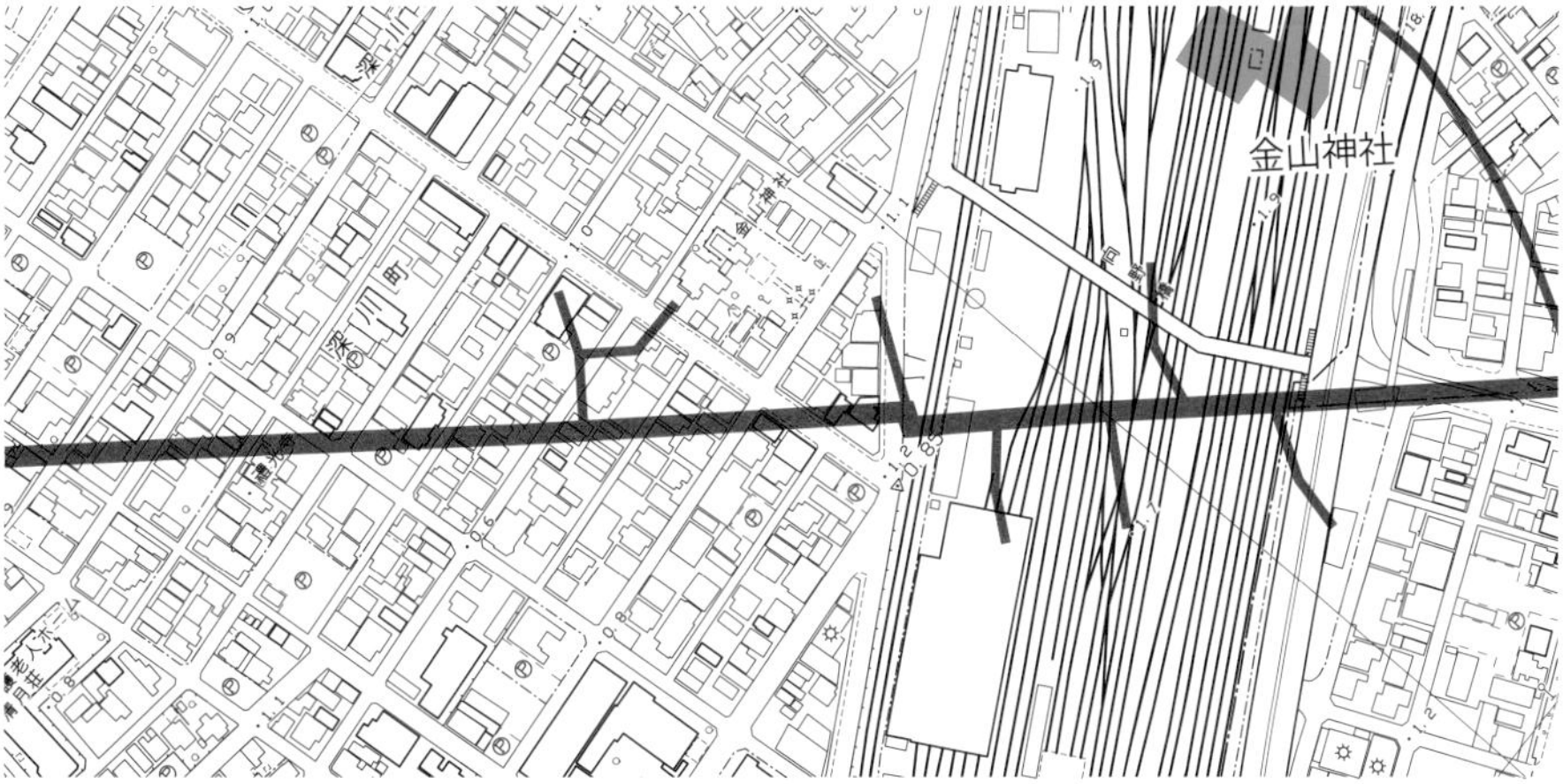

（左写真）向野橋から古代東海道駅路を望む
（下写真）向野橋

せた幅が約一五メートルである。これが木下良氏の指摘した古代東海道の痕跡である。

現在は中川運河が開削されて、小栗橋が架橋されている付近から西北に向きを変える。豊成町にある愛知小学校北東隅付近を通り、中川区百船町と中村区長戸井町の境に架かる向野橋の西側を通る。向野橋の中央部分トラス橋は、明治三二年（一八九九）に京都

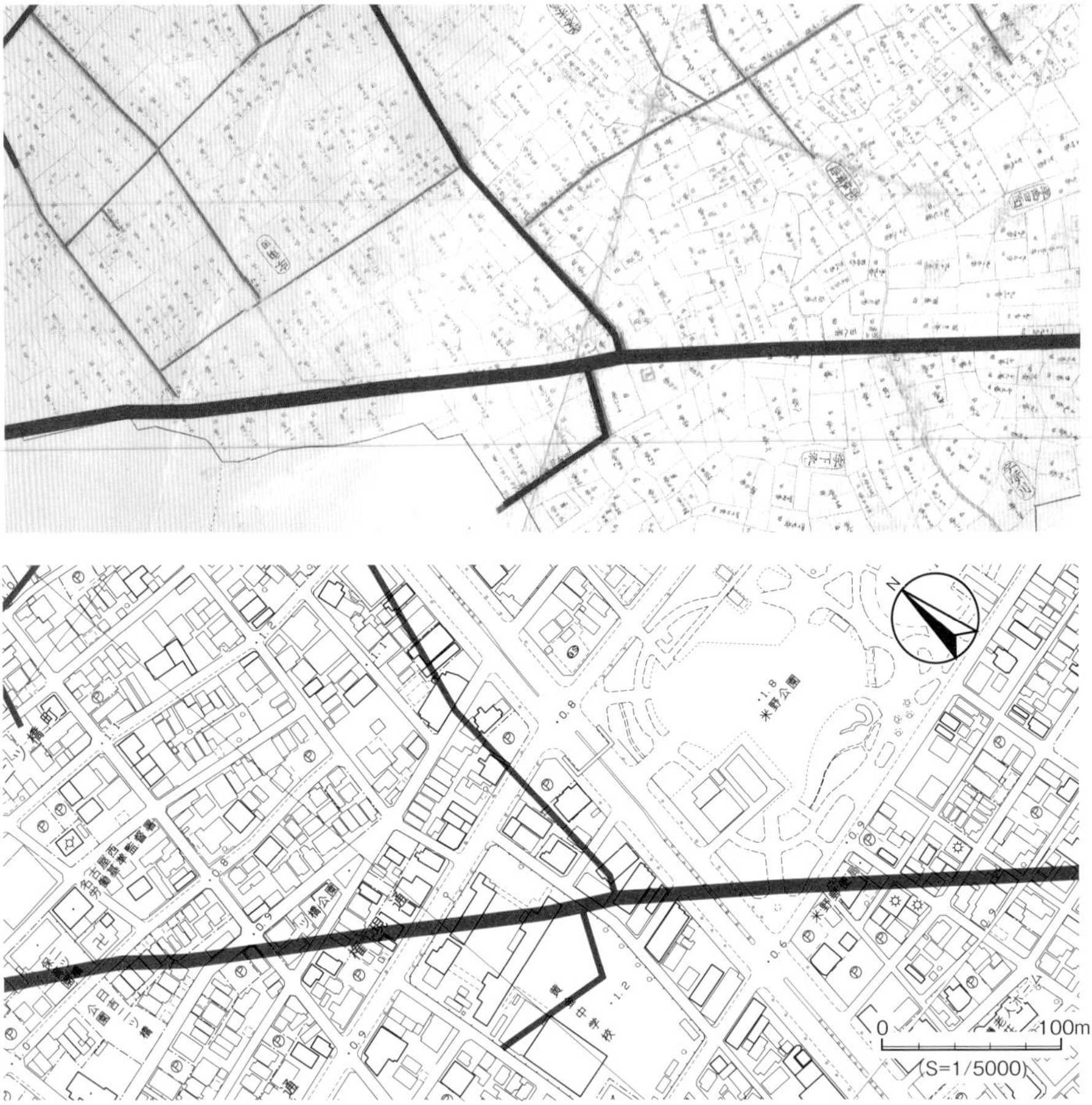

上図　地籍図（愛知県公文書館蔵）　下図　古代東海道駅路（推定）

府保津川に架橋されていた鉄道橋であったが、昭和五年（一九三〇）に移築されたものである。名古屋市認定地域建造物資産、土木学会選奨土木遺産になっている。

中村区深川町二丁目付近から西米野町付近

市道名古屋環状線黄金三丁目交差点付近から黄金中学校敷地を通り、二ツ橋町日吉小学校敷地を通る。現在の道路区画では、明治時代の道の痕跡はほとんど見いだせないが、西米野町と二ツ橋町との蛇行した町境は、明治一七年の地籍図の道と形状が一致している。その近接する日吉小学校付近の駅路推定ラインは位置の誤差は小さく正確と思われる。

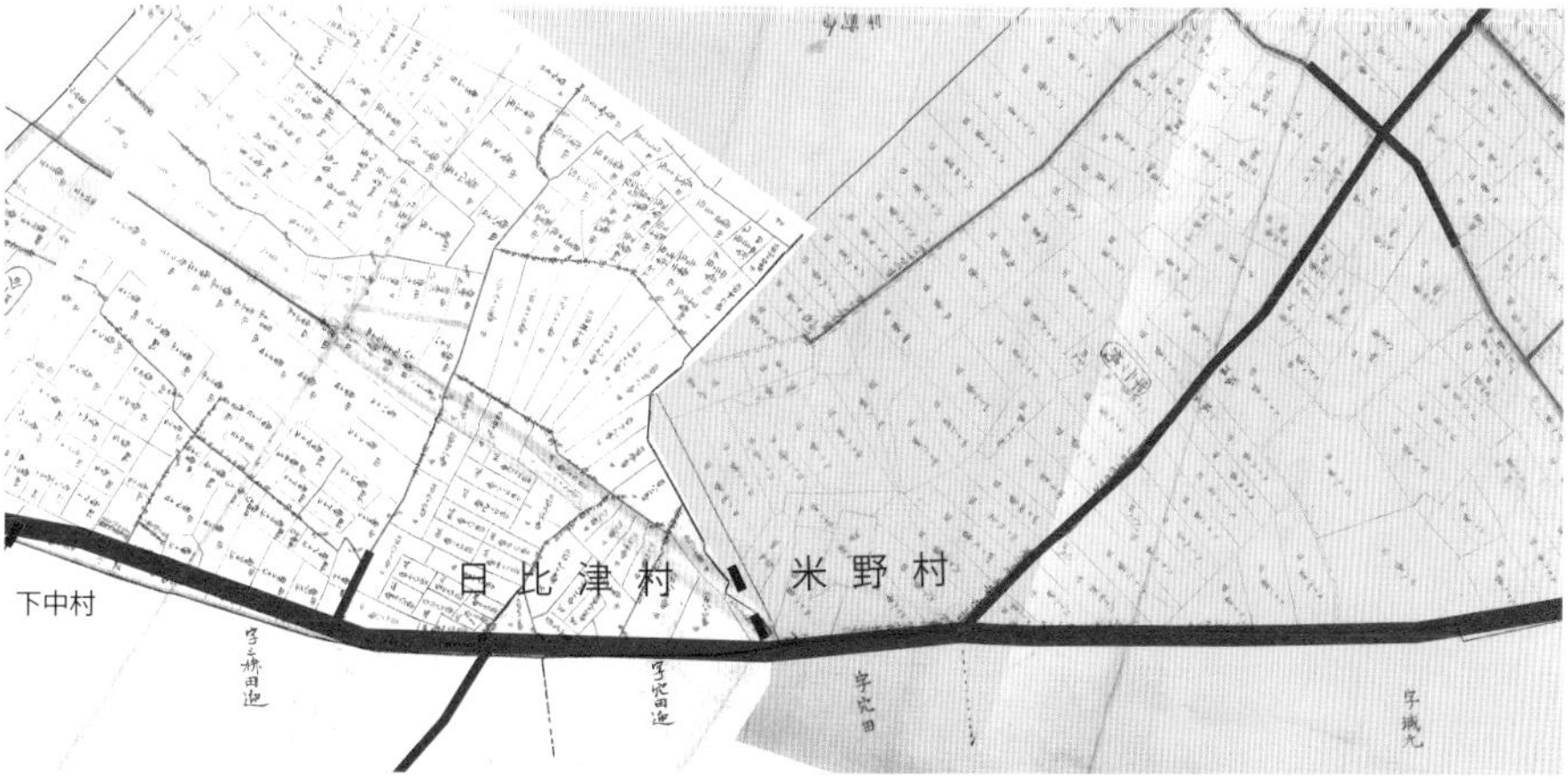

上図　地籍図（愛知県公文書館蔵）　下図　古代東海道駅路（推定）
西米野町２と二ツ橋町１の町境は、明治時代の道を踏襲している。このことから古代東海道の位置は、正確に現在の地図に投影することができた。したがって、太閤通６丁目付近の道が古代東海道の痕跡である可能性が高い。

古代東海道の痕跡（太閤通６丁目付近）

中村区太閤通6丁目付近から道下町3丁目付近

太閤通大門交差点から西へ約七五メートル付近を通り、太閤通6丁目から名楽町2丁目にかけて南東―北西に向かう道は旧村境の名残である。従って推定される古代東海道の跡である。現在の道幅約三メートルであるので、かつて

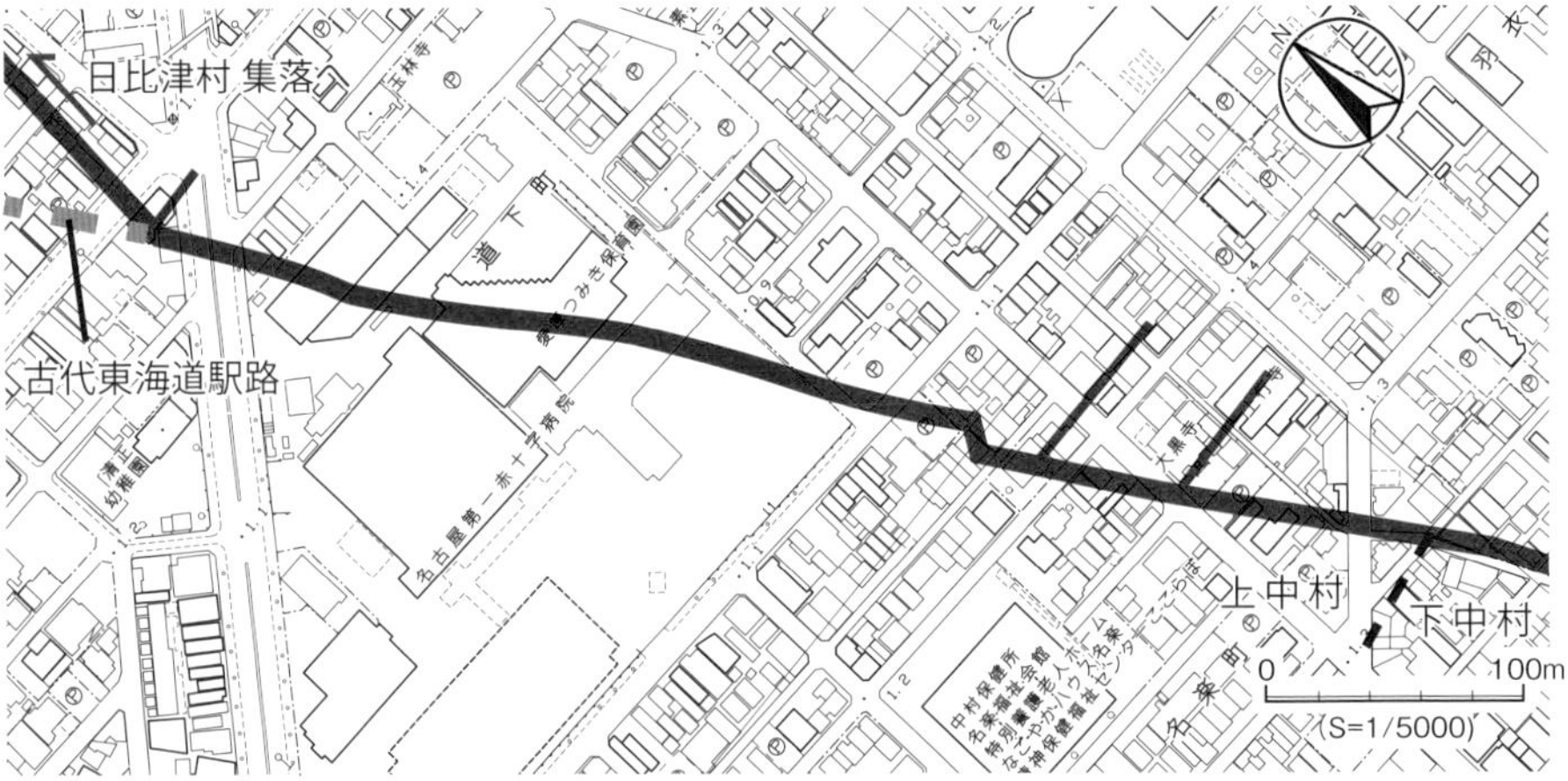

上図　地籍図（愛知県公文書館蔵）　下図　古代東海道駅路（推定）
本来古代東海道は西にあった（破線部分）と推定されるが、中世以降北方の日比津村の発展により街道は北西へのびた。

はこの四倍ほどあった。道下町三丁目、第一赤十字病院敷地では、南東角から北西角にかけて通る。この先は、明治時代の道は日比津村中心部へ曲がっていき、東海道駅路ははっきりしなくなる。

以上のように現在の地図と対照し、木下説が今のどこにあたるのかを把握することができた。尾張国内において東海道駅路ルートや駅家は、諸説出されてきたものの、実際の遺構はまだ見つかっていないのが現状である。今後は遺構が残っているのか、条里とのかかわり、駅家や渡河地点の施設など具体的な古代像を検討することが課題となる。

【コラム】烏森のお湯立て祭り

名古屋市中村区烏森にある天神社、神明社、八幡社では、「お湯立て祭り」が秋祭でおこなわれる。拝殿舞台前で沸かした湯を神官が祈祷し、人々の無病息災を願う神事である。

神官が拝殿舞台前において祝詞を奏上し、お祓いをした後、あらかじめ沸かしてあった湯を釜から柄杓ですくい、神前に捧げ祈祷する。その後、湯を釜に戻す。湯は参拝者にふるまわれる。参拝者は持参した水筒などに入れて持ち帰ることもできる。

烏森の集落は、南ノ切、中ノ切、町ノ切に分かれそれぞれに天神社、神明社、八幡社の三社が鎮座している。神事は天神社で始まり、お湯立て祭りの後、三つの集落からそれぞれ子供獅子舞が舞台で奉納される。南ノ切（天神社）、中ノ切（神明社）では翁とおかめの面を付けた二人と、獅子頭を被った一人の三人で踊る。町ノ切（八幡社）では獅子頭を被った二人が手に御幣、右手に神楽鈴を持ち踊る。天神社の奉納後、神官や子供獅子舞は神明社へ移動し、同様に神事、子供獅子舞が奉納される。最後に八幡社で神事、子供獅子舞が奉納される。

神明社氏子総代の古橋清明さんにお話を伺った。

「それぞれに神楽屋形を所有し、午前中に集落内の曳き回しをおこない、最後に神楽揃いをする。現在、神楽屋形は、二年に一度おこなわれるが、かつて一時衰退し、昭和三〇年代には曳き回しもおこなわれなくなった。太鼓を叩ける人もいなくなったが、たまたま録音テープが残っていたことから、新次郎さんのところに頼みに行って叩き方を教えてもらい、なんとか復活した。子どもや商店・自営業の方が少なくなり、継続していくのが難しくなっている。松陰高等学校の生徒に秋祭りの時には来てもらっている」

八幡社　子供獅子舞奉納（八幡社にて）

神明社 子供獅子舞奉納（神明社にて）

湯が参拝者にふるまわれる（天神社にて）

天神社の神楽屋形

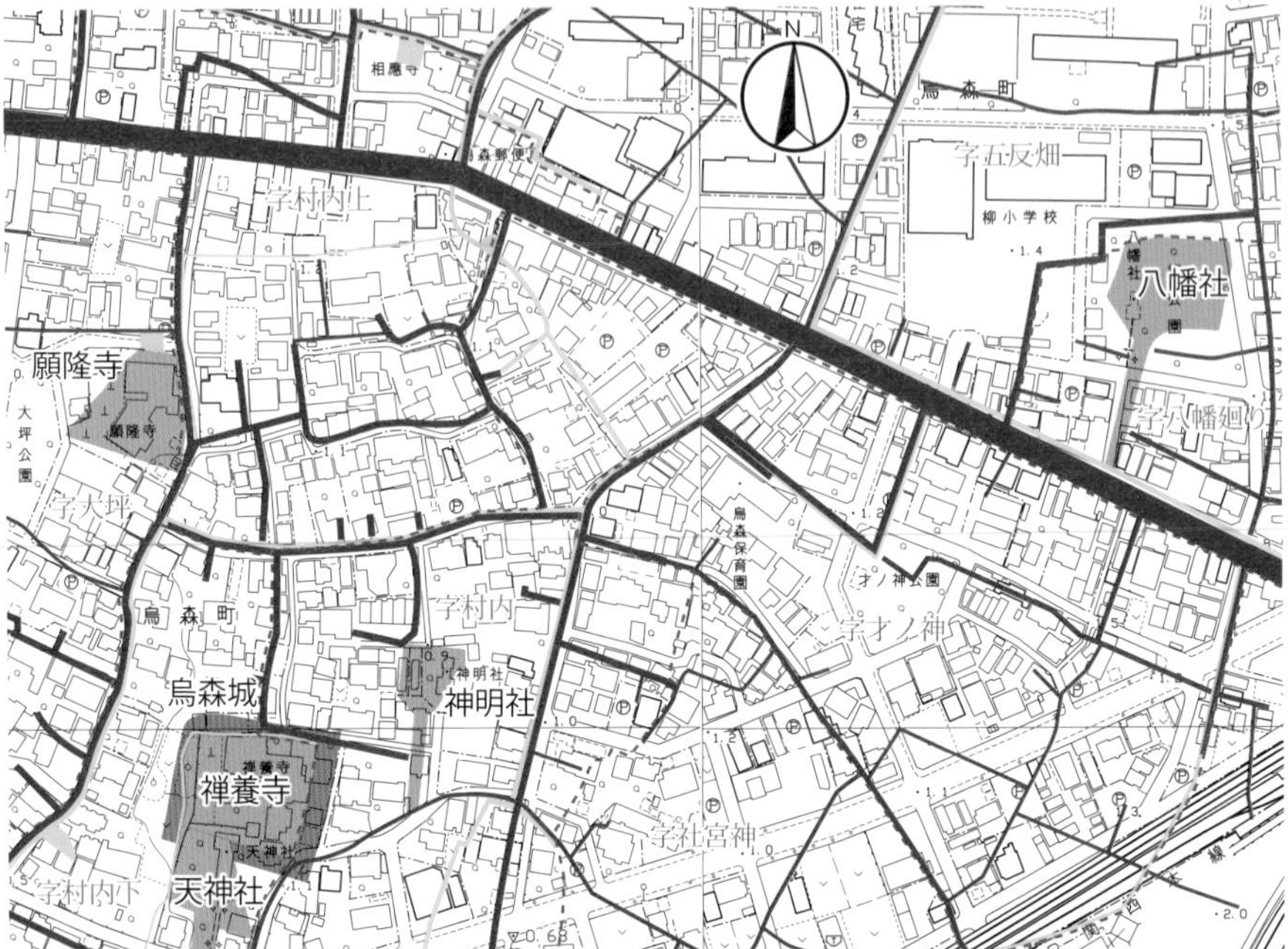

今の地図と明治の地割を重ねた地図（烏森付近）
（地籍図　愛知県公文書館蔵）

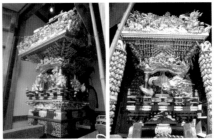

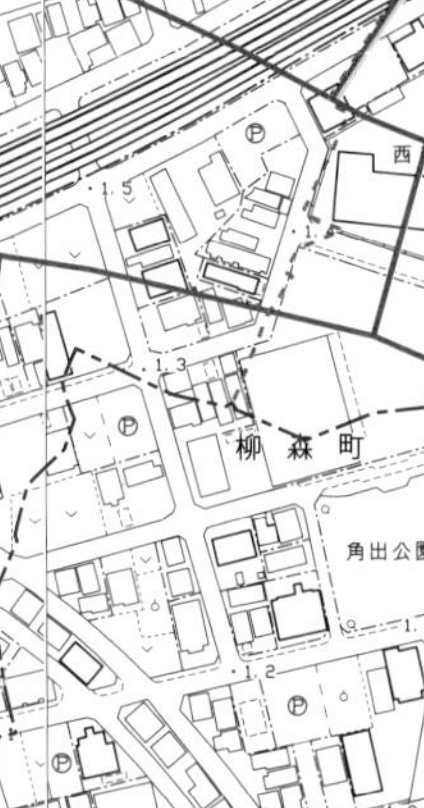

神明社の神楽屋形

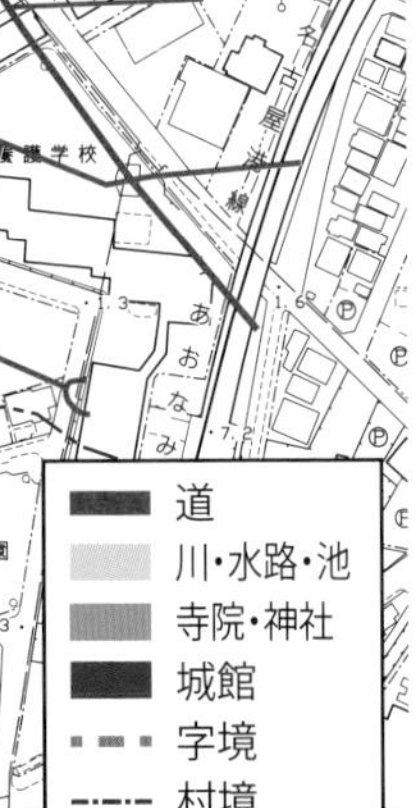

八幡社の神楽屋形

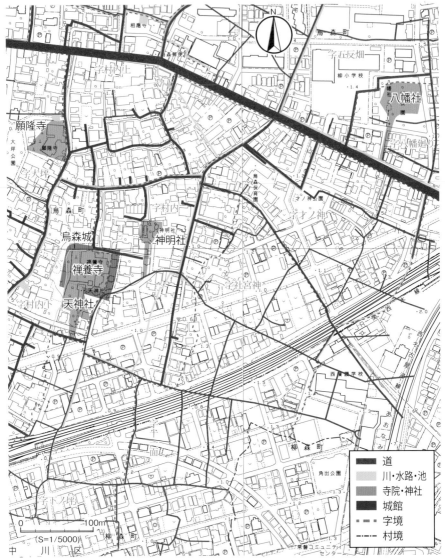

二一番

中小田井の町並み

西区

中小田井町並み保存地区の特徴

名鉄犬山線中小田井駅下車、駅の東側に位置する、西区中小田井一丁目には、岩倉街道とかつての小田井村の町並みが広がる。街道沿いに中小田井町並み保存地区（約二・八ヘクタール）に名古屋市が指定している。中小田井地区は、願王寺に伝わる創建年代から九世紀頃に村ができたと推定されており、中世の於田江《おだえ》保《ほ》・於田江庄《おだえのしょう》の一部にあたる。以来この地域の人々は庄内川の氾濫による水害との闘いを繰り返してきた。

　江戸時代になると、寛文七年（一六六七）に名古屋城下から中小田井を通って岩倉方面に至る岩倉街道が開通し、岩倉方面の野菜類がこの街道を利用して枇杷島の青物市へ運搬されるようになった。人々の往来が増えたことにより、中小田井では味噌や油などを販売する店が増え、賑

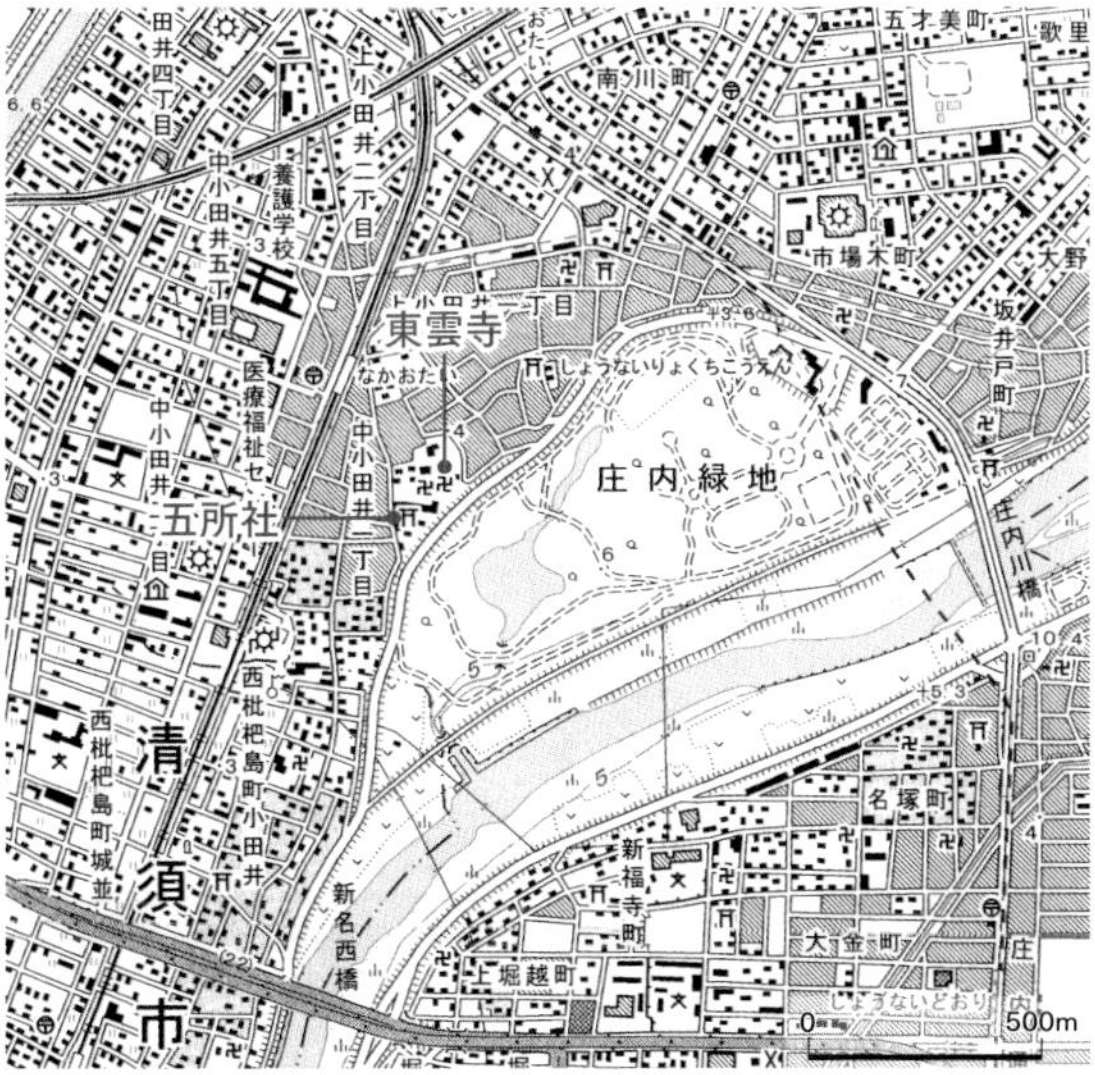

中小田井付近　1/2.5 万「名古屋北部」平成 20 年

中小田井付近の空中写真（旧日本軍撮影〔戦前〕国土地理院蔵）

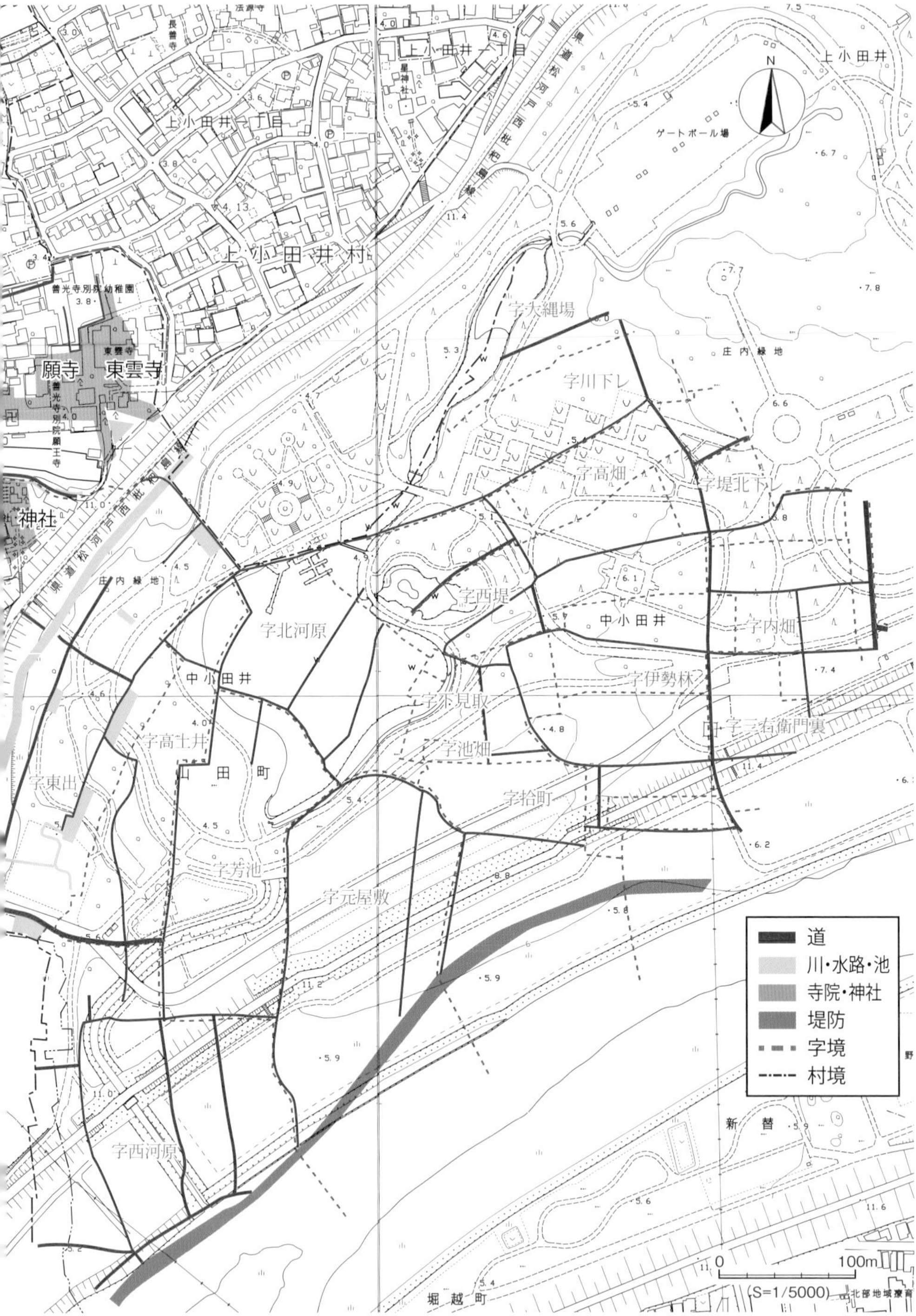

今の地図と明治の地割を重ねた地図（中小田井付近）（地籍図　愛知県公文書館蔵）

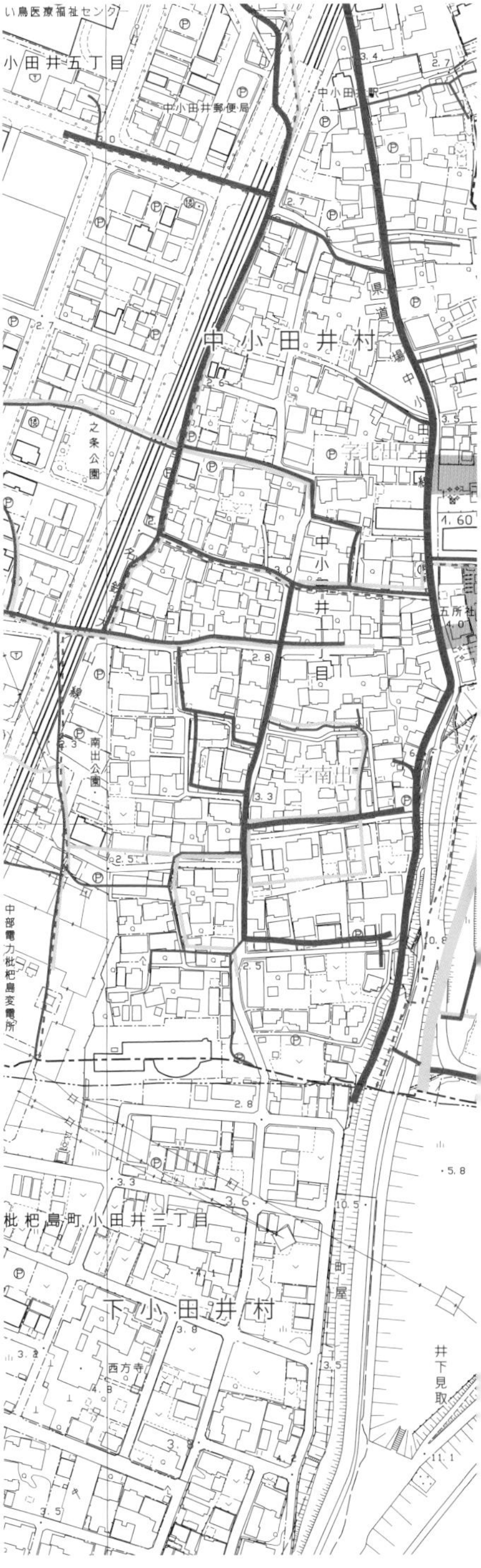

わった。

町並みの特徴は、街道沿いに町家、土蔵、長屋など明治二四年（一八九一）の濃尾地震以降に建てられた建造物と庄内川近くにある五所社、東雲寺、願王寺の寺社が一体となっているところである。

宝暦七年（一七五七）の宝暦の洪水など頻繁に洪水に遭うため、その対策として、高い基礎の上に土蔵を築いたり、水屋を設けたりした。町屋のなかには、江戸時代末期の建築と伝えられる平手家のように、仏を二階へ巻き上げる構造を備えた家屋もある。

寺社のうち、天台宗、善光寺別院願王寺、明光山松寿院願王寺は、創建は天長六年（八二九）と伝えられる。本尊は薬師如来と善光寺如来で、伝織田又六画像は愛知県指定文化財、刺繍涅槃図は市指定文化財となっている。平手家の家屋は、願王寺境内に移築されている。

竜光山東雲寺は、臨済宗妙心寺派、寺伝によれば明応元年（一四九二）の創建で、開祖は織田丹波守常寛である。小田井城主織田常寛の墓がある。五所社は、天文一四年（一五四五）、小田井の城主織

道標

排水路

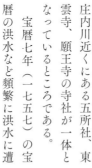

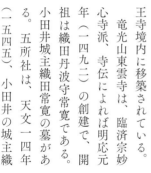

中小田井の町並み

中小田井の町並み

田藤左衛門寛維が修復する。

地籍図から復元される中世集落

　明治一七年の地籍図と現在の地図を重ねて、岩倉街道以外の道を調べたところ、街道の西側の集落の道も明治時代から使われている道が多いことがわかった。駅近くの案内板に描かれている町並みのイラストにある、水屋二か所三棟周辺の道も古い道である。

　中小田井村は、街道の西側だけでなく、東側の山田町中小田井、現在庄内川の堤防内になっている、庄内緑地も村域であった。田として利用されていたが、字名のなかに、字元屋敷、字拾町がある。字元屋敷は、かつて屋敷があったという意味と考えられ、東西約一一五メートル、南北約二二五メートルの広さから、領主の居館があった可能性が高い。また隣接する字拾町の場所には、町屋があった可能性が高い。庄内川に近い位置であることから、川の水運を利用していた中世の集落があったが、洪水の被害が逃れるため、岩倉街道沿いに移転したものと推定される。

排水路

水屋

〈二二番〉

百曲街道

東起から下之一色へ

中川、港区

東起村

中川区東起町は、江戸時代の愛知郡東起村にあたり、『寛文村々覚書』によれば、家数六五軒、人数三二五人、白山社一、城跡一か所、前田三郎四郎居城、今は畑と記されている。天保一二年（一八四二）の絵図では、家は村の南、字東起、字城屋敷に居住している。集落の北に接して白山宮が鎮座している。

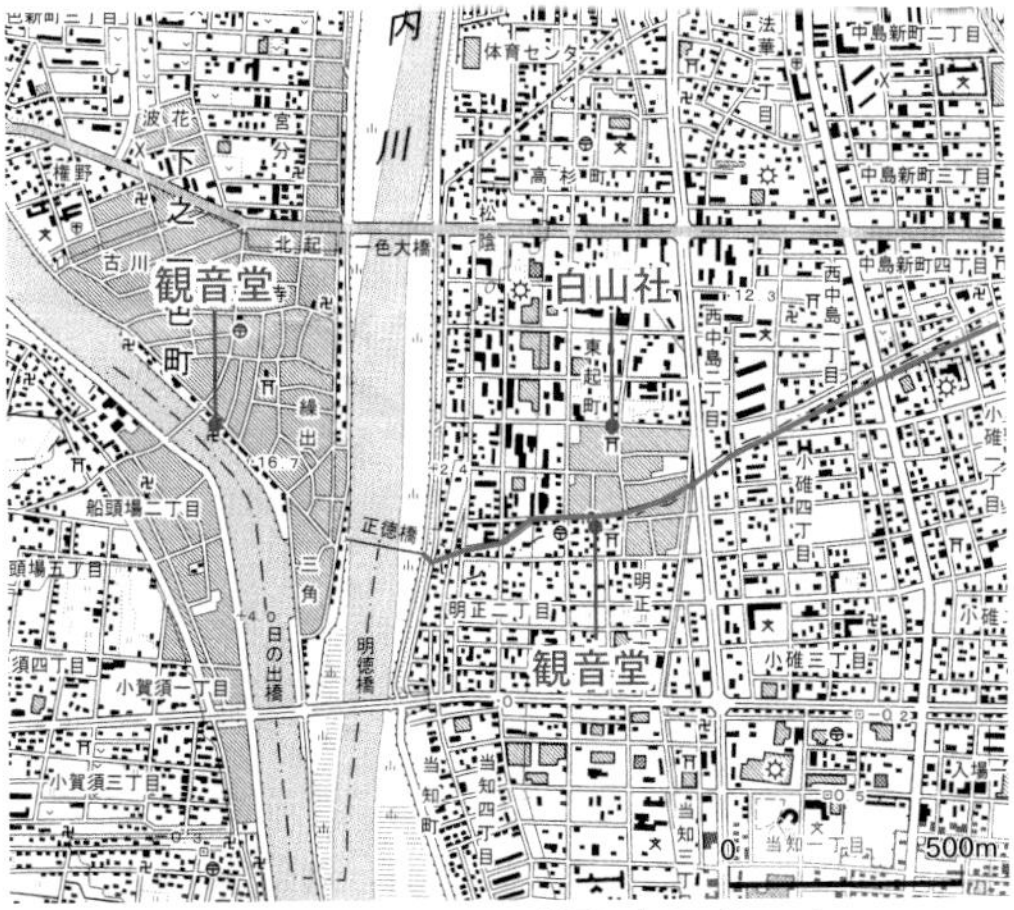

百曲街道と下之一色　1/2.5 万「蟹江」平成 16 年

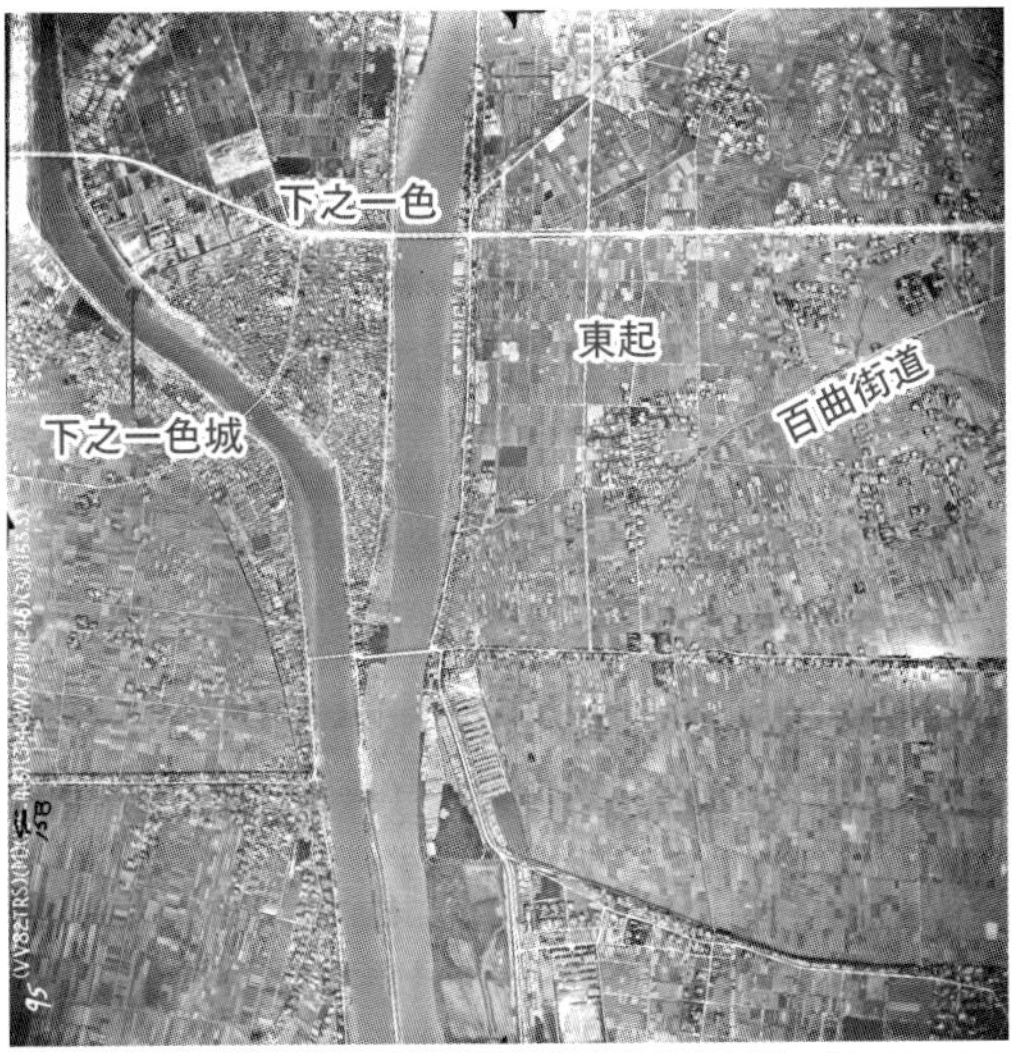

百曲街道と下之一色の空中写真（旧日本軍撮影〔戦前〕国土地理院蔵）

東起城を探す

『尾張志』に城跡は、「民居の北西の方に属たる地にて」「大概東西六十四間南北七十二間あり」と記されている。明治一七年の地籍図にも、字城屋敷の字名があり、北西部分は、宅地が多く、西方は田が多い。東側が字寅屋敷との字境で白山社の参道になっているが、道幅が広く平均三間二分二厘と記されている。堀を埋め立てて参道にした可能性があり、東西一一五・二メートル、南北一二九・六メートルの規模を当てはめる

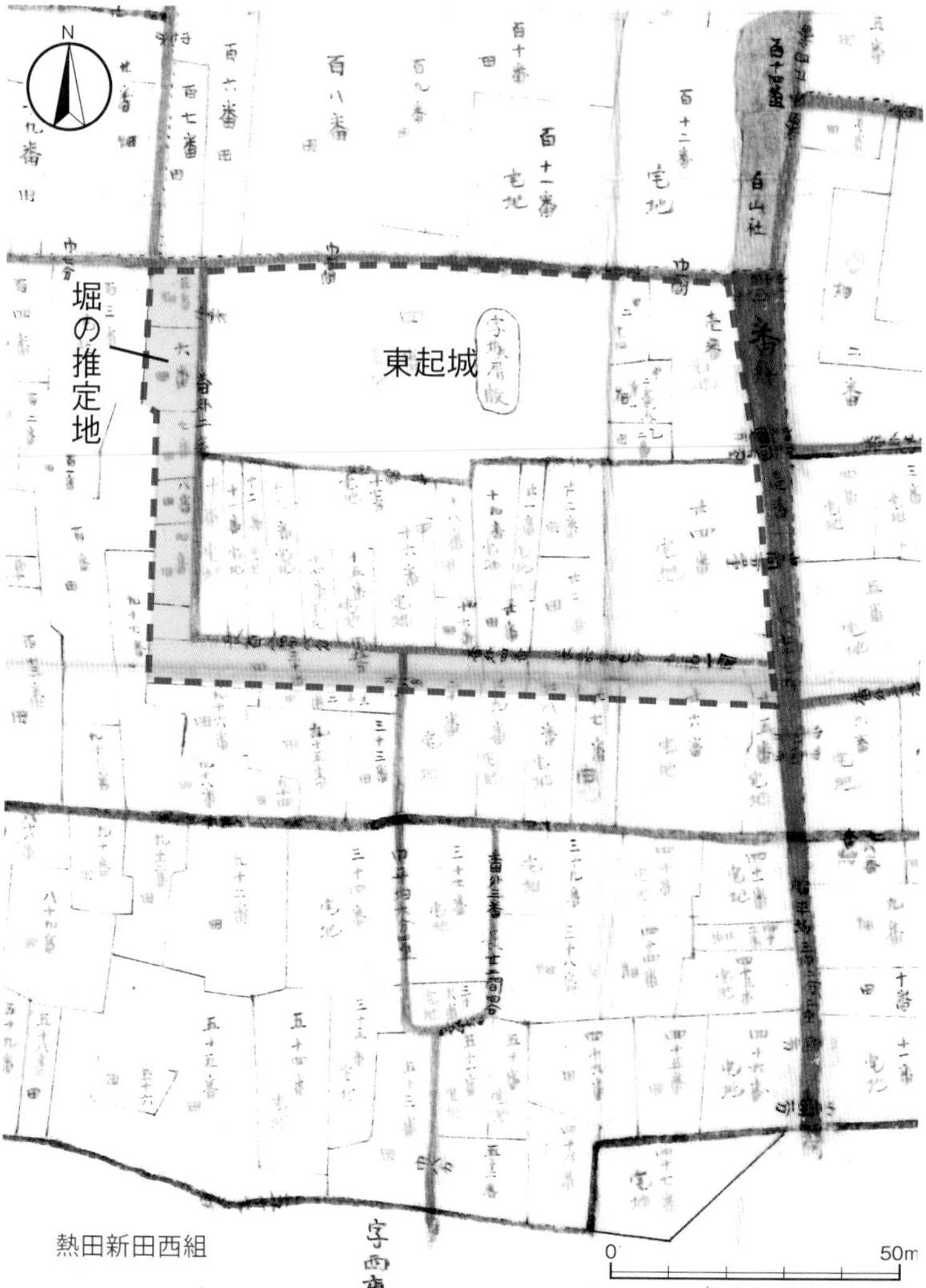

東起地籍図（愛知県公文書館蔵）

と、東端は字境の参道、西端は、堀跡の可能性がある字城屋敷五番地から九番地の地目が田の場所までの一〇九・二メートル、南端は字城屋敷四三番地から九二番地、北端は白山社の南の東西道までの一二八・四メートルが、想定される城の範囲である。南面中央には大手口の痕跡と推定される道があり、百曲街道につながっている。白山社は、寛永一六年（一六三九）の造営と伝えられ、城とは無関係であるが、鬼門の位置にあり、何らかの社が鎮護のために祀られていたかもしれない。『愛知県中世城館跡調査報告Ⅰ（尾張地区）』では、この推定範囲の南東部の一角を比定しているが、規模的に小さい。

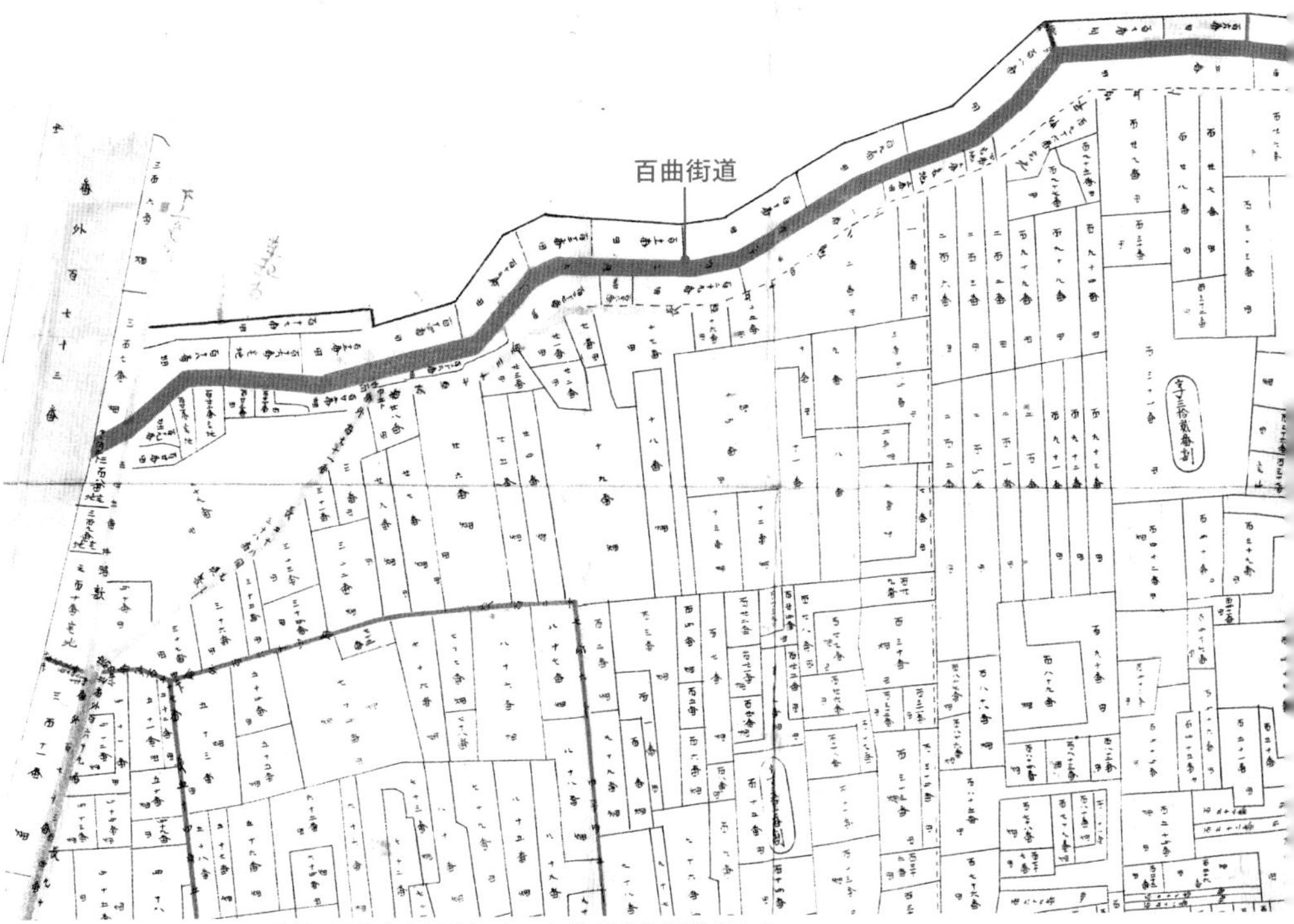

熱田新田西組地籍図（愛知県公文書館蔵）太い赤線が百曲街道である

百曲街道を歩く

古渡橋付近から熱田区八番町を経て港区明徳橋に至る道で、曲がりくねっていたことからこの名前が付くが、実際に曲がっていたのは、中川区東起町と港区明正一丁目を分ける境界付近である。それ以外は真っすぐな道に直されたといわれているが、明治一七年の地籍図をみると、東方の道は現在と同じような真っすぐな道である。

曲がりくねった道となったのは、海岸線の汀線上の浜堤の上を道にしたためと思われる。このあたりの百曲街道は、港区明正一丁目、二丁目にあたり、江戸時代の熱田新田西組の土地である。熱田新田は、正保四年（一六四七）に藩が開墾したもので、御新田と呼ばれていた。慶安四年（一六

東起城付近

白山社

排水路（東起）

五一）に一番から三三番まで地割りをして検地が定まった。この番割は西国三三番の観音を配置したが、文政五年（一八二二）にはすでに散在合祀されていた。

観音堂

新田開発の無事と良民の安全を祈願し、三三の観音堂が置かれた。港区明正一丁目、百曲街道沿いに所在する観音

百曲街道（東から見たところ）

堂は、五か所の番割観音を合祀している。二九番割は青葉山松尾寺、三〇番割は竹生島宝厳寺、三一番割は長命寺、三二番割は観音正寺、三三番割は谷汲山華厳寺の影響を受け、堂内には観世音菩薩、釈迦如来を祀る。

下之一色――村から町へ

中川区下之一色町は、庄内川の右岸に大半が、一部が左

百曲街道（西から見たところ）

岸に位置している。かつて庄内川は、蛇行して下之一色村の北側から西側を流れていたものを、まっすぐに通し、蛇行していた部分は、天明元年（一七八一）新たに掘った新川の流路に付け替えたことによる。

江戸時代の愛知郡下之一色村は、家数二四四軒、人数一二四六人、正雲寺、浅間社、猟船六四艘を有していた。明治二二年（一八八九）、町村制施行により下之一色村となる。大正六年（一九一七）町制施行により下之一色町となる。昭和一二年（一九三七）三月名古屋市に編入され南区に、同年一〇月に中川区となる。

下之一色を歩く

下之一色町は、かつては漁業の町であったが、昭和三〇年代に漁業は衰退した。町内の道は狭く、昔の面影を色濃く残している。巡歴の終着点として、三十三番札所の観音堂が堤防上にある。

昔、漁師が嵐にあい、観音の加護で助かったお礼に観音堂を建て、絵巻物を奉納し、青峯堂と名づけた。絵巻物は伊勢湾台風で流された。堤防上にあったが、現在は特別養

下之一色城址

庄内川越しに下之一色を望む

市内で最も小さな交差点か（下之一色）

青峯堂

下之一色の神楽屋形（名古屋まつりにて）

護老人ホーム共愛の里の敷地にある。また、下之一色城は、新川の流路上に位置し滅失したとされるが、石碑が青峯堂のところにあった。現在は、正色小学校の南東入口に移築されている。

　一色祭りでは、隔年に巻きわら屋形三基による夜祭がおこなわれる。地区で保管されている神楽屋形は、秋の名古屋まつり「神楽揃」にも出演している。

◉名古屋市内の指定文化財一覧（2）―建造物―

●国指定文化財

種別	名称	員数	時代・説明	指定年月	所在地
建造物	観音寺多宝塔	一基	室町時代　天文五年（一五三六）	大正一〇年四月三〇日	中川区荒子町宮窓一三八
建造物	竜泉寺仁王門	一棟	桃山時代　慶長三年（一六〇七）	昭和三年四月四日（昭和三二年六月一八日追加）	守山区竜泉寺一—九〇二
建造物	名古屋城西南隅櫓　東南隅櫓　西北隅櫓　表二の門	四棟	桃山時代　慶長一七年（一六一二）頃	昭和五年一二月一一日	中区本丸一
建造物	富部神社本殿	一棟	桃山時代　慶長一一年（一六〇六）　一間社流造、檜皮葺	昭和三二年六月一八日	南区呼続四—一三—三八
建造物	名古屋城二之丸大手二之門	一棟	桃山時代　慶長一七年（一六一二）頃	昭和五〇年六月二三日	中区本丸一
建造物	名古屋城旧二之丸東二之門	一棟	桃山時代　慶長一七年（一六一二）頃	昭和五〇年六月二三日	中区本丸一
建造物	興正寺五重塔	一基	江戸時代　文化五年（一八〇八）　三間五重塔婆、本瓦葺	昭和五七年二月一六日	昭和区八事本町七八
建造物	旧名古屋控訴院　地方裁判所区裁判所庁舎	一棟	大正一一年（一九二二）	昭和五九年五月二一日	東区白壁一—三
建造物	名古屋市東山植物園温室前館	一棟	昭和一一年（一九三六）	平成一八年一二月一九日	千種区田代町瓶杁一—一四
建造物	名古屋市庁舎	一棟	昭和八年（一九三三）日本趣味を基調とした近世式	平成二六年一二月一〇日	中区三の丸三—一—一
建造物	愛知県庁舎	一棟	昭和一三年（一九三八）日本趣味を基調とした近世式	平成二六年一二月一〇日	中区三の丸三—一—二

●愛知県指定文化財

種別	名称	員数	時代・説明	指定年月	所在地
建造物	瑞泉寺総門	一棟	江戸時代　黄檗式	昭和三二年一月一二日	緑区鳴海町相原町四
建造物	建中寺　徳川家霊廟	四棟	江戸時代　天明七年（一七八七）権現造	昭和三五年六月二日	東区筒井一—七—五七
建造物	東照宮　社殿	二棟	江戸時代　慶安四年（一六五一）唐門、透塀、本殿	昭和三五年六月二日	中区丸の内二—三—三七
建造物	草結庵	一棟	江戸時代　刷毛目塗	昭和三八年九月二〇日	千種区法王町一—一
建造物	暮雨巷	一棟	江戸時代　俳人住宅	昭和三八年九月二〇日	瑞穂区陽明町二—四
建造物	無縫塔	一基	鎌倉時代　石造	昭和三九年三月二三日	守山区小幡中二—二四—四五
建造物	井桁屋（服部家住宅）	一一棟	江戸時代後期～明治時代　町屋建築	昭和三九年一〇月一四日	緑区有松二三一三

種別	名称	員数	時代・説明	指定年月	所在地
建造物	旧藤山家住宅日本家	一棟	昭和七年（一九三二） 木造平屋建楼閣付	昭和五四年六月一三日	昭和区御器所三―一―二九
建造物	旧渡辺家書院及び茶室	一件	江戸時代 書院 木造二階建 茶室 木造平屋建 ともに桟瓦葺	昭和五六年二月二三日	昭和区汐見町四―一
建造物	伊藤家住宅	五棟	江戸時代 享保七年（一七二二） 堀川筋商家	昭和六二年一月一四日	西区那古野一―三六―一二
建造物	服部幸平家住宅倉	一棟	江戸時代後期 町家建築の土蔵	昭和六二年一月一四日	緑区有松町大字有松橋東北九九
建造物	日泰寺奉安塔 附 石門及び玉垣 設計図（立面図） 礼拝殿 通天門 土塀	一基	大正七年（一九一八） 北インド式仏塔	昭和六二年一月一四日（附 平成二七年九月五日追加）	千種区城山新町一―一―一

●市指定建造物

種別	名称	員数	時代・説明	指定年月	所在地
建造物	宗円寺宝篋印塔	一基	室町時代 応安三年（一三七〇） 石造 高さ八四センチ	昭和四八年一〇月一五日	昭和区御器所三―一九―一八
建造物	宝生院開山塔	一基	室町時代 正平九年（一三五四） 石造宝篋印塔 高さ一三七㎝	昭和四八年一〇月一五日	天白区天白町八事裏山 八事墓地内・宝生院墓地
建造物	宝生院中興開山印雅上人逆修塔	一基	江戸時代 寛永一四年（一六三七） 石造五輪塔	昭和四八年一〇月一五日	天白区天白町八事裏山 八事墓地内・宝生院墓地
建造物	光音寺無縫塔	一基	南北朝～室町 石造 高さ八〇・三㎝	昭和四八年一〇月一五日	北区光音寺町二―三七
建造物	風信亭	一棟	江戸時代 屋根桟瓦葺庇檜皮葺数寄屋造	昭和四八年一〇月一五日	西区
建造物	旧志水家玄関車寄せ	一棟	江戸時代 玄関唐破風	昭和四八年一〇月一五日	西区
建造物	余芳亭	一棟	江戸時代 桟瓦葺数寄屋造	昭和四八年一〇月一五日	中区本丸一
建造物	薬草倉	一棟	江戸時代 方柱間三間板倉造	昭和四八年一〇月一五日	瑞穂区田辺通三―一（名古屋市立大学薬学部内）
建造物	須弥壇	一具	江戸時代中期（天明年間）	昭和五三年一二月一三日	中川区野田三―一八七
建造物	丹羽家住宅	一棟	江戸時代後期 旧旅籠屋「伊勢久」	昭和五九年四月二六日	熱田区神戸町九〇二
建造物	建中寺 総門 三門 鐘楼 御成門	四棟	江戸時代	昭和六〇年四月二三日	東区筒井一―二〇一、一―七〇三―一
建造物	熱田荘	一棟	明治二九年（一八九六） 桟瓦葺二階建旧料亭「魚半」	昭和六〇年四月二三日	熱田区神戸町九―一四
建造物	鶴舞公園噴水塔	一基	明治四三年（一九一〇）	昭和六一年五月二七日	昭和区鶴舞一（鶴舞公園内）
建造物	鶴舞公園普選壇	一基	昭和三年（一九二八） コンクリート造	昭和六一年五月二七日	昭和区鶴舞一（鶴舞公園内）
建造物	松重閘門	一式	昭和五年（一九三〇）	昭和六一年五月二七日	中川区山王一―九〇一
建造物	勝鬘寺 本堂 山門 太鼓楼	三棟	江戸時代 一七世紀前半推定 入母屋造桟瓦葺・一間薬医門本瓦葺	昭和六一年五月二七日	中区栄三―三三―一〇

建造物	岡家住宅　主屋　作業場　東倉　西倉	四棟	江戸時代後期（主屋）　江戸時代後期～明治時代	昭和六二年六月一二日	緑区有松八〇九
建造物	小塚家住宅　主屋　表倉　南倉	三棟	江戸時代後期（主屋）　明治時代中期（表倉）	平成四年七月一四日	緑区
建造物	竹田家住宅	九棟	江戸時代後期～明治時代前期他	平成七年八月二二日	緑区
建造物	井元家住宅	五棟	大正一五年（一九二六）他	平成八年四月一八日	東区撞木町二―一八
建造物	富部神社祭文殿及び回廊	三棟	江戸時代後期	平成八年八月二一日	南区呼続四―一三―三八
建造物	日泰寺大書院鳳凰台	一棟	大正一五年（一九二六）	平成一一年四月二〇日	千種区法王町一―一
建造物	建中寺　本堂　経蔵	二棟	江戸時代	平成一一年四月二〇日	東区筒井一―七〇三―一
建造物	建中寺開山堂及び源正公廟	三棟・一基	江戸時代	平成一二年四月一九日	東区筒井一―七〇三―一
建造物	揚輝荘	五棟	昭和一二年（一九三七）他	平成二〇年五月二六日	千種区法王町二―五―一七（南園）、二一（北園）
建造物	鍋屋上野浄水場　旧第一ポンプ所	一棟	大正三年（一九一四）	平成二四年九月六日	千種区宮の腰町一―三三
建造物	東山配水場　旧軽量室	一棟	大正三年（一九一四）	平成二四年九月六日	千種区田代町字四観音道西五一―五
建造物	本願寺名古屋別院　鐘楼	一棟	江戸時代	平成二九年四月二四日	中区門前町一―一八
建造物	笠覆寺　本堂　多宝塔　仁王門　鐘楼	四棟	江戸時代	平成二九年八月二一日	南区笠寺町上新町八三

●重要伝統的建造物群保存地区

種別	名称	員数	時代・説明	指定年月	所在地
伝統的建造物群	名古屋市有松伝統的建造物群保存地区	一件	江戸時代　慶長五年（一六〇〇）　約七・三ヘクタール	平成二八年七月二五日（平成二八年二月二九日　伝統的建造物群保存地区指定）	緑区有松の一部

[第 6 章]

新田開発・干拓の労苦をしのぶ

神楽屋形（名古屋まつり）

【二三番】

込高新田

新田堤防の構築法

新田干拓

新田干拓は、遠浅の海を堤防で囲み、干潮時に完全に堤防を締め切り、海底を干上がらせて土地を得るという手法をとる。塩分の多い土地であるため、当初は畑として塩分の除去を数年から十数年かけておこない、その後水田に切り替えていった。藩の主導による熱田新田のような大規模な新田を除き、多くは商人や庄屋など個人の努力による新田であり、堤防の決壊や資金繰りなどにより途中で事業者が代わる場合もあった。

新田は、堤防、水路、耕作地から成り立っており、耕作者は堤防上に家を建てることが多かった。そのほか、観音堂や神社などがあった。

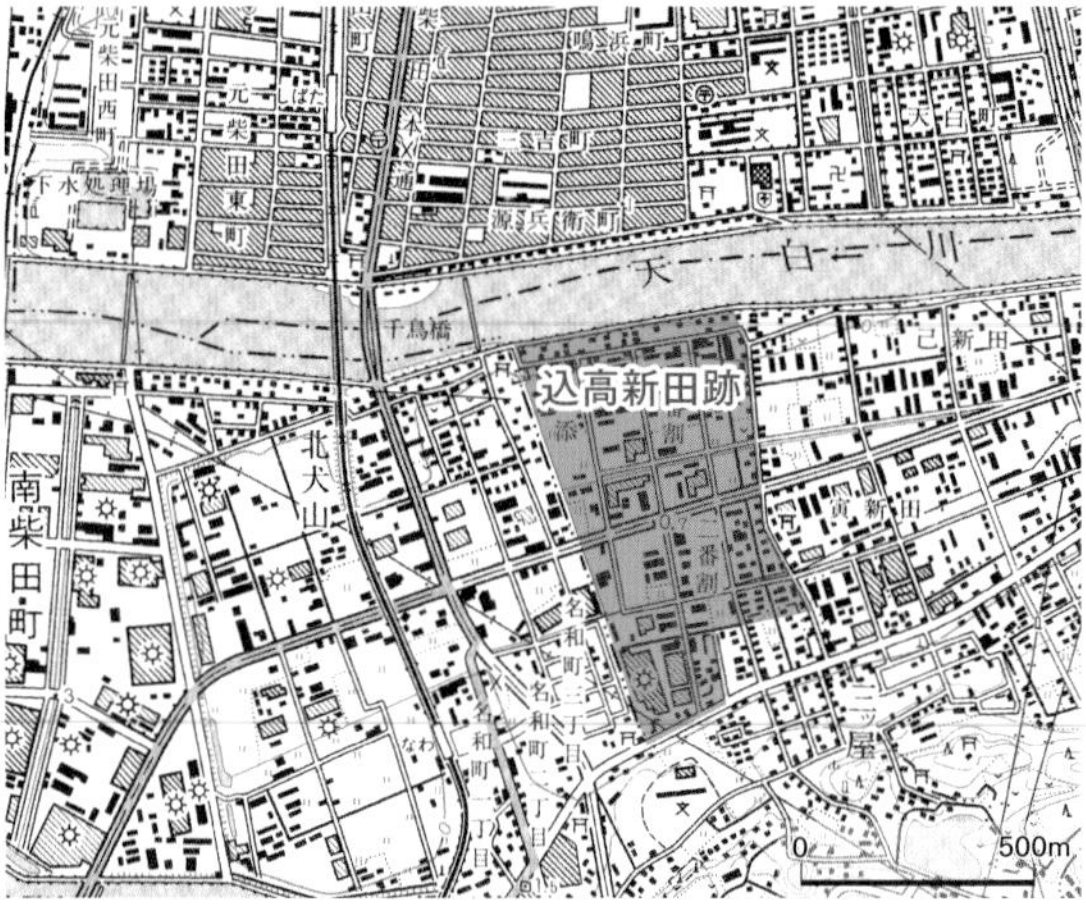

大高付近　1/2.5万「鳴海」平成14年

込高新田付近の空中写真（旧日本軍撮影〔戦前〕国土地理院蔵）

込高《こみたか》新田堤防

込高《こみたか》新田堤防は、緑区大高町字川添・杁前・三番割、大高町の西端と東海市名和町

緑区

込高新田の地籍図（愛知県公文書館蔵）

との境に位置する。延宝八年（一六八〇）に、東側に開かれた込高新田の干拓用締め切り堤防（大手堤）として築堤されたものである。堤防は、長さ約八〇二メートル、上幅約二メートル、下幅六〜七メートル、高さ二・五〜三メートルの大きさがある。

この新田には、宝暦二年（一七五二）に志水甲斐守領となって三五戸一八三人が居住し、御納戸新田と呼ばれた。宝永・正徳年間（一七〇四〜一六）の頃には込高新田と呼ばれていたようである。この新田への用水の供給のため、大高町字定納山の蛇池・砂走池が造られたといわれる。

堤防の発掘調査

昭和五九年（一九八四）一二月から昭和六〇年二月にか

込高新田堤防（北から見たところ）

込高新田堤防（南から見たところ）

込高新田堤防（南から見たところ）

込高新田堤防（南から見たところ）

けて、堤防北端から約四五メートル分が発掘調査された。調査の結果、堤防の構築方法が明らかになった。土積の方法は、四段階に分けて考えることができる。

　第一段階は、海底面に長さ約一・五メートルの丸木杭を〇・四〜〇・五メートル間隔で深さ〇・五メートル打ち込む。この杭が堤防の中軸線になる。

　第二段階は、この杭の左右に約一メートル及び一・六メートルの位置で長さ約〇・三メートルの木杭を〇・七〜〇・八メートル間隔で打ち込む。

　第三段階は、中央の杭を目安に東側に断面三角形の土堤を築く。この土層は、さらに細分することができるので、土塊（土嚢や俵）が積み上げられたと考えられる。

　第四段階は、第三段階で積んだ土堤にもたれかけるように青灰色粘土を積む。最後に上面が平坦になるように粘土を積み整形する。

　このほか、昭和三四年の伊勢湾台風で決壊した箇所を修復したとみられる板塀状の木材や築造時の中央杭に番線で留めた横木や杭が出土した。

　令和二年（二〇二〇）三月には、地元の協力により解説板が大高町字杁前、県道五九号線沿いの堤防脇に建てられた。

込高新田堤防の解説板

【二四番】

茶屋後新田

近世干拓地の景観

港区

港区の生い立ち

名古屋市の南西部に位置する港区は、庄内川をはじめとする河川の河口部であり、伊勢湾最奥部に接する。国際貿易港である名古屋港や港湾に立地する工業地域と共に、南陽地区を中心に農業振興地域が広がる。戦後に埋め立てられた土地を除くと、近世に干拓によって形成された新田の歴史を背景に発展してきた。

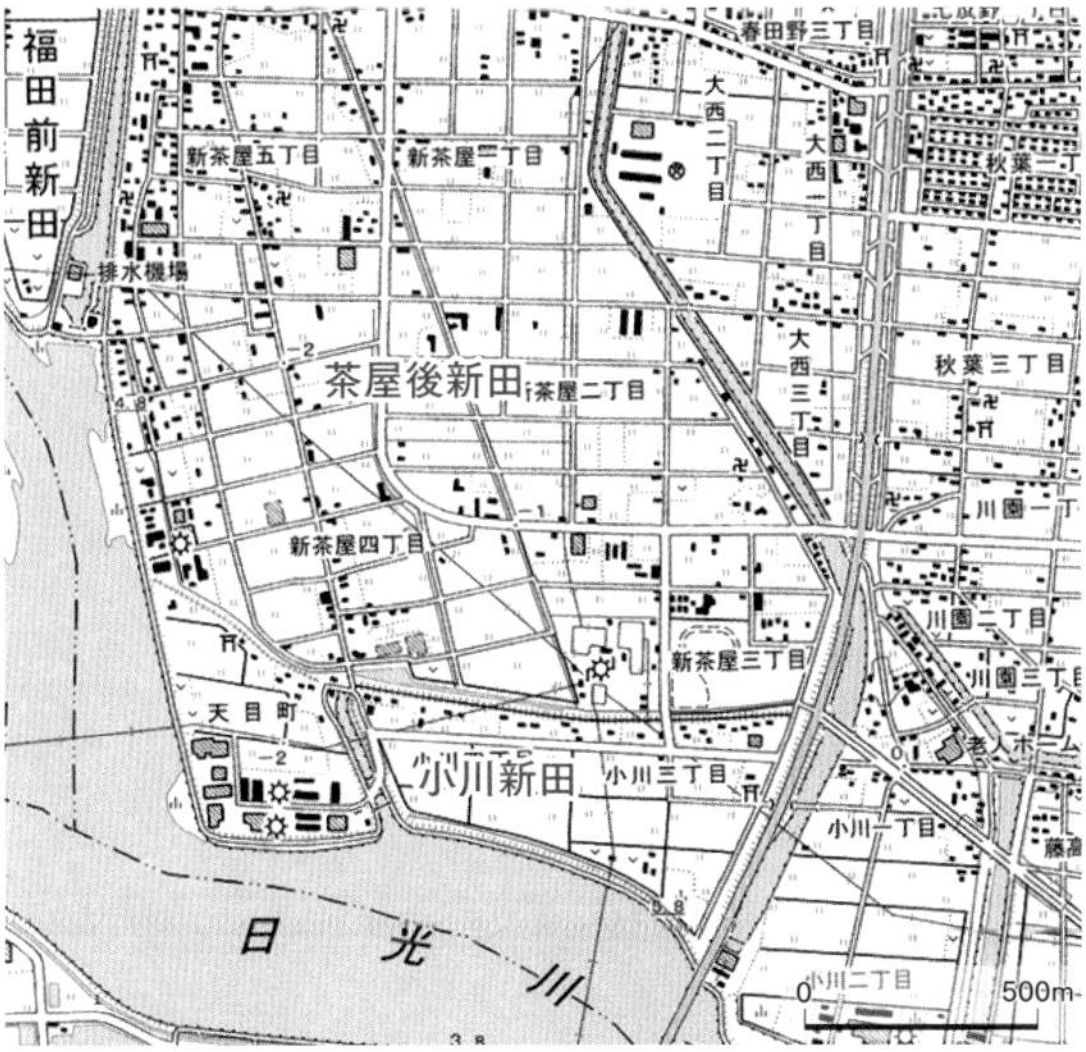

新茶屋付近　1/2.5万「蟹江」平成16年

新茶屋・小川付近の空中写真（旧日本軍撮影〔戦前〕国土地理院蔵）

港区の新田

港区には、二二の新田がある。最も早くに干拓がおこなわれたのは、新川と戸田川にはさまれた東福田新田（寛永一七年〔一六四〇〕）であった。以後、西福田新田、熱田新田（一部熱田区、中川区にまたがる）、茶屋新田、茶屋後新田、船方新田、甚兵衛新田と続く。一八世紀になり、土古山新田、福田前新田、甚兵衛後新田、七島新田、小川新田、藤

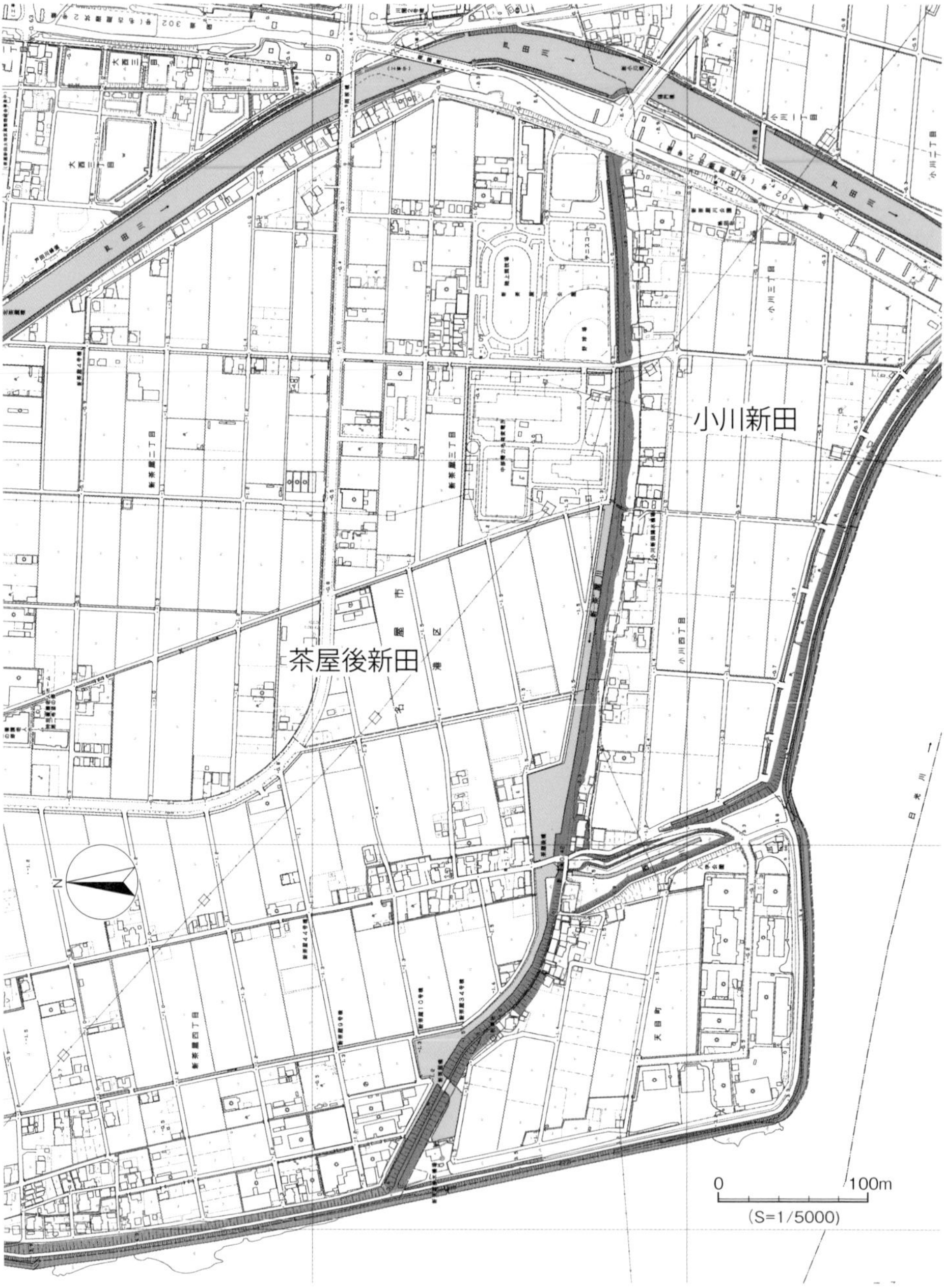

茶屋後新田と小川新田の堤防と水路（堤防と水路を着色）

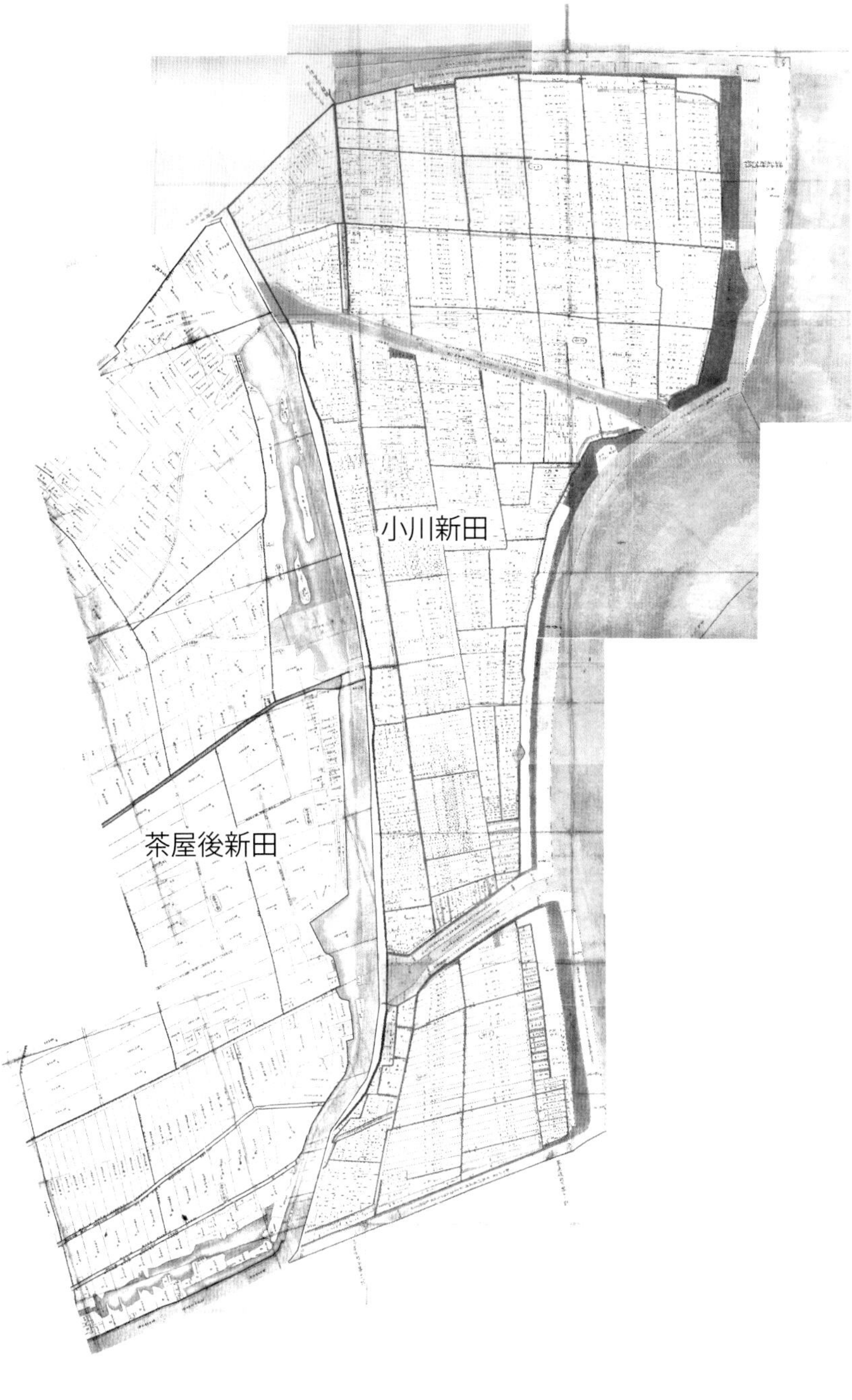

地籍図　茶屋後新田と小川新田（愛知県公文書館蔵）

高新田、熱田前新田が、一九世紀には元美新田、山藤新田、神宮寺新田、稲富新田、宝来新田、藤高前新田、永徳新田、熱田築地前新田が開発された。

　新田開発は、尾張藩による東福田新田、西福田新田、熱田新田のほか、町人による請負新田としておこなわれた。

茶屋家の開いた新田

　尾州茶屋家は、朱印船貿易で富を築いた京都茶屋家、茶

堤防と新茶屋川（東から見たところ）

屋四郎次郎清延の第三子である新四郎長吉により創設された。茶屋家では当主となると出家し、初代新四郎長吉は長意（法号）を名乗った。茶屋家は茶屋町（中区丸の内二丁目）に居宅と店舗があった。

　茶屋新田は、長意が寛文三年（一六六三）に開拓した一五四町歩、一六七一石の収量を上げた。茶屋後新田は、二代目茶屋新四郎良延（法名長以）により延宝五年（一六七

堤防と新茶屋川（東から見たところ）

七）、により開発され、一一二町歩、一一九〇石の収量を上げた。

茶屋後新田

　茶屋後新田は、東は戸田川右岸、西は福田川左岸・日光川左岸、北は西福田新田（寛永二〇年）、南は小川新田（寛政九年）に囲まれ、一番割から三番割に分かれていた。現在の新茶屋一（一部は茶屋新田）、二、三、四、五丁目に

堤防と新茶屋川（西から見たところ）

あたる。東西一〇〇〇〜一三八〇メートル、南北一一五〇〜一三九〇メートルを占め、今でも水田景観が広がる。

　国道三〇二号線を南下、戸田川にかかる両茶屋橋をわたり、しばらくいくと左手に新茶屋川公園がみえる（市バス「両茶橋」または「両茶橋北」下車、南に約三〇〇メートル）。公園をぬけると東西方向に水路（新茶屋川）があり、その正面に木々の茂った土手が視

茶屋後橋と新茶屋川（西から見たところ）

野を遮っている。この土手が茶屋後新田の堤防である。中部電力名南変電所の西側へ行くと、新茶屋川の幅が広がり、土手も木々がないところがあり、堤防の形を見ることができる。茶屋後新田内の水路は南北方向に開削され、この新茶屋川に流れ込む。新茶屋川に沿い約四六〇メートル西に向かうと茶屋後橋があり、橋のところから南に水路が延びるが、かつてはここが締め切りか所であったと思われる。現在、新茶屋川は西端で堤防の南に延ばされ、新茶屋排水機場でポンプにより排水されている。

伊勢湾台風後の浸水状況。新田堤防のみが露出しており、海を囲って干拓した状況が想像できる（愛知県公文書館蔵）

堤防の規模

堤防は、新茶屋四丁目西側、天目町境で約四三〇メートル、新茶屋三丁目、四丁目東側と小川三丁目、四丁目境で約九五〇メートルあり、一部は住宅などで削平されているが、良好に残っている。下底幅約二五メートル、高さ約三・七～三・二メートル、断面台形状をしている。東西の川岸の堤防は、新田堤防を基盤としながら、かさ上げされて補強されていると思われる。

小川四丁目（南西から）奥の林が堤防

新茶屋四丁目に観音堂、新茶屋五丁目に茶屋後神明社、了誓寺、阿弥陀寺がある。茶屋後神明社は、新田開発に際し、初代茶屋長意により三十番神を祀ったのが始まりで、明治になって神仏習合の信仰神を廃し、神明社となった。境内には、明治になって新田を所有した関戸家に感謝する「頌徳碑」（昭和二二年）、「土地改良之碑」（昭和三八年）、「開発三百年記念之碑」（昭和四六年）などが建つ。文政一三年（一八三〇）の銘がある神楽屋形が、秋祭りに花を添える。

頌徳碑

新茶屋神楽（名古屋まつりにて）

【コラム】神楽屋形

近世、名古屋の祭りといえば、東照宮、三の丸天王社（那古野神社）、若宮八幡宮の三社の祭礼を指す。これらの祭礼には山車が出たが、近世後期になると農村部でも山車が曳かれるようになる。一般的にはこうした町方の山車に対して、農村部の祭礼では、神楽（神楽屋形）が出されることが多かった。尾張地方で神楽というのは、獅子舞用の獅子頭を納める獅子屋形（神楽屋形）とそれに伴う囃子を合わせてというのが一般的である。名古屋市北東部ではヤカタと呼ぶが、中村区、中川区、港区ではカグラと呼ぶ。神楽屋形には彫刻が施されている。唐獅子、竜、麒麟、唐子、神仏譚、合戦物などさまざまで、棟には鯱が取り付けられる。屋形全体が金箔、総漆で屋根先には瓔珞《ようらく》が吊るされる。屋形は神楽台に乗せる。神楽台には大太鼓と小太鼓が取り付けられて、竹を細く削った桴《ばち》で叩く。市内には八〇基近くが現存している。

辰巳町

当知

知多山

惟信

蟹田

七島

土古川西通

藤高

【コラム】名古屋港筏師一本乗り

海の日名古屋みなと祭でおこなわれる「名古屋港筏師一本乗り大会」は、名古屋港の筏師の一本乗りの技術の公開としておこなわれている。名古屋港の筏師の歴史は、木曽の山から木材を伐りだし、川を使って運送する際の技術として、近世以前にさかのぼる。慶長一五年（一六一〇）の名古屋城とその城下町の建設、元和元年（一六一五）木曽が尾張藩の領地になったことから、大量の木材が筏師により木曽の山から熱田の湊に集められた。熱田から名古屋への運搬は、福島正則によって堀川と太夫堀が開削され利用された。近世の名古屋では、堀川河口に材木奉行所と御木材場が置かれ、木材を扱う店も堀川沿いに集まった。筏師もここに居を構えた。

　こうした歴史を受け継ぐ現在の名古屋港の筏師は、船から水上に荷卸しされた原木（輸入材）を集めて筏組みしたり、貯木場や荷主から指定された場所へ移動したり、また筏の管理や筏の解体などで、通年おこなわれている。

　昭和二九年（一九五四）九月二二日に、名古屋市文化財保護助成要綱により「名港筏一本乗り（名古屋港）」として無形文化財に指定された。その後、名古屋市文化財保護条例が制定され、昭和五一年（一九七六）九月一〇日、同条例により無形民俗文化財「名古屋港筏師一本乗り」に指定された。

　昭和三〇年（一九五五）は、国内木材自給率九四・五％であったが、その後減少の一途をたどり、昭和五五年（一九八〇）には三一・七％、平成一二年（二〇〇〇）には一八・二％に至った。木材供給量も平成七年（一九九五）の一億一一九二万立方メートルをピークに近年は約七千万立方メートルで推移している。輸入木材の

丸太一本突き乗り

角相乗り

籠乗り

形態が丸太から製材された加工品に移ってきたこと、また世界の森林資源の減少と環境保護の点から、日本の原木輸入量は激減の一途をたどっている。そのため、筏師の雇用の安定と確保、特に現役筏師が建在な間に、後継者を育成することが課題となっている。平成六年（一九九四）には名古屋港筏師一本乗り保存会が結成され、一本乗りの技術や文化の継承に尽力されている。

国内では東京都に都無形民俗文化財「木場の角乗り」がある。

ロッグローリング

木遣り

金の鯱

ありし日の貯木場（南区化物新田〔現加福町〕池田陸介氏旧蔵）

参考文献

愛知県編　二〇〇五年『愛知県史　資料編3　考古3　古墳』愛知県

愛知県編　二〇〇六年『愛知県史　別編　文化財1　建造物・史跡』愛知県

愛知県編　二〇一〇年『愛知県史　資料編4　考古4　飛鳥〜平安』愛知県

愛知県教育委員会編　一九九一年『愛知県中世城館跡調査報告Ⅰ（尾張地区）』愛知県教育委員会

愛知県公文書館編　二〇一九年「第45回愛知県公文書館企画展　写真で見るあいちの地震・台風—伊勢湾台風60年—」愛知県公文書館

赤塚次郎　一九八九年「断夫山古墳をめぐる諸問題」『断夫山古墳とその時代』愛知考古学談話会

池田誠一　二〇〇七年『なごやの古道・街道を歩く』風媒社

池田誠一　二〇一二年『なごやの鎌倉街道をさがす』風媒社

石黒立人　二〇一一年「「高蔵遺跡」近現代史序論」『南山大学人類学博物館所蔵考古資料』六一書房

石部正志・田中英夫・堀田啓一・宮川徏　一九九二年「見瀬丸山古墳の築造企画の検討」『古代学研究』第一二七号　古代学研究会

出雲考古学研究会編　一九八七年『古代の出雲を考える6　石棺式石室の研究』出雲考古学研究会

市澤泰峰　二〇一二年「御器所西城で確認された堀についての検討」『名古屋市見晴台考古資料館研究紀要』第一四号　名古屋市見晴台考古資料館

伊藤秋男　二〇一〇年『南山大学学術叢書　地籍図で探る古墳の姿（尾張編）—塚・古墳データ一覧—』人間社

伊藤厚史　一九八九年『若葉通遺跡発掘調査の概要』名古屋市教育委員会

伊藤厚史　二〇一〇年「遺跡からみた軍事施設と戦争」『名古屋市中区誌』中区制施行一〇〇周年記念事業実行委員会

伊藤厚史　二〇一二年「笠寺一里塚と東海道の一里塚」『名古屋市見晴台考古資料館研究紀要』第一四号　名古屋市見晴台考古資料館

伊藤厚史　二〇一四年『若葉通遺跡第3次発掘調査報告書』名古屋市教育委員会

伊藤厚史　二〇一六年『学芸員と歩く　愛知・名古屋の戦争遺跡』名古屋市教育委員会・六一書房

伊藤厚史　二〇一八年「愛知県内に残るラジオ塔」『戦史考古学研究』第九号　自費出版

伊藤厚史　二〇一九年『名古屋市文化財調査報告１０２　埋蔵文化財調査報告書85　姥神遺跡　末盛城』名古屋市教育委員会

伊東重光　二〇一五年「瀬戸線の移り変わり」『名古屋地図さんぽ』風媒社

伊藤文四郎　一九二八年「断夫山古墳」『愛知県史蹟名勝天然紀念物調査報告　第六』愛知県

伊藤正人　一九九三年「名古屋の縄文時代—遺跡の様相—」『名古屋の縄文時代（資料集）』名古屋市見晴台考古資料館

井戸　聡　二〇一四年「名古屋港の筏（名古屋港筏師一本乗り）」『大学的愛知ガイド—こだわりの歩き方』昭和堂

大塚康博　一九八八年『考古学の風景—名古屋における発見と調査のあゆみ—』名古屋市博物館

猪高村誌編纂委員会編　一九五九年『猪高村誌』猪高村誌編纂委員会

岩原　剛　二〇一七年「3　考古学から穂国造を考える」『三河国、ここにはじまる！』雄山閣

近江俊秀　二〇一二年『道が語る日本古代史』朝日新聞出版

近江俊秀　二〇一三年『古代道路の謎―奈良時代の巨大国家プロジェクト』祥伝社
大谷俊雄　一九八二年「近つ飛鳥廃寺（俗称西の寺）考」『郷土近つ飛鳥』第四号　羽曳野郷土研究会
小栗鐵次郎　一九四一年「名古屋市昭和区大曲輪貝塚及同下内田貝塚」『愛知県史蹟名勝天然紀念物調査報告』第十九　愛知県
小和田哲男・岡本柳英・吉岡勲　一九七九年『日本城郭体系9　静岡・愛知・岐阜』新人物往来社
小和田哲男　二〇一九年「築城」『近世城郭の最高峰　名古屋城』名古屋城検定実行委員会
鍵谷徳三郎　一九〇八年「尾張熱田高倉貝塚實査」『東京人類学会誌』第二三巻第二六六号
鍵谷徳三郎　一九〇八年「尾張熱田高倉貝塚實査」『考古界』第七篇第二号
学習研究社編　二〇〇四年『よみがえる日本の城3　名古屋城　岡崎城　犬山城　田原城　西尾城　吉田城』学習研究社
梶山勝　二〇〇〇年「古代東海道と両村駅―豊明市出土の平城宮式軒丸瓦の提起する問題―」『名古屋市博物館研究紀要』第二三巻　名古屋市博物館
角川書店編　一九八九年『角川日本地名大辞典23　愛知県』角川書店
北区制50周年記念事業実行委員会編　一九九四年『北区誌』北区制50周年記念事業実行委員会
木下良　一九九九年「古代の交通制度と道路」『旅の古代史　道・橋・関をめぐって』大巧社
木下良監修　二〇〇一年『東海道絵図集成（二）東海道分間絵図　全一巻』国立国会図書館蔵、昭和礼文社
木下良　二〇一三年『日本古代道路の復元的研究』吉川弘文館
木村有作　二〇一五年「紫川をめぐる三万年の旅路―街に埋もれた清流を歩く」『名古屋地図さんぽ』風媒社
日下英之　一九九九年『熱田歴史散歩』風媒社
月刊日本橋制作　二〇〇三年『東海道一里塚ウォーキングガイド』月刊日本橋
児玉幸多　一九八六年『近世交通史の研究』吉川弘文館
小西恒典　二〇一九年「近現代史」『近世城郭の最高峰　名古屋城』名古屋城検定実行委員会
酒井俊彦・鈴木正貴・永井邦仁・鬼頭剛・堀木真美子　二〇〇二年『愛知県埋蔵文化財センター調査報告書第九八集　郷上遺跡』愛知県埋蔵文化財センター
島根県教育委員会編　一九八九年『風土記の丘地内遺跡発掘調査報告VI―団原古墳・下黒田遺跡―』島根県教育委員会
新村出編　一九九八年『広辞苑　第五版』岩波書店
千田嘉博　一九九〇年「尾張国における織豊期城下町網の構造―織田信雄期の支城を中心として―」『中世城郭研究論集』新人物往来社
千田嘉博　二〇一二年「第7章　名古屋城」『天下人の城　信長から秀吉・家康へ』風媒社
大礼記録編纂委員会編　一九一九年『大礼記録』清水書店　国立国会図書館所蔵　請求番号333-79
高田義一郎　一九三二年『兇器乱舞の文化―明治・大正・昭和暗殺史―』先進社　国立国会図書館所蔵　請求番号369.12-Ta27ゥ
武村雅之　二〇一三年「石碑が語る東京・名古屋の関東大震災」『歴史地震』第二八号
武村雅之　二〇一五年「遠隔地に建立された関東大震災の慰霊碑―名古屋市の日泰寺・照遠寺と長野市の善光寺における調査―」『地質工学』Vol.13
千種区婦人郷土史研究会　一九八一年『千種区の歴史』愛知県郷土資料刊行会
帝都罹災児童救援会編　一九二四年『関東大震大火全史』帝都罹災児童救援会　国立国会図書館所蔵　請求番号526-57
床次竹二郎　一九三〇年『令旨拝戴満拾周年に方り　全日本の青年諸君に告ぐ』社会基調協会
内藤東甫　一九七五年『張州雑志』巻二五　愛知県郷土資料刊行会復刻版

内藤昌編　一九八五年『日本名城集成　第3　名古屋城』小学館
内務省編　一九二六年『大正震災志　下巻』内務省社会局　国立国会図書館所蔵　請求番号 526-96 ィ
公益財団法人名古屋港福利厚生協会・愛知筏業連合会・海の日名古屋みなと祭協賛会「名古屋港筏師一本乗り」公益財団法人名古屋港福利厚生協会・愛知筏業連合会・海の日名古屋みなと祭協賛会
名古屋国際高等学校社会科教科会編　一九九九年『昭和区の歴史』愛知県郷土資料刊行会
名古屋市編　一九一五年『名古屋市史　寺社編』名古屋市
名古屋市編　一九一六年『名古屋市史　地理編』名古屋市
名古屋市編　一九九二年『なごやの町名』名古屋市計画局
名古屋市編　一九九七年『新修名古屋市史　第一巻』名古屋市
名古屋市編　一九九九年『新修名古屋市史　第三巻』名古屋市
名古屋市編　二〇〇八年『新修名古屋市史　資料編　考古1』名古屋市
名古屋市編　二〇一〇年『名古屋の公園100年のあゆみ』名古屋市
名古屋市編　二〇一三年『新修名古屋市史　資料編　考古2』名古屋市
名古屋市編「町並み保存地区」のあらまし―中小田井町並み保存地区―」名古屋市
名古屋市教育委員会編　一九六四年『名古屋叢書続編　第一巻　寛文村々覚書（上）』名古屋市教育委員会
名古屋市教育委員会編　一九六四年『名古屋叢書続編　第四巻　尾張徇行記』名古屋市教育委員会
名古屋市教育委員会編　一九六九年『南区の原始・古代遺跡』名古屋市教育委員会
名古屋市教育委員会編　一九七六年『名古屋叢書続編　第三巻　寛文村々覚書（下）地方古義』名古屋市教育委員会
名古屋市教育委員会編　一九九一年『名古屋の史跡と文化財（新訂版）』第二版　名古屋市教育委員会
名古屋市教育委員会編　二〇一四年『名古屋教育史Ⅱ　教育の拡充と変容〈大正後期～戦時期〉』名古屋市教育委員会
名古屋市教育委員会編　二〇一七年『名古屋市歴史文化基本構想―私たちのまちの文化財「知る」「伝える」「活かす」』名古屋市教育委員会
名古屋市教育委員会編　二〇一九年『史跡志段味古墳群整備事業報告書』名古屋市教育委員会
名古屋市青年団本部編　一九四〇年『名古屋市青年団発達史』名古屋市青年団本部
名古屋市博物館編　一九九七年『大人形への祈り　息災と豊穣を願う』名古屋市博物館
名古屋市博物館編　二〇〇七年「文政年間　城下町名古屋復元マップ」『名古屋城下図集』名古屋市博物館
名古屋市博物館編　二〇一〇年「幕末（明治元年頃写）城下町名古屋復元マップ」名古屋市博物館
名古屋市博物館編　二〇一八年『特別展　海たび　尾張・知多の海とひとびと』名古屋市博物館
名古屋市博物館編　二〇一九年『特別展　治水・震災・伊勢湾台風』名古屋市博物館
名古屋市博物館編　二〇一九年『台風記』名古屋市博物館
名古屋城総合事務所編　二〇一三年『名古屋城特別展　巨大城郭　名古屋城』名古屋城特別展開催委員会
名古屋城特別展開催委員会編　二〇〇八年『名古屋城特別展　失われた国宝　名古屋城本丸御殿―創建・戦火・そして復元―』名古屋城特別展開催委員会
西本昌司　二〇一四年「1　中社古墳の葺石使われている岩石について」『埋蔵文化財調査報告書70　志段味古墳群Ⅱ』名古屋市教育委員会

日本青年教育会編　一九四〇年『青年学校修身及公民科精義　第一巻』日本青年教育会出版部
野澤則幸　二〇一〇年「高蔵遺跡における鋳物師の動向について」『名古屋市見晴台考古資料館研究紀要』第一二号　名古屋市見晴台考古資料館
野澤則幸　二〇一三年「尾張における文字と記号の考古学②—白川公園遺跡（第5次）出土の「川八長」刻書須恵器—」『名古屋市見晴台考古資料館研究紀要』第一五号　名古屋市見晴台考古資料館
野津旭・大谷祐司　二〇一九年『若葉通遺跡第5次発掘調査報告書』愛知トヨタ自動車株式会社・株式会社島田組
野田菅麿　一九三六年『昭和御大礼参列記念録』国立国会図書館所蔵　請求番号特212-807
土生田純之　二〇一二年「8．墳丘の特徴と評価」『馬越長火塚古墳群』豊橋市教育委員会
東区の歴史編さん会　一九九六年『東区の歴史』愛知県郷土史刊行会
深田正韶撰　一八四四年・一九七九年『尾張志　上巻』愛知県郷土資料刊行会復刻
深谷淳　二〇〇九年「断夫山古墳の周濠」『名古屋市見晴台考古資料館研究紀要』第一一号　名古屋市見晴台考古資料館
深谷淳　二〇一四年「10章　総括」『埋蔵文化財調査報告書70　志段味古墳群II』名古屋市教育委員会
深谷淳　二〇一五年『国史跡志段味古墳群の実像』六一書房・名古屋市教育委員会
藤井康隆・瀬川貴文・森島一貴　二〇〇四「鳥栖八剣社古墳測量調査報告—名古屋台地古墳時代の基礎資料（7）—」『名古屋市氏見晴台考古資料館研究紀要』第六号　名古屋市見晴台考古資料館
藤岡謙二郎編　一九七八年『古代日本の交通路　I』大明堂
藤岡謙二郎　一九八一年「古代奈良盆地の河川と溜池に関する若干の歴史地理学的問題」『奈良大学紀要』第十号
文化庁文化財部　二〇一七年「新登録の文化財　南海地震徳島県地震津波碑」『月刊文化財　九月号』六四八号　第一法規株式会社
平凡社編　一九八一年『日本歴史地名体系23　愛知県の地名』平凡社
平凡社編　一九九三年『日本史大事典　第三巻』平凡社
前田清彦　一九八八年「縄文晩期終末期における土偶の変容」『三河考古』創刊号　三河考古刊行会
前田清彦　二〇〇〇年「後頭部結髪状土偶とその周辺」『土偶研究の地平「土偶とその情報」研究論集（4）』勉誠出版
前田清彦　二〇〇九年「土偶形容器と人面付土器」『中部の弥生時代研究』中部の弥生時代研究刊行委員会
丸山宏　二〇一九年「二之丸庭園」『近世城郭の最高峰　名古屋城』名古屋城検定実行委員会
三島市教育委員会編　二〇〇三年『箱根旧街道一里塚』三島市教育委員会
水谷盛光　一九八八年「新・郷土史話診断14」『名北労基』第八四四号
水野時二　一九七一年「道—その歴史地理的考察」『名古屋の街道—道と文化—』　名古屋市教育委員会
水野時二　一九七一年『条里制の歴史地理学的研究』　大明堂
水野時二監修　一九八七年『昭和区誌』昭和区役所
水野裕之　一九九七年「第2章　第12次発掘調査の概要」『埋蔵文化財調査報告書26　高蔵遺跡（第12次〜第15次）』名古屋市教育委員会
水野裕之　二〇〇〇年「竪三蔵通遺跡の石器と包含層の形成—研究ノートとして—」『名古屋市見晴台考古資料館研究紀要』第二号　名古屋市見晴台考古資料館
水野正好　一九七四年「埴輪体系の把握」『古代史発掘⑦　埴輪と石の造形』講談社

水野正好　二〇一六年「第三章　古代王権論―王権と歴史のうねり―」『読みなおす日本史　島国の原像』吉川弘文館
港区制五十周年記念事業実行委員会編　一九八七年『名古屋市港区誌』名古屋市港区役所
港区役所編　一九六四年『港区のおいたち聞き書』第四回　名古屋市港区役所
三渡俊一郎　一九八六年『南区の歴史』愛知県郷土資料刊行会
三渡俊一郎　一九八九年『昭和・天白区の考古遺跡』名古屋市教育委員会
村上重良　一九七四年『慰霊と招魂―靖国の思想』岩波書店
名幼会編　一九七四年『名幼校史』名幼会
校條善夫　二〇一五年「名古屋にあったドイツ兵俘虜収容所」『名古屋地図さんぽ』風媒社
安井勝彦　二〇一九年『隕石が落ちた町　本星崎・星崎の里をめぐる』春日野学区・史跡めぐり実行委員会
山田寂雀　二〇〇九年『港区の歴史』愛知県郷土資料刊行会
吉田新二・田口一男・村松憲一　一九八四年「第一編　志段味地区の地形・地質」『名古屋市守山区志段味地区自然環境調査報告書』志段味地区自然環境調査会
吉田富夫　一九六五年「四　熱田高倉貝塚実査の先覚者鍵谷徳三郎先生」『考古名古屋の先覚者』名古屋市教育委員会
若山善三郎　一九二九年「大高城阯」『愛知縣史蹟名勝天然紀念物調査報告　第七』愛知縣

*

HP「洲崎神社」『いにしえの都』
HP「即位の礼」『政府広報オンライン』内閣府大臣官房政府広報室
HP「歴史地震記録に学ぶ防災・減災サイト」愛知県防災局防災危機管理課
HP「名取市登録文化財　昭和三陸津波の碑」『名取市登録文化財等』平成二六年　名取市
HP　レキシル徳島「南海地震徳島県地震津波碑」
HP　国立民族学博物館「津波の記憶を刻む文化遺産―寺社・石碑データベース―」
HP　瀬戸市文化課「市の文化財　織部燈籠（市有形（工芸））」
HP「名古屋港筏師一本乗り　作業の中で培われてきた伝統の技」『港区フリモ』二〇一七年七月号　Vol.76　中広
HP「森林・林業学習館」

おわりに　文化財を未来に伝え活かしていく

二四か所を歩いて

名古屋のまちの中から二四か所を選んでその土地の地形や遺跡、古い道などを紹介した。実際に現地を歩いてみると、長い年月をかけて土地に刻まれた歴史は、日常の暮らしの足もとにみえ隠れしていることに気づく。古墳のように目立つものだけが歴史や文化財でなく、名もなき小道が、じつは江戸時代や明治時代から続いている道であることや、埋め立てられた溜池の痕跡がまだたどれることなどである。二四か所の中でも大きな「再発見！」を三つあげ、改めて紹介しておきたい。

一つ目は、地籍図の調査において、熱田区旗屋二丁目に古墳跡と思われる地割を見出したことである。「兒御前古墳」と名づけたが、尾張の後期古墳時代を知るうえで重要な仮説を示すことができた。

二つ目は、古代東海道駅路と推定される一部が、現在の生活道路として生きていたことを発見したことである。古代道路研究の泰斗が、「この辺は現在名古屋市中村区になっていてすっかり市街地化して、昔の道路などは全く残っていない」（木下一九九九）と述べられて二一年が過ぎているが、物言わぬ道路は静かに待ってくれていた。また、中村区だけでなく、昭和区出口町から御器所四丁目にかけての道路も然り。これも地域の人たちが毎日使用し続けていたからこその賜物である。

三つ目は、港区新茶屋三丁目、四丁目に、江戸時代の茶屋後新田の堤防がほぼ完全な形で残っていることを確認したことである。しかも堤防だけでなく水田、水路、水門、観音堂、神楽屋形など近世農村以来の景観が残っていることがすばらしい。しかし、東の戸田川左岸では区画整理事業が進行し、新しい住宅地ができつつある。こうした景観の保全、伝統の継承が今後の課題となろう。

城跡めぐりの楽しみ方

今回訪れた名東区の一色城や下社城などは、文化財保護法での埋蔵文化財包蔵地としては滅失扱いにしている遺跡である。そのため訪れる人は少ないかもしれない。しかし、現地を歩くと、城跡とされる小高い丘があり、付近の街道や植田川との位置関係から、城がこうした交通の要衝を押さえようとしていたことが容易に想像される。今また付近を名古屋第二環状自動車道が走り、地下鉄東山線が通る。

名東区陸前町に所在する明徳寺は、下社城跡地で柴田勝家生誕地であり居城でもあった。住宅地図に明徳寺を中心に半径二〇〇メートルの円弧を描き、円内の住宅の名字を調べてみたところ、一〇一の名字、一六三軒を数えた（アパート、マンションを除く）。そのうち一番多かったのは、「柴田さん」で三一軒（一九%）、二番以下は「加藤さん」一六軒（一〇%）、「野々垣さん」四軒

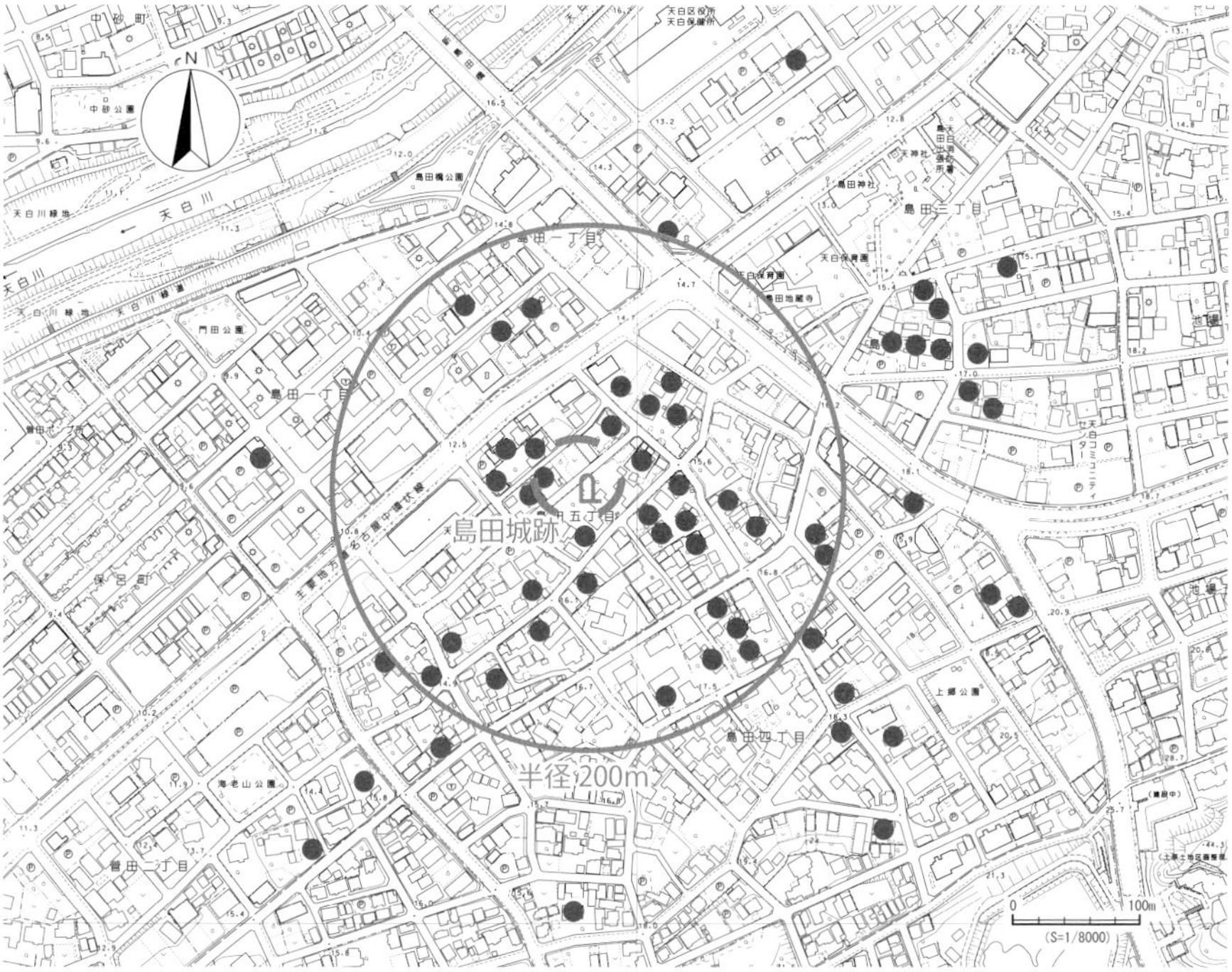

島田城跡周辺の「牧さん」の家分布

（二％）、「伊藤さん」・「後藤さん」各三軒（二％）と続く。城主の柴田勝家と同じなのは偶然だろうか。名東区高針五丁目の高針城についても同様に調べてみる。七六の名字、一六一軒を数え、一番多かったのは「加藤さん」で二八軒（一七％）、次いで「鈴木さん」一六軒（一〇％）、「大鐘さん」一四軒（九％）、「浅井さん」一三軒（八％）、「山田さん」五軒（三％）と続く。高針城は加藤勘三郎の居城である。

　天白区島田五丁目の島田城の場合は、四六名字、一一〇軒で、一番多かったのは「牧さん」で三五軒（三二％）、次いで「稲熊さん」一二軒（一一％）、「小出さん」・「近藤さん」各六軒（五％）、「旭さん」五軒（五％）であった。島田城主は『張州府志』に牧右近虎蔵が在城したとある。

「柴田」、「加藤」、「牧」姓の家のすべてが戦国時代の城主につながりがあるとは思わないし、名字拝領の場合もあろう。なかには明治時代になって城主の名字にあやかって同じ名字を名乗った人もいるかもしれない。それでも城跡を歩き、こうした戦国武将と同じ名字の家が多くあることを目の当たりにすると、歴史は今につながっていることを実感する。

濃尾地震の碑（大幸八幡社）

濃尾地震の碑（尋盛寺）

濃尾地震の碑（右）
関東大震災の碑（左）
（照遠寺）

濃尾地震の碑（雲心寺）

災害の教訓を伝える

平成二三年（二〇一一）三月一一日に発生した東北地方太平洋沖地震による災害（東日本

大震災）の後、明治二九年（一八九六）の明治三陸地震や昭和八年（一九三三）の昭和三陸地震など各地に建てられた津波記念碑や津波到達の石碑が改めて注目されるようになった。津波災害を忘れないようにと後世の人々に託したその思いを、二度と忘れないように、文化財行政関係者がこうした記念碑を文化財に指定・登録しつつある。

名古屋市内には、明治二四年一〇月二八日に発生した濃尾地震の碑が千種区の尋盛寺、東区の大幸八幡社、照遠寺、熱田区の雲心寺、守山区の長命禅寺にある。大正一二年（一九二三）九月一日に発生した関東大地震の供養堂や供養塔が千種区の日泰寺、供養碑が東区の照遠寺にある。昭和一九年一二月七日の東南海地震の慰霊碑「悲しみを繰り返さぬようここに真実を刻む」が南区の名南ふれあい病院の敷地にある。この慰霊碑は、かつては隣接する旧日清紡名古屋工場構内にあったものだ。地震当時は三菱重工業名古屋航空機製作所道徳工場であった。昭和三四年九月二六日に多大の被害をもたらした伊勢湾台風の慰霊碑は、「伊勢湾台風殉難者慰霊之碑（くつ塚）」が南区の浜田南公園に、「愛と力の筏像」が大同高校グラウンド前に、「友情の碑」が白水小学校に、「伊勢湾台風記念碑」が港区役所にある。

令和元年（二〇一九）は、伊勢湾台風から六〇年の節目の年であった。名古屋市博物館で

濃尾地震の碑（長命禅寺）

東南海地震の碑（名南ふれあい病院）

伊勢湾台風の碑（浜田南公園）

伊勢湾台風の碑（大同高校）

伊勢湾台風の碑（港区役所）

は「特別展　治水・震災・伊勢湾台風」を開催し、名古屋市立白水小学校の児童の体験作文集『台風記』を刊行した。愛知県公文書館では、「写真で見るあいちの地震・台風――伊勢湾台風60年」を開催した。記憶が風化されつつある今、記念碑と共にこうした取り組みも大切な活動である。

中世から近世にかけて、洪水や地震、津波の被害の後、集落のまるごと移転がおこなわれたことがあった。推定を含めて島田村、植田村、中小田井村を紹介した。移転後の集落は、現在まで存続しているところが多いと思われるが、移転はどのようにおこなわれたのか、その成功のカギは何だったのか、歴史学や考古学、歴史地理学、民俗学などの立場から明らかにすることが、東北地方でおこなわれている移転にかかわって起きている問題を解決する糸口になるのではないかと思う。

文化資本としての継承と活用

歴史を研究し、文化財を保護することは、単に過去の事実を知るだけでなく、いまの暮らしや将来の生活の指針となる最大のデータであることを広く知らしめる必要がある。先人の体験したことや遺構・遺品は教訓として、社会資本と同等の価値をもつ文化資本のひとつとして、広く認識され未来に伝え活用していくことが、多くの人々に幸福と安寧をもたらすことになると思う。

二〇二〇年三月

伊藤厚史

［著者紹介］
伊藤厚史（いとう・あつし）
名古屋市教育委員会生涯学習部文化財保護室学芸員
愛知・名古屋 戦争に関する資料館アドバイザー
主な著作に、『しらべる戦争遺跡の事典』（共著、柏書房 2002）、『愛知県史　別編　文化財１　建造物・史跡』（共著、愛知県 2008）、『名古屋市中区誌』（共著、名古屋市中区役所、2010）、『学芸員と歩く 愛知・名古屋の戦争遺跡』（単著、名古屋市教育委員会、六一書房、2016）、ぬりえ絵本『こふんづくりのおてつだい』（単著、名古屋市教育委員会　2019）、ぬりえ絵本『しだみこちゃんとまほうのかがみ』（単著、名古屋市教育委員会、2020）がある。

［資料提供］
愛知県公文書館　国土地理院　名古屋都市センター
掲載した写真のうち、出典のないものは筆者撮影のものである。

［地図作成］
日比野祥子　小川敦子

［協力］
名古屋市緑政土木局　愛知・名古屋戦争に関する資料館　伝光院　洲崎神社　七尾天神社　圓明寺
貞祖院　雲心寺　円福寺　聖徳寺　正覚寺　照遠寺　長命禅寺　氷上姉子神社　城山八幡宮
永保寺　笠寺西之門町内会　秋葉山信徒総代会（慈眼寺）　鳥森天神社氏子総代会
烏森神明社氏子総代会　烏森八幡社氏子総代会　辰巳町神楽保存会　当知神楽保存会
知多山神社神楽保存会　茶屋後獅子神楽保存会　小碓二十八番割西神楽保存会
蟹田神明社氏子総代会　七島町内会　藤高町内会　土古川西通町内会　石川来民造　犬飼真司
金子健一　深谷紀雄　古橋清明　前田清彦　㈱二友組

装幀／三矢千穂

名古屋市歴史文化基本構想で読み解く
再発見！なごやの歴史と文化

2020年4月15日　第1刷発行　（定価はカバーに表示してあります）

執　筆　伊藤 厚史
発　行　なごや歴史文化活用協議会
〒460-8508　名古屋市中区三の丸三丁目1番1号
電話　052-972-3268　FAX　052-972-4202
発　売　風媒社
〒460-0011　名古屋市中区大須1丁目16番29号
電話　052-218-7808　FAX　052-218-7709

乱丁・落丁本はお取り替えいたします。
ISBN978-4-8331-0189-9
＊印刷・製本／シナノパブリッシングプレス

溝口常俊 編著

古地図で楽しむ なごや今昔

地図は覚えている、あの日、あの時の名古屋。なぜ、ここにこれがあるのか？人の営み、風景の痕跡をたどると、積み重なる時の厚みが見えてくる。歴史探索の楽しさ溢れるビジュアルブック。

一七〇〇円＋税

溝口常俊 監修

明治・大正・昭和

名古屋地図さんぽ

いま自分がいる場所の五十年前、百年前には何があったのか。どんな風景が広がっていたのか。廃線跡から地形の変遷、戦争の爪痕、自然災害など、地図に刻まれた名古屋の歴史秘話を紹介。

一七〇〇円＋税

杉野尚夫

名古屋地名ものがたり

長年名古屋市の都市計画に携わってきた著者による地名をめぐる十五のストーリー。馴染みはあるけど、意外に知らない地名の由来とその土地の成り立ちを、できるだけ一次資料にあたって掘り起こす。

一六〇〇円＋税